教师教育精品教材·拓展系列

U0749141

当代教育名著选读

李家成◎主编

华东师范大学出版社

华东师范大学

"985 工程"二期哲学社会科学

"教师教育理论与实践"创新基地建设成果

序

　　民族振兴,教育为本;教育振兴,教师为本。进入新世纪,人类步入信息化、全球化的知识社会,人才资源越来越成为重要的战略资源,教育在综合国力竞争中越来越具有决定性作用。改革发展教师教育,加强教师队伍建设,提升国家教育实力,日益成为各国综合国力竞争的首选战略。教育部于 2001 年 6 月颁布并实行了《基础教育课程改革纲要(试行)》,实验推广基础教育新的课程体系,旨在全面推进素质教育,促进学生德、智、体、美全面发展,培养具有创新精神和实践能力、能够适应 21 世纪需要的各方面人才。基础教育新课程改革是当前我国推进素质教育的重大举措,它呼唤教师教育培养出高素质的、专业化的新型教师。

　　教师教育是建立在学科、专业和教育学科共同协调发展基础上的专业教育。作为教师教育研究的最新进展,教师专业的终身发展、教师的研究性教学与反思性教学、教师行动研究、基于教学情境的教师表现性评价等,既要求在教师教育中将之转化为具体的实践,也要求指导教师将之转化为自身教学实践的要求。不断推进教师教育理论与实践和创新,把学科、专业与教育学科科学研究的成果转化为教师教育的课程与教学内容,建设与实施素质教育相适应的教师教育课程体系,推出一批符合新课程改革理念的优质教材,在教育教学理念、模式和方法、途径、手段等方面开展实践创新,既是新世纪中国教师教育改革的客观要求,也是高水平师范大学不可推卸的使命与责任。

　　2006 年,华东师范大学启动了新一轮教师教育课程改革。在新的改革方案中,教育类课程由教育与心理基础类、教育研究与拓展类、教育实践与技能类和学科教育类四个模块组成。在方案实施过程中,改造和更新了教育学、心理学两门传统课程的教学内容和教学方法,充实和加强了教育实践与技能类课程、学科教育类课程的教学要求,重点建设了供全体师范生选修的教育研究与拓展类课程。为充分反映中小学课程教学改革的要求,教育研究与拓展类课程的建设采取的是短课时、小班化、团队化的申请与建设办法,在课程教学内容与方法建设上,要求理论性课程应少而精,注重引导,实践性课程应以案例教学为主,有具体的教学指导,并配有辅读材料。到2008年,先后分四批立项,建设了68门教育研究与拓展类课程。

"凡事预则立,不预则废"。在第一批教师教育研究与拓展类课程建设时,学校就开始酝酿编写一套与该类课程相配套的教材。把大学教育研究与教学实践和中小学教学改革有机结合起来,是教师教育精品教材系列设计的主要指导思想。现在,首批教师教育精品教材出版了。这可以看作是对三年来教师教育课程方案改革的一个总结与验证,也可以看作是不断推进教师教育改革与创新的一个新的契机。让我们共同期待更多更好的教师教育教材不断涌现,为我国教师教育课程教材建设提供成功的典范,为培养造就一大批优秀教师和教育家作出积极的贡献!

左辉明

2008 年 7 月

目　录

导　言

【学习目标】

通过本章学习,了解当代教育名著存在的时代背景,形成学习、研究的背景意识,了解本门课程的基本内容和学习方法,理解本门课程学习的个体意义。

当代人的发展,都是在具体的社会转型、教育变革背景下,在丰富的实践活动中实现的。在大学生活中,自觉地与经典名著对话,是一个人重要的成长路径。即使是已经进入到教师职业生活中的老师,也有必要终身学习、终身发展。

本教材就是为对教育变革研究有兴趣的大学生、中小学教师,为愿意与当代教育名著对话的学习者而准备的。

独特时代中的生态背景变迁

本书聚焦于对当代教育思想家之思想的解读,关注对其作品的深入研究,因此,需要特别注意它们的时代背景。亦即,在我们研读相关著作的时候,需要特别关注其社会、文化、个人等诸多的"特殊性"。

一、"当代":一个独特的时代

本课程所选教育名著,都是第二次世界大战之后,随着国际政治局势的变化以及经济、科技、文化的迅速发展,在不断变化的教育环境下形成的著作。在本课程中,"当代"特指第二次世界大战之后发展至今的具体时段。

我们至少可以从三个方面来理解"当代"的独特内涵。

其一是第二次世界大战的结束。这一重大事件改变了世界的政治、经济、社会、文化的存在状态,为时代的发展、人的发展画出一道相对清晰的分界线。

其二是新科技革命的兴起。以现代信息技术为代表的技术的高速、多维的发展,给人类的经济生活、社会生活、文化生态带来了巨大变化,深刻影响着社会的运行方式、人的生存方式,构成了当代社会非常显著的特点。纵观我们的生活,不难发现科技的发展已经触及社会的各个层面和人们生活的方方面面,并进而潜移默化地影响了当代人的价值观、思维方式、人际交往等。

其三是人类生产与生活方式的转型。除了人们所熟知的知识经济的到来、经济生产方式的转型等,当代人的生活方式也随着时代的剧变而逐步转型,如更加关注健康的、绿色的、与自然生态和谐相处的生存方式;关注多元文化背景下的对话、交往与沟通;关注社会生活与个体生活中竞争与合作关系的平衡;关注个体成长、群体发展与全人类共同发展三者之间的相互沟通等。

二、教育变革:生态背景的变迁

在"当代"这一背景下,教育所处的生态环境发生了巨大的变迁。我们可以从以下角度,认识当代教育变革的特殊生态背景。[①]

1. 政治生活的变化

首先是资本主义与社会主义两大阵营之间的冷战。这个时代尽管现在已经结束了,但事实上它是一个重要的历史发展阶段。它对于教育的影响最突出的体现之一,就是 1958 年美国《国防教育法》的出台。

其次是第三世界的兴起。包括中国在内的许多亚洲、非洲、拉丁美洲等国都在争取自己国家和民族的独立与自由,这就使得当代国际政治形势出现新的格局,社会面貌发生着重要的变化,教育形态变得更加丰富与多元。

最后是民主、自由、权利观念的传播。争取民主、倡导自由,这些理念现在听起来可能都已经习以为常了,但民主的思想、自由的思想、权利的意识,都是在当代背景下获得大规模传播与实践,并构成为当代教育变革重要的背景的。

从上述几方面,我们可以感受到当代政治生活的独特性;而这些特征,无疑会渗透到当代教育变革的思想更新与实践更新之中,成为我们不能忽视的构成要素。

2. 经济生活的变化

首先引起我们关注的,是现代科学的迅速发展以及技术的发展与普遍应用。

历史上从没有一个时代像今天这样,科学技术广泛触及当代社会的各个层面,在人们生活的各个领域获得了普遍的应用。如原子能的利用、电子计算机的发

---

① 参阅凌志军:《变化:1990—2002 年中国实录》,中国社会科学出版社,2003 年版;凌志军:《中国的新革命》,新华出版社,2007 年版;俞可平主编:《治理与善治》,社会科学文献出版社,2000 年版;刘应杰等:《中国社会现象分析》,中国城市出版社,1998 年版;胡耀苏、陆学艺:《中国经济开放与社会结构变迁》,社会科学文献出版社,1998 年版等。

明、空间技术的发展、网络技术的不断成熟等，都影响着、甚至重建着当代人的经济生活。以当前的信息技术为例，我们的经济生活，乃至于日常生活、社会活动、人际交往、深层次的生命价值观、思维方式等，无不潜移默化地被它影响和重新塑造着。

其次是"科学主义"思想的影响。从思想的角度来看，科学主义成为 20 世纪以来占主导地位的价值取向和观念基础。它是以自然科学为最有价值的理论形态，以科学思想与方法为最佳选择的一种思路。在当代人类经济生活、社会生活中，科学在人类思想观念中占有非常重要的地位。但如果人们认为只有科学才能解决人类的生活问题，只有科学才能引导人类生活走向更高的层次或程度，并依照自然科学研究的方式与价值追求去组织经济生活、社会生活、个人生活，就会演变为对科学的无限崇拜，并深刻影响人们的思维方式、生活方式。

最后是经济生活中对"知识"价值的再认识。"知识"的价值在当代社会得到了进一步的认识。这一点也许可以从"知识经济"这一说法中获得非常明确的启示。人们意识到知识本身对于人类经济发展、社会生活、个人命运具有非常重要的价值，且这一意识正在逐步渗透到我们的日常生活之中。

3. 文化的变迁

当代文化的变迁中有如下方面值得我们注意。

其一是多元文化的兴起。这是相对于一元文化而言的。以前人们秉持的更多是一元的文化价值取向，追求相对主导、单一的价值观、世界观。而在当代，这种状态有了较大变化，人们开始从不同的观察角度，站在不同的立场上，遵循不同的思路去看待和解读世界与人生。这时，人们就会呈现出不同的价值取向、不同的思维方式和行为方式，从而也就最大限度地保持、传承和发展了不同的文化传统，共存于复杂而又丰富多彩社会生活之中。

其二是青少年文化的凸现。青少年群体有自己独特的价值观，有自己对世界、对自我的独特认识。而这种文化形态是不同于其他年龄阶段的。他们不再仅仅是老年人教导的对象，而且正在逐渐成长为社会更新的重要力量，也必将逐渐取代前一代人而成为社会经济建设和文化主导的中流砥柱，由此出现了后一代人影响、改变前代人的文化、引导文化主流发展方向的新趋势。

上述所说的多元文化，同样会在青少年文化中得到具体的体现。

从我们对上海市某学校六年级学生的一次研究，可以窥见当代中国青少年在思维方式与行为方式等方面呈现出的一些独特性与多元性：

有一篇六年级语文教材中的文章《一千张糖纸》，[①]内容是：一个需要静心养病

① 铁凝：《一千张糖纸》，选自九年制义务教育课本《语文》六年级第一学期（试验本），上海教育出版社，2002 年版。

的"表姑"因为受不了两个孩子的顽皮吵闹,就告诉他们收集到1000张糖纸可以换一个电动玩具。两个孩子就不再在家里玩闹。费尽千辛万苦,集满了1000张糖纸,想向"表姑"换那个梦寐以求的玩具时,"表姑"笑着说是逗他们玩的。作为听课者的我们,在教学过程中就感受到学生在具体观点、思维方式等方面有着明显的差别。课堂教学结束后,我们请每个同学以"如果我是那个孩子,我会……"为题,每个人写一句话。于是,我们就有了38个不同的回答。依据其呈现出的思维、情感,尤其是其透露出的行为方式的差异,我们大致将其分为以下几种类型,见表1-1。①

表 1-1

类型	人数	特　　征	话　　语
独自承受型	22/38	有被骗后的伤心、生气、甚至气愤的心理感受(心理感受的强度也有很大差异),情感上的高度感受掩盖了对问题的思考,在行为方式上会独自承受受到的伤害,但不会主动采取针对"欺骗者"的行为。	➢ 如果我是作者,我会想:大人真坏,为了能让小孩们安静一下,居然欺骗我们,难道他们不能用别的办法让我们安静一下吗? ➢ 如果我是那个被欺骗的人,我也会悲愤和绝望。
主动表达型	3/38	这类学生有强烈的情感体验,但是不同于第一类学生之处在于:他们都设计了自己主动向对方表达自己感受与想法的行动。	➢ 如果我是那个小孩,我会说:"表姑,您为什么要欺骗我们?"我会想,既然你是我表姑,那你不应该欺骗我们,不是为了辈分,是为了我们的关系。 ➢ 如果我是那个小孩,我不会怪表姑,我会对表姑说:"如果我是你,你变成我,表姑您又会怎么想呢?"
激烈对抗型	5/38	这类学生有可能与对方发生激烈的对抗,在思维与情感上呈现为非常激烈的状态,并呈现出长时间、牵连性的意识。	➢ 如果我是那个小孩的话,我就会恨死那个叫表姑的。我会想,这个表姑以后一定是一个骗子,有其母一定有其子。我会不听她的那些话了。 ➢ 如果我是作者,我会先说她一顿,然后再设计一个计谋来欺骗那个被我称为"表姑"的那个人,让她也尝一下被欺骗的滋味。 ➢ 如果我是作者的话,我长大了一定要让表姑知道被骗的滋味。
自我转化型	2/38	这类学生承认现状,然后自我调节,思维与行为的方向转向自我。	➢ 如果说我是铁凝,我会把那一千张糖纸当作邮票集起来,因为那毕竟是我辛辛苦苦集齐的。 ➢ 我会很讨厌表姑,希望睡一觉能忘记。

① 本材料来自于2004年10月14日的一次课堂研讨活动。

当代教育名著选读

类型	人数	特 征	话 语
善意理解型	2/38	认同对方的做法,呈现出善意或者换位思考的处世态度。	➤ 如果我是作者的话,我认为那不是欺骗,因为表姑认为外婆家被我们闹得太吵了,所以,表姑想让我们安静一点,让外婆休息,第二是因为表姑要我们体会到累。
怀疑前提型	4/38	怀疑问题的前提是否存在,或对这一情境本身不认同,呈现出不同于前几类学生的思维、情感与行为方式特征。	➤ 如果我是作者,我不会贪小便宜,我会不理她。 ➤ 我不理他们,玩自己游戏。

而且,这种丰富性可能还有更多样的呈现。我们随机问了四位同学:"如果当时是你,你听到这个消息后,会不会去做这样的事情呢?"他们的回答是:

➤ 给的又不是钱,我不去买。
➤ 我要让"表姑"先去买好狗,然后我再去搜集糖纸。
➤ 我不去买,时间紧,我不做这件事。
➤ 我要先去那商店问问是不是真的。

孩子们对同一问题的多元理解,也许能说明当前青少年文化的独特与丰富。

在您的学习生活、工作或日常生活中,是否也遇到过与之相类似的独特的青少年文化? 试举一例,并尝试进行分析:

现象:_____

_____

您的分析:_____

_____

_____

其三是文化力量对教育的多元渗透。当代文化无论从价值观、世界观、个体观还是对教育本身的认识、对教育理念的形成和解读等,都对教育产生着多元的影响,并从教育价值取向、目标设计、内容选择、教学方式、教学评价等各个方面多渠道地渗透到了教育之中。对我们自己经历过的教育作一个反思,不难发现,文化同样也对我们自己的教育生活产生着影响。我们可以思考下列这些问题曾教过我们的教师的价值观是什么样的？教师们是怎样对待学生和工作的？学生在学习中的学习目标和方式是什么样的？学生在追求什么？学校管理在追求怎样的文化？这些问题都是我们需要反思的。

4. 个体意识的变化

个体意识的变化对于教育来说也是非常重要的。具体说来有以下几个方面：

一是个人与社会的关系形态转换。在"当代"的社会背景之下，个人与社会的关系已经从原先个人更多地单方面依附社会，转变为个人与社会的积极互动，尤其是"单位人"逐步走向"社会人"，市场经济的发展和社会生活的整体变化，不断推动个体形成自主、自觉的意识。而这一点也改变了整个社会的存在形态，社会发展也越来越需要、越来越依赖个体能动性的发挥。

二是个人对物质生活和精神生活追求的自觉。个人对于自己生活的需求有了更加明确而清醒的认识，且不仅体现为对物质生活的追求，而且体现为对精神生活的追求。当代背景下，这种追求本身已经获得了一种合理的地位。

三是个性问题的凸现。每一位个体在社会生活之中，都想最大限度地展现自己的独特性，都想体现或实现他独特的存在价值。在当代儿童身上，这一现象也更加明显。在一定意义上说，这也是社会日益开放、给个体提供了更为宽松的社会氛围和生活环境的体现。当代人的个性发展需要，既对教育的目标提出了新的挑战，也对教育的内容、方式、途径等提出了一系列的新要求。

三、教育变革需要面对的诸多新问题

除了上述问题之外，还有一些热点问题值得我们关注，当代教育还面对着许多独特的问题：[①]

1. 人口问题

当代世界人口呈爆炸性增长。随着人口数量增长所带来的人口质量问题，是教育中一个基础性的问题，对当代教育的规模、发展速度、培养目标、教育内容、教育方式等，都会产生非常大的影响。在当前全球人口数量继续增长的背景下，如何认识和处理教育与人口的关系，是一个无法回避的问题。在当代中国，流动人口极大增加，社会分层日益明显，一系列的教育问题，如入学机会的公平、教育经费的支出、教育质量的均衡、人口教育的开展等，都不断呈现出来。

2. 环境问题

现在人们已经很熟悉的"绿色教育"问题，包括"绿色学校"的创建问题等，都是由当代独特的环境污染、生态危机问题所引发的教育思考与教育改革实践。在一定意义上说，环保意识的强化、生态意识的增强，不仅充实了我们对教育内容的认

---

① 参阅叶澜：《"新基础教育"论》，教育科学出版社，2006年版。

识,而且改变了我们对教育生态的无意识状态。①

以下案例来自上海市某教师的教育与生活随笔,或许从中可以看出教师们对于环境问题的认识和环保意识的启蒙。

今天　明天　后天

地面结冻,道路封锁,高压电缆断裂,铁塔倒了,飞机、火车、汽车绝大部分都已经停航、停车、停售票了……前天经过火车站,且不说地铁站里睡满了拖儿带女、大包小包的外来民工,就是广场上,瑟瑟寒风中排着长队等着买票、翘首望车的人也是黑压压一片呀!每每看到这样的场景,不免很是辛酸。一年忙到头了,就盼着能回家过个温暖的年,看看年迈的老父母,看看留守家乡的妻子和孩子……而今年的这场大雪想是要扑灭多少人心里的希望了。

电视里、报纸上近来都在报道国家及各地政府为此作出的努力:往灾区送去慰问和支援;武警人员在各街道做好地面铲雪、清扫道路工作,尽量不影响车辆、行人出行;让各工地重新开放宿舍,劝说外来务工人员先回各自住所,避免受冻;大学里慰问回不了家而留守学校的学生,并安排集体年夜饭,尽可能让他们过个好年……在种种应急措施下,我们深感到国家、政府为百姓着想,为此做出了最大努力,但也不禁感慨,如果能早预测到灾情,如果能及早做出防范,也许灾情造成的损失会少一点,当然,也可能有些事故变化是我们无法事先预料到的。

听说明后几天,暴雪仍要继续,不免心里郁闷,已做好回去过年的准备,这一下,也不知自己是否也能走得了了。尽管老妈已打来电话,说如果下雪就别回了。其实,我何尝不知道她心里是多么希望我能回去。

不禁想起前两年看的那部电影《后天》,记得当时就很震撼。再早些时候,看过《未来水世界》,写的是在未来,由于全球变暖,陆地被淹没,全球汪洋一片,而仍有执著的人寻找最后一方净土。如果说那部片子只是把情节安插在这样一个背景下,更多的是关注情节而不是气候的话,那么《后天》这部影片可以视为一部预言片。影片说了在全球气候变暖的大环境下,气候的改变对地球的洋流、季风、冷暖空气都产生了深远的影响。于是,在全球变暖的大背景下,发生了一次大规模、横扫世界的雪灾、冰灾,还加上海啸等等,海水一上岸就结成冰雪。一瞬间,气候突变,台风呼啸,冰雹肆虐东京,纽约沦为冰冻废墟,地球一片混乱。还记得当时看的时候,就很受冲击,因为听说这虽然是一部科幻电影,但其内容却是以大量的科学事实为基础的,近十年全球气温逐年上升是不争的事实,而据联合国气候变化委员会预测,本世纪末,地球的温度将升高2.7至10.5摄氏度。好像还记得那年冬天,

---

① 参阅吉林人民出版社出版的"绿色经典文库",如《寂静的春天》、《沙乡年鉴》、《增长的极限》、《瓦尔登湖》等,1997年版。

日本连续发生了几次自然灾害,与《后天》里的一些片断相似。当时就有很多评论,说《后天》其实就是我们不远的明天,如果人类还不知道保护环境的话。

有人说:"我们不可能无限制地消耗地球资源而不用付出代价。灾难是一点一点积累的,而上帝的惩罚是突然打开的,令人措手不及。"确实是这样,人类对地球的大肆掠夺会破坏自然生态系统,最终仍会惩罚到我们人类自身。就像我在杨志军的纪实文学里看到的:1958年的大跃进,青海东部的石门村,村民们用镢头刨草地,像变戏法一样把一千亩耕地"变"成两千亩。而若干年后,代价来了:曾经"风吹草地见牛羊"的风水宝地变成了"一川碎石大如斗"的汉武轮台;1994年,可可西里荒原,反偷猎英雄索南达杰悲壮地倒在盗猎者的枪口下。这时荒原上的藏羚羊数量已由原来的一百三十多万只下降到不足三万只;青藏高原上孟达林区原有成片的辽东栎,现在已经被砍伐殆尽;数千棵珍贵的台湾桧,也已经看不到几棵了;冷杉几乎全部被盗伐,灌木和草本植物的损失严重到了根本就来不及统计的地步……1985年,杨志军的那部以道德危机反映生态危机的纪实小说《大湖断裂》推出后,曾一度被认为是哗众取宠之作。而16年之后,青海湖卫星影像图显示,举世闻名的青海湖分离出了两个子湖,大湖真的断裂了。对这些年西部生态的急转直下,杨志军有一句简单而有力的总结:"人祸诱发了天灾,天灾扩大了人祸。"(梁晓撰写)

您如何看待人类发展需要与环境保护间的矛盾?

_____

_____

举例谈谈您的学校、班级是怎样对学生进行环保教育的,有哪些好的经验可供分享?

_____

_____

我们相信,越来越多的教师会把这种意识传递给我们的学生,因为"他们是我们这个地球未来的主人"。

3. 犯罪问题

犯罪问题,尤其是青少年犯罪,是发达国家、工业化国家所面对的一个非常严重的问题。这个问题对于教育来说,无论是从教育的目标还是从教育的方式、方法或内容等各个角度出发,都有可以思考的地方。即使是在当代中国,未成年人的违法犯罪问题也日益引起我们的关注,值得进一步研究。

4. 失业问题

"失业"的问题也可以视为教育与经济的关系的一个独特体现,尤其是在现代社会中。当"失业"成为一个重要的社会问题的时候,就不可避免地对教育产生至关重要的影响——通过对子女生存状态的影响而影响教育发展,直接影响职业教育的发展状态,对其前期所接受的学校教育质量也会带来新的反思。

四、教育变革:向何处去?

在上述社会背景之下,一个很突出的问题出现了,那就是:在当代,教育要向何处去? 教育,无论是从目标的角度、价值的角度,还是从内容的角度、方法的角度、途径的角度,都需要回应时代的挑战。

对于这个问题,已经有很多的教育思想家给予密切的关注和探索,并将他们思考和研究成果以经典著作的形式呈现,这为我们进一步去思考和诠释这些问题,提供了更多角度、更深层次的启示。

关注当代教育思想家与教育名著

一、关注当代教育思想家

在当代社会背景之下,教育思想家至少在以下四个方面作出了重要贡献。

1. 教育变革的价值取向

在当代社会问题、教育问题不断涌现的背景下,教育思想家的价值取向也各不相同。在读不同的教育著作过程中,我们可以感受到不同的教育思想家,对教育、对社会、对人生有着独特的认识:或侧重于关注人类发展,或关注社会进步,或侧重于个体自由,或关注教育的积极价值等。多方面的价值取向,启发我们重新去思考这一基本问题。[①]

2. 教育变革的思维方式

思维方式涉及教育思想家们如何去认识、思考、判断某一个问题。思维方式问题往往在根本意义上决定着教育思想家们的整体观点和思路。在诸多教育思想家那里,我们能够感受到宏大的视野,感受到辩证的思维方式,感受到这些思想家对内在发展可能性的敏锐捕捉,感受到他们对多元复杂关系的自觉体察等。这些内容,都将影响我们学习者的思维方式,提升我们的思维品质。

3. 教育变革的观念系统

教育变革的观念系统涉及教育价值观、知识观、学生观、教师观、过程观、评价观等。单纯地看观念,人们都很熟悉,但是从"系统"的角度来看观念,形成对观念系统的整体感受与理解,也许更有挑战性,也更值得我们关注。教育思想家对于教

---

① 参阅:李家成. 关怀生命:当代中国学校教育价值取向探[M].北京:教育科学出版社,2006.

育的思考往往有他自己相对系统的观念,包括对教育背景的认识、对教育本身的认识、对教育内部各个层面与各个方面的认识等,是一个具体的观念系统,而不仅仅是点状的存在。

4. 教育变革的行为实践

这涉及教育思想家作为一位思想者和实践者,怎样去思考问题,努力进行理论层面的提升;涉及他们如何投身于改革实践,努力参与教育实践的改造等问题。在我们共同研读的这类书籍中,不少教育思想家就在身体力行,以自己的实践实现、发展自己的教育思想。这对于可能成为教师的大学生和已经是教师的学习者来说,有着极其重要的启示——我们如何生活在当代生活之中?

二、关注当代教育名著

从一定意义上说,对名著的认识也具有个人的特征。本书将与大家交流的,是从作者个人的学习经历以及对教育的感受出发,尤其是基于对当代教育的认识,而做的选择。本书所选择的教育名著当然不可能涵盖所有的教育名著,而是比较集中于当代西方的教育名著。但它们对于思考当代教育问题,乃至于中国的教育问题,仍然具有重要的启发性。本教材重点关注的教育名著包括:①

《学会生存——教育世界的今天和明天》——这是联合国教科文组织国际教育发展委员会在20世纪70年代出版的一本报告集。在该书中,作者提出了许多创新性的思想,思考教育问题的角度非常独特。其中提出的两个观点,直到今天,还非常有意义:一是终身教育的思想;二是建立学习化社会的思想。当然,除此之外,这本书中还有许多有价值的思想,值得我们细细品味。

《教育人类学》——这是德国教育学家博尔诺夫所著的一本很薄的小册子,但其中的思想博大精深。它涉及对教育中深层次问题的思考,如对人性问题的思考,对于人与时间、与空间关系问题的思考,对教育重要性的认识等等。

《教育——财富蕴藏其中》——这是国际21世纪教育委员会编辑出版的著作,也是20世纪末非常有影响的一本书。它对教育,尤其是教育在21世纪的开端怎么改革的问题,提出了很多有创见的思想。

《基础学校:一个学习化的社区大家庭》——这是美国著名教育家波伊尔所写的一本书,也是其一生教育研究的最终汇聚。这本书是针对基础教育来写的。在这本书中,他提出了一系列重要的教育思想,涉及基础学校的办学形态、课程体系、道德教育等,有鲜明的创见性。

---

① 本书的导读内容主要集中于这几本书,而事实上,当代教育名著的构成是非常丰富的。鉴于课程建设的具体性,这里呈现的是我们第一步建设的内容,在条件成熟时,我们会对国内外的当代教育名著作进一步的研究,形成课程与教材系列。

《变革的力量》——这是加拿大著名教育家富兰所写的关于教育变革的书。它关注的对象是作为变革主体的学校。作者对于这一问题的思考具有比较广阔的国际背景。其中更值得关注的是，他对教育变革中的思维方式更新，提出了一系列重要的观点。

在研读中融入教育改革

一、认识当代中国教育改革的需要

研读当代教育名著，首先是当代中国教育改革的需要。这里需要关注两个大问题：

1. 当代中国教育改革的特殊性

在一定意义上来说，中国的教育改革是当代世界教育改革的一部分。但中国毕竟处于一种比较独特的教育改革背景之下，有着独特的历史文化背景、独特的问题域和独特的改革进程。所以，国际教育改革的整体走向、思路、策略、内容等，对我国教育改革会有启发，但并不意味着当代中国可以照搬照套国外的一切思想和做法。事实上，任何一个国家，包括中国，在进行教育改革时，都要基于本国的国情。

为此，我们的研读，需要在他者中读到自我，在自我与他者的对话中，生成我们个体的认识、感悟与新的问题。当代中国教育变革的现实状态，是我们对话、思考所不能离开的"大地"。

对于学习教育学的大学生而言，这一认识还具体体现为对自己曾经经历的教育生活的再认识、再思考。当代大学生都有着较为丰富、系统的学校生活经历，十余年的小学、初中、高中生活，以及自己和同学身上蕴含着的丰富的教育信息，都可以成为我们研读名著时的对话资源、反思资源和形成自己教育理念的资源。

2. 当代中国教育改革与世界教育改革的相通性

中国教育改革的独特性虽然是值得我们进一步去思考的，但是在面对很多具体的问题、观念，具体的改革思路和改革措施方面，它与世界教育的改革是具有相通性的。基于这样的认识，读书的意义得以延展，它不是孤陋寡闻式的，而是要求我们能联系更为广阔的时代背景，同时能在阅读中对当代中国教育现状和自己所面对的教育改革的特殊性进行独立思考。如此，我们就会发现，当前中国教育改革中的不少内容，有着与国际教育改革相通的可能，而且，我们还能从别人的著作中获得许多的启发。

这种读书和学习方式，乃至这种关注背景、强化比较、沟通对话的认识方式、思维方式和工作方式，对于教育工作者而言都是非常有意义的。

二、教师参与教育改革的需要

教师是中国教育改革重要的力量,研读当代教育名著是教师高质量地参与教育改革的需要。

当代中国的教育改革,如果没有最广大教师的参与,没有广大教师主动性的发挥,而仅仅依靠少数的教育专家或少数的精英教师,是很难实现改革目标的。教师自身对于教育本质和功能的理解与认识,对教育现状与发展的思考与探索,对教育理念和教育艺术的把握与追求,以及教师个人的整体素养、精神内涵和人文积淀等,都将成为重要的教育变革力量。因此,作为教师,要想能够更好地参与、介入改革之中,就需要具有比较广阔的视野、先进的教育理念、对教育的深入思考。从改革需要的角度来看,教师需要认真地去读书、思考,去理解当代世界乃至中国的教育改革。

三、教师专业发展的需要

进一步从教师专业发展的需要来看,研读当代教育名著的意义,可以从以下四个方面来思考:

一是教师教育观念的更新。我们在读书的过程之中,会不断感受到不同观念的撞击,接触到不同时代、不同背景之下的不同的人对教育的独特、丰富而多元化的认识。而当这些教育思想家的认识作为一种理念进入我们的视野和观念中,则会对于我们原先的或传统的观念产生巨大的冲击力,有助于教师逐渐形成当代教育改革所需要的教育观。

二是教师思维方式的更新。当代教育名著往往具有比较独特或整体性的思维方式,启发我们怎样去思考问题。在读书的过程之中,我们的思维方式也可以得到更新,我们就会更多地去关注实践,获取自主发展,从对立、简单、片面、孤立看待问题的思维方式,转换到融通、复杂、整体、全面看待问题的思维方式。

三是教师视野的扩展。在读名著的过程中,我们可以看到不同国家、不同的人对教育的独特思考与实践。这种国际视野、历史视野,可以使我们在思考各种教育问题时,具有广阔的时代背景和深厚的理论基础。同样,在我们教育改革实践与理论研究中,我们也会逐渐自觉地形成国家视野、民族视野、全球视野、人类视野。

四是教师研究意识和素养的提升。在当代,教师应努力成为一名研究者,这已经基本上成为一个共识。对于教师来说,怎么去研究问题、思考问题,怎样具备一种良好的研究素养,这些都可在读书的过程中获得解答。

可以说,上述内容都会融汇到当代教师的生命内涵之中。研读当代教育名著,不仅是教师专业发展的需要,而且是当代教师生命质量提升的重要途径。

当代教育名著选读

读思行结合的读书之旅

一、本教材的特点

本教材是为配合《当代教育名著选读》课程而作，因此，它不是教育名著本身，而是辅助阅读的教材。这就使得本教材呈现出以下特点：

1. 提供研读的角度

本教材侧重教育变革，凸现研读当代教育名著的教育变革视角，提炼出部分核心内容，借助部分案例，密切关注当代中国教育变革的问题与走向，由此形成借助名著研读而提升教育变革意识的编写取向。在教材中，我们也将努力把当代教育名著的诸多内容，转换为对当代中国教育变革的再认识、再思考、再设计。因此，本教材提供了解读当代教育名著的一种可能性，并期待着学习者自主思考、体悟，形成自己的认识与感悟。

2. 引导研读的深入

本书不同于其他导读类教育著作之处，还体现为对部分观点进行深入研究，而非简要介绍。

我们通过对理论观点本身的讨论，或者通过对理论观点的实践意义的讨论，试图和学习者一起，面对文本提供的可能空间，进一步深入下去。在其中，我们会讨论到一系列的教育基本问题，会相对深入地分析当前教育改革的误区与偏差，也会自主地提出教材编写者的认识与思考。所有的努力，都指向于进一步思考。

与此同时，也就意味着本书的观点是作为对话方的观点，而不是需要学习者记忆、背诵的内容，它期待的是引发积极的思考，引发更深入的探讨。

3. 拓展研读的广度

从所推荐著作的主题看，本教材体现出一定的多元性。我们共同研读的书，有宏观教育变革层面的，有直接与教育管理改革相关的，有针对基础教育改革的，也有涉及德育、课程建设等方面具体内容的。这一多元性，有助于我们感受教育改革的丰富与多元，也能感受到当代教育名著的独特与丰富性。

从所选作者的文化背景来看，我们没有集中于某一类型的教育思想家，而是同样坚持多元取向，分别选取联合国教科文组织、德国、美国、加拿大等不同组织和国家的教育思想家。且作者的研究方式也是多元的，有侧重基本理论研究的，有关注教育政策变革的，有直接开展教育改革实验的，也有试图将全部的理论积淀转化为教育改革实践的。

4. 提供对话的素材

在本教材中,我们通过提供编写者的个人观点,通过推荐相关参考书和参考材料,通过提出问题,试图与学习者一起与当代教育名著对话,与教材编写者对话,与教育改革实践对话。为此,本教材就具有了提供对话资源的可能,而不是提供现成的答案。

二、研读当代教育名著及使用本教材的方法

在课程学习与教材使用中,建议您尝试以下两类方法:

1. 读与思相结合

读书本身就是一个思考的过程,它需要我们用心去读,主动探寻其意义,积极领会和理解其内涵,敏锐把握作品的精髓和精神实质,静下心、沉下心来与作者对话、交流。这就要求我们把读书作为一个人的教育人生之体验、感悟、思索、追求,同时学会在群体中分享思维的火花,一起探讨我们个人对于问题的认识。读书,重在读出它背后隐含的或要传递的一系列理念和思想。

无论是在职教师,还是师范生,都有大量的对教育生活的切身体验,同样非常需要将自己的认识、体验、实践作为学习的资源,在积极的对话中,逐渐形成更为清晰、合理、系统的教育思想。

2. 读与行相结合

对于教师和未来的教师来说,这是一种独特的方法。读书要与自己的工作实践、与自己的行为结合在一起。其中最重要的一点,是通过读书来完善自我。在一定意义上来说,读书可以使我们变得更加丰富,使我们的思维更加深入,使我们对教育的思考变得更加严谨和缜密,同时,通过读书,还可以促使自己的生活方式、生活内容得到新的提升。因此,我们研读当代教育名著,就需要把读书、实践和自己的思考以及自我完善结合在一起。如此,读书之于我们的意义更加重大。

本教材作为一本导读类教材,不能代替对教育名著本身的阅读。教材更多的是提供一种解读的视角,提供与阅读者对话、共同学习的资源,提供必要的阅读信息。如果读者能将阅读原著与阅读本教材相结合,并在课堂教学过程中形成师生之间、学生之间的多维互动,将会极大地提升学习的质量。

用好嘴,用好耳,用好手,用好心

用这种方式来表达主题,不禁让我想起陶行知先生。当时读陶行知先生的文集时,被打动的不仅仅是他的语言表达,还有他的人生,人生的境界,人生的存在方式,生命的质量。

昨天又见到杭州的刘校长、沈校长和几位优秀的老师。上一次去杭州时,就感受到内在于校长、教师的睿智、格调与生存方式。而昨天,更引发我思考的是"关

系”:对教育改革的共同参与、共同实践中的事业“关系”、研究“关系”,性格相投、彼此珍惜的朋友“关系”,等等。

很美慕这种关系形态的存在,对于个体,对于教学,对于教育。

而这两天集中考虑的问题,就逐步聚焦到一个主题上:“学习”!

而上述标题,正是在本科生的课堂教学中提出来的。

用好嘴,那是要破除“静听—记忆—考试”的学习方式,把学生自己对教育、对生活、对自我的认识、体验等表达出来。这,不仅对于其个体有清晰、系统化、合理化的价值,而且,也贡献给课堂以独特的资源。

用好耳,那是要破除散点、无序、无联系的交往状态,努力学会倾听,努力在“听”中感悟、思考,并走向新层次、新个体的新表达。

用好手,更多指的是记录,及时记录下自己的感悟、思考,及时记录下别人的精彩与独特。

用好心,则是我认为最核心的。

它意味着自己的心是开放的,能够接纳与自己不同的新质,而不是封闭的心灵。于此,善于发现,善于比较,善于捕捉,善于判断,就成为其应有的内涵。

它意味着心是主动的,不是外在的要求逼迫自己,不是无可奈何地接受,而是一种生存方式,一种人生自觉。

它意味着心是灵动的,感悟世界的丰富,体验内心的神秘,创造生命的神奇。

我曾在本科生同学的课上,列举我是如何在班车上“学习”的。而我现在更看重的,无疑是课堂教学中的学习、研究中的学习、日常交往中的学习,从张晓那里,从李洁那里,从钦白兰那里,从司建那里,从陈雨晨、彭鸽那里,从王一多那里,从喻春燕那里,从鲍宏昌那里,从尹东娥那里,从刘楚那里,从游陆那里,从程柳竹那里,等等,如同昨天从刘校长那里,从邓老师、周老师等老师那里所得到的学习。

不禁感慨《学会生存》的精彩! 不禁感慨人生的神奇!

——参阅李家成:http://blog.cersp.com/22272/1364801.aspx

预祝我们的读书之旅给您带来丰实与发展!

我们已经出发了,就让我们继续进入下一章!

● 读书是快乐的,这种快乐是指情绪色调的积极意义上的,但它的表征可能是多种多样的情感,有好奇、如饥似渴的感觉,有兴奋、一见如故的感觉,有心领神会的会心的愉悦、亲切可人的温馨,有在努力工作时的神情专注(其实读书的时候,也常常需要意志,大脑需要努力地、活跃地工作着),有释疑解惑如同走进愈渐宽广、敞亮的大道的感觉,当然有时也相当沉重,甚或是悲凉、无奈……林林总总,但这却都是有助于人的精神成长的积极的情感。我常常想,人若没有这五彩缤纷、波澜起伏的情感体验,生命将是那样干枯,生活将是那样黯淡,而有着这些情感充盈的生命和生活是那样让人感到满足、享受和向往。

● 人为什么要读书,知识分子为什么渴求读学术精品? 究其主要原因,我认为,是因为学术精品中具有强大的文化的力量。什么是文化的力量? 文化从器物层面到制度层面再到其深层的内核部分是精神的东西,这是什么东西呢? 我认为是发自人性本身的、真诚地追求美好,追求团结在一起,追求人的比原有自然、自在的环境要更理想的环境的一种冲动(有学者简略地说文化即人化、人文化)。

● 我们需要学术中文化的力量,是因为(以下这些意思的大略精神,李小兵已说过,但我是真正感受到这个意思,并且加以我自己的一些扩展认识)人活着太需要支撑我们生命的东西,太需要使我们每一天的生活得到鼓励和依据的东西,所以我们需要寻找自己为人做事的原则、信念乃至方式。因为一个人太渺小,没有那么足够的智慧;一个人的精力太有限,没有那样充沛的精力。这些东西从哪里去寻找呢? 不外乎两个途径:一是从前人、从他人的经验中来;二是从人类的理性积淀——优秀的著述中来。我以为,真正的会读书在于使两者在不断连接、转化、往返互动和螺旋上升中永恒地保持着对读书的挚爱。所以,我认为读书的方法可以很多,因人而异;读无定法、挚爱为本。保持着每每读书时不断被激起的冲动、想象、思考和希冀,它们慢慢地、渐渐地便会在你的精神和人格上留下越来越深、难以磨灭的印记。

——朱小蔓:《让读书支撑我们的生命》,《中国教育报》,

2003 年 8 月 7 日第 5 版。

【推荐阅读】

1. 李镇西:《与青春同行》,高等教育出版社,2006 年版。
2. 韩军:《韩军与新语文教育》,北京师范大学出版社,2006 年版。
3. 窦桂梅:《窦桂梅与主题教学》,北京师范大学出版社,2006 年版。
4. 闫学:《教育阅读的爱与怕》,华东师范大学出版社,2008 年版。

【拓展性活动】

1. 无论是作为学生,还是作为教师,我们都身处于中国教育改革的具体背景中。就您的体验来看,您阅读过的相关书籍中,有哪些著作启发过您认识、思考中国教育改革的问题? 对您的启发在哪里?

	阅读过的书籍	对我的启发
1		
2		
3		
4		
5		

2. 阅读教育名著的过程,也是对自己读书、学习意识与能力的全面挑战。请尝试调查周围的同学,他们自己在阅读专业性书籍时,最有效的读书方法有哪些?您准备尝试哪些读书、学习的方法?

	有效的学习方法	对我的启发
同学 1		
同学 2		
同学 3		
同学 4		
同学 5		

选读之一 《学会生存
——教育世界的今天和明天》

【学习目标】

通过研读，了解《学会生存——教育世界的今天和明天》出版的时代背景，对该书的主要观点有所了解，尤其是关于学习化社会的思想、科学人文主义的思想和终身教育的思想等。同时，希望通过研读，对"生存"这一概念有更深入的理解，激发对自我人生与发展的自觉反思与策划。

学习过 16 年了，怎么还要学呀学？

小楚的大学，说不上辉煌，经历困惑的、充满烦怨的大一，经历无可奈何的大二，经历开始寻找实习单位、努力考证的大三，经历为就业而努力的大四，总算顺利地到一所中学任教。

终于可以松口气了！

在大学生活中，小楚也说不上多么突出，对专业课也没有太多的兴趣；对外语等学科，也和其他同学一样在学习着。有的同学忙着与老师一起做科研，她觉得也没什么必要，不就是将来做个老师吗？现在的知识已经够了，何必那么苦地去学习？

现在似乎可以摆脱长达 16 年的学习了。可是，在新单位，她却不断听到校长号召教师要加强理论学习和实践锻炼，要不断参加各种教研活动，甚至是区县的培训活动，学校里也在做科研课题，要求她积极参与。就这样，她要不断面对各种新的理念、新的教学方式、新的交往方式。

突然发现，16 年的学习之后，还是要面对"学习"。而且，她还在工作岗位上，不断听到"学习型家庭"、"学习型社区"、"学习型城市"等概念。

这个世界太怪了，为什么到处都是"学习"？何时才能摆脱"学习"的束缚？

您如何看待自己正在经历的这段学习？

您认为当前中小学教师在工作中的学习与在大学读书时有何差异？

《学会生存——教育世界的今天和明天》(*Learning to Be, the World of Education Today and Tomorrow*,简称《学会生存》),被各国教育家誉为世界教育发展的思想里程碑,至今已有 37 种文字,42 种版本,30 多年畅销不衰,是当代引用率最高的教育学经典之一。

《学会生存》是由联合国教科文组织国际教育发展委员会在 1972 年提交的一份关于世界教育发展问题的报告。该报告自始至终贯穿着一条主线:社会把个人的生活分成两半,前半生受教育,后半生工作,这是毫无科学根据的,教育应该扩展到人的整个人生;同时,在当前的世界里,谁也不能再一劳永逸地获取知识了,而需要终身学习或终身教育去建立一个不断演变的知识体系,这就是"学会生存"。

本书的大致结构如下:首先是国际教育发展委员会主席富尔写的题为《教育与人类的命运》的序言;正文分为三个部分,共九章。第一部分题为"研究的结果",包括"教育问题"、"进步与极限"、"教育与社会";第二部分题为"未来",子章节分别是"挑战"、"发现"和"目的";第三部分题为"向学习化社会前进",子章节为"教育策略的作用与功能"、"当代策略的要素"和"团结之路"等。①

迎接人类发展的新挑战

一、面临新挑战的人类社会与教育

任何一种教育思想的提出,都有其具体的社会背景、教育背景、思想文化背景。在《学会生存》中,作者简要介绍了当代教育变革的独特背景。

(一)人类发展面临的挑战

在《学会生存》看来,我们时代的巨大变化正在危及人类的统一和前途,也正在

---

① 单中惠、杨汉麟. 西方教育学名著提要[M]. 南昌:江西人民出版社,2000:652—653.

危及人类特有的同一性。[①] 这是一个非常严重的问题。

在这些教育思想家看来,人类社会本身应该保持自身的特性,而且从全球性的角度看,各个国家也应有统一、积极的前景。但人类在发展中所遇到的种种问题正在威胁着这种统一性,危及人类本身的存在和发展。例如,严重的不平等问题——不仅在发达国家与发展中国家之间存在着严重的不平等,而且在一个国家内部,不同阶层、不同民族之间也同样存在着巨大的差异。这种不平等在特殊的状态下就有激化成社会危险的可能。再如贫穷问题,这也是《学会生存》非常关注的问题,尤其是对不发达国家来说,这更是一个严峻、棘手而又极其现实的问题。还有冲突与灾难,不仅在 20 世纪 70 年代、两次世界大战、美苏冷战之际存在,即使在当前 21 世纪初期,我们依然能够感觉到不同种族、文化、阶层所带来的冲突,以及由冲突所引发的灾难。"9·11"事件、巴以冲突、美伊战争、核军备竞赛、恐怖主义、分裂势力的影响等,都是很好的证明。

还有非人化的根本危险,是指人本身的发展不具有人性所需要的、所体现出来的一种特点,人没能依照其本性的需要,而处于一种异化的状态。在一定意义上说,人成为工作的奴隶,人成为物质生活的奴隶,人沦落为机器的奴隶,人感受不到生命存在的意义与价值,人不能建立与外部世界的合理关系,人处于极度紧张、分裂之中。这类现象、生活体验,在威胁着当代人的生存。在这一背景下,需要重新呼唤人性、人道,重新认识人的潜能与价值,重新理解人的尊严与生命的意义。

我们尚未穷尽当代人类面对的各类问题,但我们已经能感受到《学会生存》的视野,感受到《学会生存》的社会责任感,也更能感受到这本教育著作所直面的这类问题及其所扎根的这片土地。而且,这类问题在当时存在,在 21 世纪的今天,也依然存在。由此可见该著作的深远眼光与深邃思考。

(二)不同国家教育体系面临的挑战

《学会生存》指出:当前教育中所存在的各种各样的问题不仅仅是一个国家的问题,而且是全世界所共有的问题。尤其是第三世界国家,他们在教育发展中的主要特点是照搬发达国家的教育体系。这样就造成了以下三个方面的问题:

1. 教育方面的投资与国家财政提供的可能性之间的差异

发达国家能够在教育方面进行很大的投资,可供支配的资源比较丰富;但第三世界国家的教育不拥有这样的财政支持,却又照搬发达国家教育的发展模式,这样就导致了严重的内部财政负担。

在当代中国,地区发展水平的差异依然普遍存在,不同地区的学校所能得到的财政支持也不相同。随着国家财政对教育投入的增加,教育条件的改善、教育质量

---

① 联合国教科文组织国际教育发展委员会. 学会生存——教育世界的今天和明天[M]. 北京:教育科学出版社,2003,3 页.

的提升,乃至于公立教育与民办教育的关系,都会出现新的变化。

2. 失业现象

在发达国家里,教育发展水平比较高,因此培养出的人才也可以比较快地为社会所接受。然而,在第三世界国家,或者是那些刚刚解放出来的国家里,它们本身的经济发展水平、程度、规模远远不能够接纳教育发展所提供的如此大量的人才,或者说教育所培养出的人才与社会经济发展的需求不相符,教育质量出现严重问题,导致了失业现象的产生。

随着高等教育的普及与扩招,当代中国也开始出现类似的问题,就业压力越来越大;更严重的是,暂时不能就业的毕业生,回到自己的家乡,却不能胜任专业外工作的要求,毕业生的质量问题,毕业生的专业与社会工作需求供需不符等问题极大地凸显。这样的现象值得我们思考:教育应该承担怎样的社会责任?

3. 心理和社会的损害

这里指人们对教育的信念,人们之间的相互信任,人们对社会发展的信心,人们对发展的希望,都可能因为照搬发达国家的教育体系而受到伤害。

同样,发达国家也潜藏着许许多多的危机。比较明显的是科学发明和技术革新带来的挑战。在20世纪的中后期,这是一个非常明显的问题。科技的发展好比双刃剑,科学发明、技术创新,带给人类的、带给发达国家的不仅仅是繁荣和昌盛,也有很多是灾难和危险。除此之外,还存在着政治危机、学生危机、教育危机等,如1968年法国发生的学生运动,以及由此所造成的教育中一系列不稳定的影响,这些暴露出一个问题:发达国家内部依然有着许许多多的问题,甚至在一定的时空背景下,一些问题会激化、爆发。

基础教育改革是在争论中不断前行的,结合您对教育的体悟,您认为当前教育改革中有哪些值得关注的学术争论、改革思路的争论、改革内容的争论?

_____

_____

_____

(三) 教育系统内部的挑战

1. 教育中科学与技术的革命带来的巨大挑战

在《学会生存》看来,"到目前为止,还没有什么东西足以和我们现在所说的科学技术革命所产生的后果相比拟"[①]。20世纪科学技术对人类社会的影响已经到

---

① 联合国教科文组织国际教育发展委员会.学会生存——教育世界的今天和明天[M].北京:教育科学出版社,2003,5页.

了不可比拟的程度，不仅征服了自然世界，也征服了人的精神世界，并且影响到了全人类的发展。尤其明显的体现，就是科学主义思想的传播：人们认为科学技术是解决人类社会发展的唯一方法、唯一手段，由此发展为对科学技术的盲目崇拜，而丧失了对科学技术本身所可能带来的危害的警惕。再如科学技术革命使得知识与训练有了全新意义，使人类在思想上和行为上获得许多全新的内容和方法，并且是第一次真正具有普遍意义的革命。从一定意义上来说，科学技术确实是为人类社会的发展，尤其是为教育的发展提供了很多有利的条件。《学会生存》中充分地论述到了这一点，比如说很多的科学技术革命的成果是可以被利用在教育改革之中的。①

教育部在《基础教育课程改革纲要(试行)》中提出："大力推进信息技术在教学过程中的普遍应用，促进信息技术与学科课程的整合，逐步实现教学内容的呈现方式、学生的学习方式、教师的教学方式和师生互动方式的变革，充分发挥信息技术的优势，为学生的学习和发展提供丰富多彩的教育环境和有力的学习工具。"

2. 动机与就业的问题

在《学会生存》看来，教育动机和就业问题决定着学生的流进和流出。人们以什么样的目的来参与教育、接触教育，对于教育来说本身就是一个非常重要的动机问题。在《学会生存》看来，当下至少存在着两种不同的动机：谋求职业与渴望学习。② 谋求职业者参与教育是为了获得一份好的工作，在这里，教育是一种外在附加。而渴望学习者则更多是出于对学习本身的兴趣，教育是一种内在激励。而现代的民主教育要求恢复人类求知的自然动力，同时，这种教育还应撤销文凭与就业之间的机械联系。③ 可以说在当时的背景之下，人们参与教育的动机更多地是为了谋求职业。在《学会生存》的作者看来，这是不利于人类本身的发展的，所以人类的任务是要恢复人类求职的自然动力，让更多地人清晰地认识到文凭、就业、人类发展等问题之间的关系。

对部分普通高中学生入学动机的调查

● 高中学生选择大学的依据

2007 年 4 月，项目组选择上海、江苏、安徽、云南四个省市的 2812 位高中生进

---

① 钟启泉. 国家基础教育课程改革纲要(试行)解读[M]. 上海:华东师范大学出版社,2001.
② 联合国教科文组织国际教育发展委员会. 学会生存——教育世界的今天和明天[M]. 北京:教育科学出版社,2003,10 页.
③ 联合国教科文组织国际教育发展委员会. 学会生存——教育世界的今天和明天[M]. 北京:教育科学出版社,2003,11 页.

行问卷调查。高中生在选择大学的时候,主要的依据依次是"自己的考分"、"专业的研究内容、研究方式与自己的兴趣爱好是否相符"和"大学的就业率"。

● 高中学生读高中的目的

就学生读高中的目的而言,我国高中学生无论分布于哪个区域、年级,读高中的首要目的便是考上一所好大学;其次是为提高自己的综合素质;排在第三位的原因则是找到一份好工作。在大部分高中生的眼中,高中生活仅仅是其未来美好生活的一个跳板,对高中的认识功利化色彩比较浓。(摘自第十届挑战杯一等奖作品《走向成长,走向和谐——我国东中西部普通高中学生成长需要研究》,2007 年,邓睿等)

高中生将考上大学作为读高中的主要目的,根据"就业率"来选择大学等做法固然不够合理,但也能够理解,因为升学本是高中教育的任务之一,就业率也在一定程度上或者说从某个方面反映了一所大学的办学水平、发展状态,也是我国当代社会发展状态下的客观需要。但是如果将整个高中学习都作为升学准备,则会浪费掉高中本许多应有的教育可能,错失个人成长的机会;如果过分迷信就业率,则会影响学生做出理性的选择,甚至导致进入大学后产生的一系列迷茫、失落与困惑。

您在日常工作生活中接触到的同事、学生家长和学生本人对高中教育的目标有怎样的看法?您认为高中教育应该设置怎样的目标更有利于学生的发展,有利于人才的培养?

	学生的观点	家长的观点	教师的观点	您个人的观点
高中教育目标				

小学教育和中学教育还有一种共同的趋势:把理论、技巧和实践结合起来;把脑力劳动和体力劳动结合起来;把学校教育和生活结合起来;把儿童的学习生活和日常生活结合起来;不能使儿童的人格分裂成两个互不接触的世界。[①] 这也是当时世界教育发展的一个基本趋势。无论是当时的苏联,还是当时的美国或其他国

---

① 联合国教科文组织国际教育发展委员会.学会生存——教育世界的今天和明天[M].北京:教育科学出版社,2003,12 页.

家,都非常重视理论与实践结合的问题、脑力和体力结合的问题等等。《学会生存》中特别讲到:不能使儿童的人格分裂成两个互不接触的世界,儿童的学习生活和他的日常生活应该紧紧地结合起来。①

3. 当代教育中的三种新现象

在《学会生存》中特别提出来了当代教育中的三种新现象。

第一个现象是教育先行,也就是说,"教育在全世界的发展正倾向先于经济的发展,这在人类历史上大概还是第一次"②。这一点非常有意义,中国在 20 世纪 80 年代初也曾讨论过教育发展和经济发展的关系问题,人们比较普遍的认识是经济应该先发展。可是《学会生存》却重视了教育的独特、内在价值,形成了鲜明的教育学立场下的认识,对于我们重新认识教育与经济发展、社会发展的关系,提供了有益的参照。

第二个现象是教育预见,也就是说"教育在历史上第一次为一个尚未存在的社会培养着新人。这就为教育体系提出了一项崭新的任务,因为自古以来教育的功能只是再现当代的社会和现有的社会关系。如果拿过去相对稳定的社会同今天加速发展的世界相比,这种变化就很容易解释了。当教育的使命是'替一个未知的世界培养未知的儿童'时,环境的压力便要求教育工作者们刻苦思考,并在这种思考中构成一幅未来的蓝图"③。

可以说,以前的教育更多是依据过去对人才的认识来培养社会需要的人才。可是在《学会生存》出版的时代,社会的变革速度不断加快,人们开始意识到未来社会的新需要,教育开始关注为未来社会培养新人的问题。

第三个现象是社会拒绝使用学校的毕业生。"在过去,社会的进展是缓慢的(除了一些简单的突变之外),因而也容易自动地吸收教育成果,至少也可以设法去适应教育的成果,但是今天的情况就不总是这样了。有些社会正在开始拒绝制度化教育所产生的成果,这在历史上也还是第一次。这是一种社会现象,也是一种经济的和心理的现象。日益加快的社会发展与结构上的变化使得正常存在于基础结构与上层建筑之间的鸿沟加深了,于是产生了这种现象。这就表示教育体系多么容易变得失调。"④这就意味着当前学校教育所培养出来的人才无法适应社会发展

① 联合国教科文组织国际教育发展委员会.学会生存——教育世界的今天和明天[M].北京:教育科学出版社,2003,12 页.

② 联合国教科文组织国际教育发展委员会.学会生存——教育世界的今天和明天[M].北京:教育科学出版社,2003,35 页.

③ 联合国教科文组织国际教育发展委员会.学会生存——教育世界的今天和明天[M].北京:教育科学出版社,2003,36 页.

④ 联合国教科文组织国际教育发展委员会.学会生存——教育世界的今天和明天[M].北京:教育科学出版社,2003,37 页.

的需要。我们在读书过程中,会感受到教育之中存在着许多弊端,从教育目的的不清晰,到内容和方法的陈旧等,都影响着教育所培养出的人才素质。因此,在20世纪70年代的时候,就已经出现这样的问题:你已经毕业了,拥有着文凭,但是社会不需要你。

二、以终身教育培养完善的人

国际教育发展委员会提出,他们在工作中有了以下四个基本设想,以此构建这份报告:

(一)国际共同体的存在

在国际教育发展委员会看来,在各个不同的国家和文化中,在各种不同的政治选择和发展程度上,存在着一个国际共同体,这个国际共同体反映出各国共同的包袱、问题和倾向,反映出他们走向同一目的的行动。其必然的结果则是各国政府和各个民族之间的基本团结,虽然他们也有一些暂时的分歧和冲突。[1]

在这里,国际教育发展委员会所针对的问题是一个国际性的问题,是各国所面临的教育问题。虽然自20世纪末以来,我们对全球化问题,对各国教育的共同问题有了很多认识,但是能在20世纪70年代就提出这一问题,是非常有远见的,这也为国际教育发展委员会的工作提供了一个全球性的视野。

(二)对民主主义的信仰

国际教育发展委员会认为,一个人有实现他自己的潜力和享有创造他自己未来的权利。这样理解的民主主义的关键是教育——教育不仅是人人都可以享受的,而且其目的和方法应该体现民主主义的要求。[2]

在20世纪,民主主义一直具有非常大的影响力。人们对民主的向往,参与民主生活的意愿和能力的提高,是20世纪非常突出的特点。在这样的背景之下,教育就需要思考许多问题,比如,教育自身的民主化,如何培养出对民主主义有信仰、有参与意识和能力的新型学生,如何提高当代学生的政治参与意识和能力,如何重建一种民主的学校生活、班级生活等。在一定意义上说,学生在学校中的组织生活,本身就具有了政治学、伦理学、教育学等多重的意义。[3]

① 联合国教科文组织国际教育发展委员会.学会生存——教育世界的今天和明天[M].北京:教育科学出版社,2003,2页.

② 联合国教科文组织国际教育发展委员会.学会生存——教育世界的今天和明天[M].北京:教育科学出版社,2003,2页.

③ 参阅李家成.透析学校组织生活中的道德生成[J].思想理论教育,2007(5).

（三）对人类发展目的的认识

《学会生存》认为，人类发展的目的在于使人日臻完善；使他的人格丰富多彩，表达方式复杂多样；使他作为一个人，作为一个家庭和社会的成员，作为一个公民和生产者、技术发明者和有创造性的理想家，来承担各种不同的责任。[①]

《学会生存》十分重视这一命题。在作者看来，这是人类发展的根本目的，是教育活动的前提性条件和终极性目的——教育要培养出什么样的人。一直以来，教育思想家们都在不断地思考、讨论着这一问题，而对这一问题的不同认识之背后，是全然不同的社会发展观和教育发展观。我们将要继续研读的另一本书——《教育——财富蕴藏其中》，将专门论述人类社会发展目的观的变革。

（四）唯有全面的终身教育才能够培养完善的人

在《学会生存》看来：当前世界中个人分裂的日益严重，使得此种需要更为迫切。"我们再也不能刻苦地一劳永逸地获取知识了，而需要终生学习如何去建立一个不断演进的知识体系——'学会生存'"。[②]

这是这本书的一个核心理念，也就是说，只有通过终身教育，人才可能获得发展，人类才可能实现前面提到的发展的目的。我们不能够一劳永逸地获得知识来应付未来社会的发展，未来的社会需要我们在生活的各个方面，在人生的各个历程之中去学习、去发展，使自己不断地发展成为一个完善的人。

学会生存的当代内涵

一、科学的人道主义

我们在前文中已经谈到，科学技术的滥用对当代世界人类的生存与发展、教育的发展与改革，产生了很大的影响，而且很多影响都是负面的，其中最明显的就是对生态环境的破坏：由于对科学技术的盲目应用，造成了大量的环境破坏，人类为此付出了巨大的代价。而与此相关的，是对人的精神世界的深刻影响，人们形成了一种科学主义思想，即对科学的盲目崇拜，对自然、他人的无限控制与占有。

---

① 联合国教科文组织国际教育发展委员会.学会生存——教育世界的今天和明天[M].北京：教育科学出版社,2003,2页.

② 联合国教科文组织国际教育发展委员会.学会生存——教育世界的今天和明天[M].北京：教育科学出版社,2003,2页.

科学主义思想至今依然是学者们关注的焦点。有人认为科学主义依然是影响当代社会、教育的一股重要力量，他们主张用科学主义的思想来指导当下的教育的理论探索与实践活动，要在教育中体现"科学性"。还有一种与此截然相反的观点，认为科学技术带给人类社会、教育的只有毁灭，并主张教育应该回归到传统的生存方式。永恒主义教育哲学就倾向于这一观点，认为教育应该回到传统的人文主义教育中去。[①]

《学会生存》对这些观点——做了评论，并提出了自己的观点——科学的人道主义。这也是该书中十分有特色的地方。在该书看来："寻求一个新的教育秩序，是以科学的与技术的训练为基础的，而这种科学技术的训练是科学的人道主义的主要组成部分之一。"[②]科学的人道主义既肯定了科学与技术的基础，同时又把科学技术纳入到更加深厚、更加宽广的人道主义的视野之中来讨论。因此它走的是一条更加讲究平衡、和谐，更加关注科学技术之合理利用的思路。

（一）科学思想与科学语言

关于科学思想，《学会生存》认为科学的人道主义是真正的人道主义：

"因为科学的人道主义反对任何先验的、主观的或抽象的关于人的观点。科学人道主义所指的人是一个具体的人，一个在历史背景中的人，一个生活在一定时代的人。他要依靠客观的知识，而这种客观的知识本质上必定会导致行为，并且主要是为人类本身服务。

……

在现代文明中，一个人只有不仅能够应用科学方法，而且能够懂得若干科学方法，他才能够参加生产。更重要的是，他还要能够正确地感知和理解他所居住的这个宇宙，才可以掌握获得科学知识的钥匙。"[③]

所以在一定意义上，科学是一种方法论，但在方法论的基础上，我们应该形成一种科学的思想，用这种思想来认识、探索世界。例如，我们应用现代科学技术来探索宇宙、地球本身的奥秘，但这些探索都必须建立在尊重事实基础之上的。

科学语言，它是科学思想外化的表现，具有精密、严谨、逻辑性强等特点。富尔等认为，"掌握科学思想和科学语言，像掌握其他的思想与表达思想的手段一样，对一般人来讲，已成为必不可少的了。但我们不能把这一点理解为积累一堆知识，而

---

① 参阅陆有铨. 现代西方教育哲学[M]. 河南教育出版社,1993,63 页.

② 联合国教科文组织国际教育发展委员会. 学会生存——教育世界的今天和明天[M]. 北京:教育科学出版社,2003,184 页.

③ 联合国教科文组织国际教育发展委员会. 学会生存——教育世界的今天和明天[M]. 北京:教育科学出版社,2003,185 页.

应理解为掌握基本的科学方法"①。

（二）客观性的法则

在《学会生存》看来，"客观性是胜过主观性的决定价值，它避开了它自己没有地位的领域，而在它自己的特殊范围内自然繁荣起来。当人们共同协力追求真理，愿意接受现实与事实，终于战胜了那种披着理性外衣的情绪冲突时，人类的关系就能获得一切好处。我们必须明白，知识的获得是由于人类战胜了常规与惯性，战胜了现成的观点与概念，战胜了我们试图理解的对象所具有的复杂性与晦涩性。我们必须认识到，一切知识都只是重新探索的出发点。我们必须承认，在我们已经获得的真理中就有我们先辈的劳动。必要时，我们必须作出决定和采取行动，但在事情尚未证实以前，不要先下判断。这些有关科学精神的格言同教条主义精神与形而上学思想是背道而驰的"②。

这里的"客观性"是相对主观性而言的，它指的是人能够有意识地去思考问题，并且尊重事实，避免过分受情绪的控制。从社会发展史来看，理性是社会进步的一个重要动力。许多哲学家都认为，理性能够帮助人们更好地认识社会现实，认清人类面临的问题，规划未来，解决问题。正如书中写到的那样，战胜那种披着理性外衣的情绪，合理地、真实地、清晰地认识到问题，认识到我们当前所处的时代特点，然后再去解决这些问题。

在推进学校教育改革中，有些校长、教师会出于自我保护，不愿直面学校在实践中存在的问题而排斥改革。但事实上，整个社会、整个人类的发展（包括教育），都存在着冲突、不合理、矛盾等问题。真正的客观要求我们首先要无条件地接纳这一现实，在此基础上思考、解决问题，去努力发现现实中包含着的内在需要与发展可能，而不是以自己简单的情感体验代替对事物发展的内在制约性与发展可能性的认识与思考。因此，科学对于人类、社会发展的作用就是要求人们尊重事实本身、直面问题、解决问题。

（三）相对性与辩证思想

《学会生存》认为，"无论从个人自己的观点来看，或是从社会的观点来看，我们要训练一个人掌握历史各阶段之间的相对性和依赖性，这一点看来是必不可少的。

① 联合国教科文组织国际教育发展委员会.学会生存——教育世界的今天和明天[M].北京：教育科学出版社，1996：185.

② 联合国教科文组织国际教育发展委员会.学会生存——教育世界的今天和明天[M].北京：教育科学出版社，1996：185—186.

辩证的思想就是通常用来这样去认识现实的工具,因为这种思想把时间、运动和思想、行为结合起来了。相对性与辩证思想看来是培育容忍种子的肥沃土壤;但这并不是说,我们要纵容别人残忍作恶;而是说,我们承认个人之间是有差别的。因此,个人应该系统地避免把自己的信仰与信念、意识形态与世界观、行为与习惯,当作是对于一切时代、一切文明、一切生活方式都能行之有效的模式或规律"[①]。

这一思想告诉我们,当下的社会,包括教育领域中的许多事、人、观念的存在,都有其合理性,我们不能绝对地或者片面地看问题,更不能要求所有人都与自己一样。

在一定意义上来说,很多学科、很多思想观念都在进行反思——反思霸权主义、强权主义、西方中心主义等等。如,在教育改革的过程中,如何认识本土与国际的关系,如何认识自己国家教育改革的独特基础、独特使命、独特价值,如何认识和处理本国教育改革与发展中的诸多矛盾关系等,这些都需要有良好的思维品质。整个世界的存在、教育实践本身都是非常丰富的,我们就是要认识到每一个独立的个体、国家、行为、实践都有它丰富的内涵,所以不能用那些绝对化的方式。科学就是要告诉我们要用这样一种辩证的方式去看问题,这是一个非常内在的思想观念。

(四)科学精神的训练

《学会生存》提到,"科学继续不断地演进,这就使得传统的传授科学的方法越来越不受欢迎了。我们不能希望通过填鸭式地把更多的科学事实塞到人的脑子里并把那些过时的学科从课程计划中删掉的办法去吸收迅速猛增的知识。科学不应变成一种纯粹学术性的练习。相反,科学教学应该立足于用实用主义的观点寻求解决从环境中产生的问题,不管这些问题直接是从现实中来的,或是从模式中推演出来的"[②]。

因此,真正的科学教育并不是要学生做大量的数学、物理、化学练习题,这样做很可能无益于学生科学精神的培养。科学精神的核心价值在于问题的解决,因此科学教育应该置身于具体环境中,在解决具体问题的过程中培养学生的科学精神。这一点在当前很多教育实践中都有所体现,当下中小学推行的研究性学习、探究性活动,就是该思想应用在教育实践中很好的例子。

您如何认识培养学生的科学精神与人文素养的关系?

———————

① 联合国教科文组织国际教育发展委员会.学会生存——教育世界的今天和明天[M].北京:教育科学出版社,2003,186 页.

② 联合国教科文组织国际教育发展委员会.学会生存——教育世界的今天和明天[M].北京:教育科学出版社,1996,186 页.

当下我国高中教育对学生进行文理分科教育，您如何看待这种教育方式？

教育改革中的科学主义思想

在教育改革过程中，在对待科学技术问题上，有两类思想值得关注。

一类是反科学主义，认为科学主义、科学的思想给人类社会的发展带来了非常多的灾害，在我们教育之中应该更多地提倡人文教育，应该把科学技术的影响、科学技术的内容尽可能地降低。比较有影响的代表是永恒主义，如赫钦斯、阿德勒等人。他们提倡回到经典，要去重读经典。这种思想有它的合理性，但是它对科学技术的态度是值得思考的。

另外一种思想是唯科学主义，认为只有科学技术才能够从根本上改变我们的教育。我们的教育应该从根本上借用科学技术的一系列技术、思想和方法。最明显的体现是斯金纳等新行为主义。他们倡导的是程序教学，程序教学完全是依据科学主义的思想来设计的。他们认为通过这样一种方式完全可以形成一种新型的教育，以计算机来代替教师，未来的教育将是一种新的形态。这也是20世纪70年代中非常有影响的一个思想。

唯科学主义的思想并不仅仅体现为斯金纳的行为主义，在我们现在的科学研究、教育研究、教育实践之中，可以说是充满了这样的思想。例如，学习教育学的人可能经常会接触到这样一种思想——教育学不科学，教育学的方法不科学。怎样才能科学呢？要借鉴自然科学的研究方法、自然科学的概念体系、自然科学的组织方式、自然科学的表达方式，用这样一种方式来使教育学科学化。这种思想听起来是很具有诱惑力的，但是分析一下，就发现它背后的思想是将教育学实践混同于其他自然科学的实践，没有意识到教育学的独特性，因此这依然是科学研究中的科学主义。还有一种是唯方法主义的观点，以为用了某种方法就是科学的了，这依然是一种唯科学主义的思想。实践中也是如此，我们经常会用技术，比如说多媒体，做很多课件来展示，很多时候，我们评课的时候就会以为"课件做得很好，课上得非常具有现代品味"，这也可能蕴含着一种科学主义的思想，认为用了科学技术手段一切就是好的了，其实并不一定如此。

——陈彦撰写

二、培养完人

这是《学会生存》这本书中一个核心的观点,即我们的教育要培养什么样的人。前面已经指出当代社会、当代教育都已经发生了非常大的变化,而且教育正在倾向于为一个未来社会培养新的人。我们的社会究竟需要什么样的人? 对于这一问题,《学会生存》这本书提出了非常有创造性的见解,并且针对当代社会和教育中"人的分裂"问题,作了有针对性的讨论,主要有以下几个方面:

(一) 人是有力量的——内在的人性假说

一切教育活动都是围绕人展开的,那么应该怎样来认识人呢?

《学会生存》鲜明地提出人是有力量的观点,并认为"过去、无知和无能注定使人们对于外界影响(无论这种影响是来自自然界的,来自其他人的或来自一般社会的)作出的反应,不是逆来顺受,便是神经过敏。今天的新人已经在领会、认知和理解这个世界了,他已经具有了必要的技术,可以根据他自己的利益合理地影响这个世界,丰富这个世界。然后他又用物质产品和技术结构丰富这个世界。所有这一切都说明,人已经成为了他自己的潜在主人"[1]。

也就是说,当下的人不是社会的被动接受者,而是在用自己的方式认识世界,用科学技术来改变、丰富着这个世界。所以从社会发展历程来看,人本身是具有主动性的,他是有力量的,是可以改变世界与自我的。

诸多的教育家和改革者也持类似的观点。原苏联教育家阿莫纳什维利就曾这样感慨道:"不,教师不是儿童灵魂的设计师、工程师、建筑师,因为儿童的灵魂不是一堆无生命的建筑材料。实际上,儿童的灵魂是一种生气勃勃的精神、激情、改造和创造的力量。因此,对儿童的灵魂来说,需要的不是塑造,而是丰富、发展,使他们具有理想、信念,养成热爱人们、大自然和生活的习惯。"[2]在阿莫纳什维利的研究中,充满着对孩子活力的尊重、对孩子创造性的信任、对孩子成长机制的关注、对孩子童年生活的敬畏。而且,他也以其教育实践本身,展现出这一学生观在实践中得以实现的真实可能性[3]。在《学会生存》看来:"人要排除令人苦恼的矛盾;他不能容忍过度的紧张;他努力追求理智上的融贯性;他所寻求的快乐不是机械地满足欲望,而是具体地实现他的潜能和认为他自己和他的命运是协调一致的想法——

---

① 联合国教科文组织国际教育发展委员会. 学会生存——教育世界的今天和明天[M]. 北京:教育科学出版社,2003,192 页.

② [原苏联]阿莫纳什维利著,朱佩荣译. 孩子们,祝你们一路平安[M]. 北京:教育科学出版社,2002,9 页.

③ 可同时参阅[原苏联]阿莫纳什维利. 孩子们,你们好[M];孩子们,你们生活得怎样[M]. 北京:教育科学出版社,2002.

总之,把自己视为一个完善的人。"①

然而,这又涉及另外一个思想:是不是只要人发挥了自己的力量,这个世界就改变了？这是一个思维方式的问题。在人与社会、人与世界这个关系维度上来分析,以前我们更多看到的是外在的社会发展对人的影响;现在回头再看,人对整个社会的发展同样是有影响的。《学会生存》说:"人已经成为他自己命运的潜在主人。"②我们应该意识到,无论是教师还是学生,都可以成为自身命运潜在的主人。他能够影响他的世界,使周围世界的环境发生变化;他同样可以做自己命运的主人,塑造一个理想的或者接近理想的自己。

因此,人有这样一种内在的可能性,而这里又特别强调这是一种潜在的作用,即它具有的是这样一种可能性,而我们的教育就是要把人变成实实在在的他自己,要唤醒他内在的力量,让人自己去影响自己的发展。这一点不仅对于中小学,对于大学的学生来说也是非常关键的。我们现在经常感受到的一个问题就是:大学生们往往会非常多地埋怨外界的环境,而不去多想其实自己是可以改变外界环境的,有很多可以做的事情自己还没有去做。从这一意义上说,学生还缺乏这种观念——人可以成为自己的主人。

(二) 完人的几个方面

每一个时代,每一种类型的教育都是在"培养"人,但是在培养什么样的人这个问题上,差别特别大。比如,有的教育改革非常关注人某些方面的发展,侧重专门性的教育。有些特殊时期的教育又会特别关注人的政治服从性,就像纳粹时期的教育,它就是要在思想上控制人,让人服从纳粹组织的一些安排。再比如古代斯巴达人的尚武、封建社会"三纲五常"的教育等,都是在培养适应一定社会时期或一定的政治环境下的、具有一定素养、一定生存方式的人。③

《学会生存》从人类社会发展、全球的视野出发提出教育要培养完人。这里的完人就是:把一个人在体力、智力、情绪、伦理各方面的因素综合起来,使他成为一个完善的人,这就是对教育基本目的的一个广义的界说。④ 人本身是完整的,我们应该在完整的各个方面去培养他;不仅关注各个方面,而且要把这些因素综合起来,使他成为一个完善的人。这一点与我们当前很多教育改革的思想是相通的。

---

① 联合国教科文组织国际教育发展委员会.学会生存——教育世界的今天和明天[M].北京:教育科学出版社,2003,193 页.

② 联合国教科文组织国际教育发展委员会.学会生存——教育世界的今天和明天[M].北京:教育科学出版社,2003,193 页.

③ 参阅《中国教育史》、《外国教育史》等相关著作.

④ 联合国教科文组织国际教育发展委员会.学会生存——教育世界的今天和明天[M].北京:教育科学出版社,2003,195 页.

我们应该从多方面去认识它，而最基本的一个出发点就是使他更完善。

我国的教育事实上在培养怎样的人？ _____

_____

_____

在您看来，我国教育改革应该特别关注和培养的学生素养，应该包括：

_____

_____

_____

（三）人是具体的

人是具体的，这一点在当前的教育实践中非常具有启发性。

"每一个学习者的确是一个非常具体的人。他有他自己的历史，这个历史是不能和任何别人的历史混淆的。他有他自己的个性，这种个性随着年龄的增长而越来越被一个由许多因素组成的复合体所决定。这个复合体是由生物的、生理的、地理的、社会的、经济的、文化的和职业的因素所组成的，而这些方面对于每一个人来说，都是各不相同的。当我们决定教育的最终目的、内容和方法时，我们又如何能够不考虑这一点呢？进入教育过程的个体是一个具有文化遗产的儿童，他具有特殊的心理特征，在他的内心有家庭环境和经济状况的影响。但在继续教育中还有成人——生产者、消费者、公民、家长——而且这里面有幸福的人和不幸福的人。如果人们认识到这种情况，就必然会在教育实践中引起剧烈的变化，而不管这些地方过去是否已经发生过这种变化。大多数的教育体系，无论在它的机制方面还是在它的精神方面，都不把个人看作具有特性的人。一个权力集中的官僚行政机构不可避免地会把人当作物品。如果我们不改革教育管理，不改革教育程序并使教育活动个别化，我们就既无法履行、也不能取得具体人的职责。这种具体的人是生气勃勃的，有他个性的各个方面，有他自己的各种需要。"[1]

当我们面对具体教育时，教育中的每一个人都是实在而具体的，你不同于我，也不同于他。具体的人都有他独特的生活背景、发展状态、发展水平、发展需要，而只有当我们在具体的教育实践中意识到每一个人都可能有独特性的时候，我们在教育实践之中的行为才会具有更多的针对性。有时候，我们能在理念上认识到这一点，可当我们面对具体的人时，往往不会有意识地去关注他的具体特点。

可以说，"人是具体的"是教育实践中一个更加具体的人性假设。当代中国的

---

[1] 联合国教科文组织国际教育发展委员会.学会生存——教育世界的今天和明天[M].北京：教育科学出版社，1996，196 页.

教育学界也有学者提出,教育工作者应该意识到教育的对象是具体而鲜活的个体,不应该用普遍性的或模式化的东西来应对具体的人,要尊重具体的事件,尊重具体的个人。而且,关注"具体个人"并不是要求教育学去描述每一个个体的特性、发展、成长及其教育,而是要改变教育学中"抽象的人"的观念,用"具体个人"作为教育学中人学的支点,去重新认识教育和构建新时代的教育学。"具体个人"作为教育学的一个基础性观念,至少意味着我们对"人"的认识要发生一系列的变化:要承认人的生命是在具体个人中存活、生长、发展的;每一个具体个人都是不可分割的有机整体;个体生命是以整体的方式存活在环境中,并在与环境一日不可中断的相互作用和相互构成中生存与发展;具体个人的生命价值只有在各种生命经历中,通过主观努力、奋斗、反思、学习和不断超越自我,才能创建和实现,离开了对具体个人生命经历的关注和提升,就很难认识个人的成长与发展;具体个人是既有惟一性、独特性,又在其中体现着人之普遍性、共通性的个人,是个性与群性具体统一的个人……有了这些认识,教育学的立足点和视角就会发生诸多相应的变化:我们不会只关注教育的社会价值,忽视教育对每个人在社会中生存、发展和实现人生价值和幸福的意义;不会把个体成长只作为起点去研究,而是作为教育中个体重要的内在需求与动力去研究;不会把教育只看作是知识、技能的传递过程,而是看作提升人的自我超越的意识和能力,提升人的生命质量和创造能力的过程;不会把个体之间的差异看作问题,而是当作教育的资源和财富去开发;不会只根据人的今天去判断、决定他的明天,而会把发现人的发展的可能并使这种可能转化为现实,作为教育学研究的重要课题。总之,我们有可能发现当今教育学理论研究中诸多的空白点、诸多的不足甚至谬误,发现一个教育学研究的新天地和新的教育学诞生的曙光。而这一切,都是与当今中国呼唤创新的时代相关并由此催生而出的。[①]

(四)人是未完成的

人是未完成的,这也是当代教育学的一个重要共识。"人在生理上尚未完成,这一点对我们认识人,是有独特贡献的。我们可以说,人永远不会变成一个成人,他的生存是一个无止境的完善过程和学习过程。人和其他生物的不同点主要就是由于他的未完成性。事实上,他必须从他的环境中不断地学习那些自然和本能所没有赋予他的生存技术。为了求生存和求发展,他不得不继续学习。正如当代一位心理学家所说的,人类生下来就是'早熟的'。他带着一堆潜能来到这个世界。这些潜能可能半途流产,也可能在一些有利的或不利的生存条件下成熟起来,而个人不得不在这些环境中发展。所以从本质上讲,他是能够受教育的。事实上,他总是

① 叶澜.教育创新呼唤"具体个人"意识[J].中国社会科学,2003(1).

当代教育名著选读

不停地'进入生活',不停地变成一个人。这是赞成终身教育的一个主要论点。"①

从这个意义上说,人永远都是不完善的,永远都在趋向于完善。这些观点与教育相结合便产生了这样一个命题:学生是需要发展的,教师是需要发展的,校长也是需要发展的,任何一个人都要在他的实践中不断去学习,不断去发展。

《学会生存》所提出的终身教育的思想不是无中生有的,不是纯粹的理论遐想,而是有现代科学、现代技术的支持的。比如关于脑科学的诞生与发展;比如关于心理学领域的行为主义、发生认识论、认知心理学、结构主义等学派研究发现;再比如关于信息论、系统论、控制论的产生与应用……这些对整个教育的改革与发展都具有非常重要的思想启示的价值。可以说,现代科学研究中的新发现,不仅仅可以充实我们的教育内容,而且对于我们认识教育中的学生与教师,认识学生学习的特殊性,对于我们改进教育活动、管理活动,有着基础性的价值。

以脑科学研究对于教育的影响为例,现代科学研究表明:人具有学习与发展的巨大潜力,而且,教育活动可以得到更合适的组织实施。这里有两个层面,一个是通过科学研究发现人是有潜力的,是能够学习的;另一个方面科学技术的发展又为我们更好地组织教育活动提供一些思想的、理论的、技术的支持。

第一,新发现显示:人的大脑中有相当一部分潜力未曾加以利用,有人认为高达 90%。到现在为止,脑科学对教育学来说依然是非常重要的一个学科。通过脑科学的研究,我们发现人脑非常复杂,而且人脑具有非常丰富的潜能可以开发,而现在我们的教育还没有充分地实现对人脑的利用价值的研究,所以人还有非常大的发展空间。即使现在已经发展得很好了,还是有百分之九十的潜能没有发挥出来。这就提供了教育发展的一种新的可能性。

第二,对发育不良儿童的研究表明:人脑是由于缺少关注以及教育的疏忽而受到损害的。即便对于那些生活在舒适条件下的儿童来说,不良的教育,或者缺乏教育,都会给大脑发展带来灾难性的后果。当时的研究证明教育的缺乏对人脑的发展的影响是非常大的。因此要使大脑得到很好的发育,教育就是一个非常重要的因素。对于第三世界国家和当时不太注重幼儿教育的国家来说,这一点启示是非常重要的。

第三,如果人脑受到更加有利的条件如新型的教育活动和有利的环境影响,就能把它的创造性发挥到我们还不可想象的高度。这是一个非常有价值的判断,也正是这个判断,极大地影响了当时的幼儿教育和成人教育的发展。通过这种认识,我们发现,如果在幼儿的早期,包括成人以后、老龄阶段,我们都对他进行教育的

① 联合国教科文组织国际教育发展委员会. 学会生存——教育世界的今天和明天[M]. 北京:教育科学出版社,1996,197 页.

话，那么他的大脑、他的智能是能够得到非常大的发展的。

——陈彦撰写

三、终身教育

虽然终身教育不是《学会生存》首先提出的，但是终身教育在《学会生存》中得到了发展与深化。《学会生存》认为终身教育的思想应该得到广泛传播，成为影响教育改革的重要力量。该书指出：终身教育是指一个人应该终身接受教育，在时间上贯穿人的一生，而不局限于某一个阶段；在空间上涵盖人的生活的所有领域和场所，而不仅仅局限于学校一个场所和学习知识这一个方面。

人具有未完成性，人需要发展。这种发展将持续他的一生，而人的发展从空间范围上看包括智力的、情绪的、伦理的等各个方面的发展。把这种思想放到教育上来看，就是终身教育。也就是说，人的一生都应该贯穿着学习与教育，同样，从空间范围来看，不仅仅在学校里，在人的生活的各个领域、所有的场所都应该接受教育。接受教育的内容也不仅仅是知识，而是人发展的多个方面，比如说伦理的、情感的、意志的、精神的等等，这些都是人发展的各个方面。所以，终身教育是在时间、空间和内容上涵盖人生活的全部的一种教育形态。

（一）终身教育的提出

郎格朗首先系统提出终身教育思想，被称为"终身教育之父"。在他看来，如下因素促成了终身教育思想的形成：第一是变革的加速；第二是人口的增长；第三是科学技术的发展；第四是政治的挑战；第五是信息；第六是闲暇；第七是生活模式和互相关系的危机；第八是身体；第九是意识形态的危机。这几方面的具体阐述，可以从郎格朗的著作——《终身教育引论》中得到更多的了解。①

从《学会生存》的角度来看，我们现在觉察到根本的问题乃是教育与社会之间，教育与学习者之间，教育与知识之间的关系，公开宣布的目标和实际达到的目标之间的关系。这就涉及当前教育本身的存在形态，它的目标与它的实际状态之间有很多差异，而其中很多内在的因素就需要我们去思考"我们的教育该怎么办、该怎样发展"这样的问题。终身教育就是一个可能的解决方案。

（二）终身教育的必要性

《学会生存》谈到："几年前又发生了一个新的问题。实质上，它可归结为三个问题：学校体系能否符合全世界对教育的要求？"答案是不能。"我们是否能够供给

---

① 郎格朗著，周南照等译. 终身教育引论[M]. 北京：中国对外翻译出版公司，1985.

当代教育名著选读

学校体系所需要的巨大资源?"答案也是不能。"简言之,教育是否可能沿着我们所制订的路线,按照我们目前发展的速度继续前进?"① 可以说也不能。归结起来,最重要的问题是"我们现在所设想的这个教育机器是否真正满足了我们时代个人的与社会的需要和愿望"。② 回答也许还是不能。这些"不能"又引出一个新的问题:现有的教育制度、学校教育体系不能够持续健康发展,不能够满足我们的需要。我们需要一种新的教育形态使我们能够满足社会和人类发展的需要,这就是终身教育。

此外,该书还谈到"教育有两个根本弱点,往往使教育成了一个难于对付的工头。……第一个弱点是它忽视了(不是单纯地否认)个人所具有的微妙而复杂的作用,忽视了个人所具有的各式各样的表达形式和手段。第二个弱点是它不考虑各种不同的个性、气质、期望和才能"③。这个可以说是对"具体的人"的一个注解。上述这些弱点都是因为没有面对教育中具体的人。

(三)《学会生存》所提出的建议

针对前文提到的问题,《学会生存》提出了新的改革思路。

第一个方面是:学校不应再是唯一的教育机构,尽管它将依然是核心的教育机构。

终身教育的思想要求我们用一个更大、更广的视野来审视教育。除了学校,家庭、社区、工厂、公共场所等都可以成为教育机构、教育场所。从国家、从社会的发展来看,需要构建一个更加广泛的教育体系。我们现在也看得到,我国现在也提出要建立终身教育体系,像成人教育的问题、职业教育的问题等都已经被提出来了。学校教育已经不再是教育的代名词了。

第二个方面是:教育渗透在人们的社会、政治、经济等各项活动之中。从学习的场所、学习的空间来看,教育应该在人的生活各个方面都有所渗透。人在生活的所有方面都能够学习,都能够得到教育。

我们以一位本科同学参与的小学教育实践活动为例:④

第一次当老师的滋味

虽然在老师的指导下改变过角色,有过几次讲课的经历,并且自己从上学期开

---

① 联合国教科文组织国际教育发展委员会.学会生存——教育世界的今天和明天[M].北京:教育科学出版社,2003,47页.

② 联合国教科文组织国际教育发展委员会.学会生存——教育世界的今天和明天[M].北京:教育科学出版社,2003,49页.

③ 联合国教科文组织国际教育发展委员会.学会生存——教育世界的今天和明天[M].北京:教育科学出版社,2003,105页.

④ 材料来自华东师大孟宪承书院网站。

始就一直在做家教，成了某种意义上的小老师，但比较正式的讲课经历却从来没有。身为大一学生的我，目前也不敢奢望有这种机会让我锻炼、让我成长。然而一个偶尔的机会，我认识了梁晓老师，她说可以让我们给小学一年级的学生上一堂有关奥运的课。就这样，我于3月28日来到了高安路一小，获得了一次宝贵的从教经历。

去学校上课之前，我们根据奥运的重点与小学生的特点制作好了PPT，准备了问题，梁老师还为我们准备好了小红花作为奖品，并提前模拟了一遍。梁老师也给了我们一些建议，包括如何控场等常见的应急方法。或许是觉得自己的准备还算充分，以前也经常在公共场合发言，再加上梁老师传授的一些"法宝"，有些高兴，都不觉得紧张。就在这样的心态下，我们来到了高安路一小。

刚进校立刻被孩子们的活蹦乱跳所吸引，一种消失了很久的感觉涌上了我的心头，有亲切，也有激动。我在成长，收获到了很多，同时也感觉失去了很多。而看着眼前这些纯真的孩子们，仿佛看到了自己的过去，体会到那种属于童年特有的快乐。忘了自己是过来实习的，忘了再过会儿自己就要当一次比较真实的"老师"了，完全沉浸在这种难得的氛围之中。但不容多想，梁老师已经过来了，简单地打了个招呼，她就带我们到各自所教的班。我和岳志斌是搭档，都在一年级(5)班上课，他先讲第一、第二章，我配合发奖品等；然后是我讲第三、第四、第五章，他做助手。

走上讲台，孩子们都好奇中带着兴奋看着我俩。看到这种情况，我觉得好开心，说明他们在某种程度上已经接受我们了。孩子们总是很容易接受一个人的，这点很让人感动。志斌先自我介绍了一下，然后就开始上课了。我们的思路是在讲解中穿插提问，答对了就有奖品小红花。孩子们一直都很积极，开始我们也挺开心的，呵呵！孩子们的兴趣被我们给调动起来了。可到后来就觉得他们的兴趣与其说被我们调动起来了，不如说是被小红花给调动起来了，很多时候他们并没有在听我们讲什么，只是关注举手回答问题，然后拿到小红花。有时候，我们并没有问问题，还是有一些同学站起来把手举得高高的，然后觉得好吵，要说好几遍"大家安静"，情况才会好一点，但也维持不了几分钟。有时候也会感到有些无能为力。现在是这种情况不重要，因为这也只是让他们了解一下奥运，但以后如果我真成了小学老师，还是这种情况，那我的学生不是什么也学不到了吗？知识的传递又怎能做得好呢？想到这些，有种挫败感。志斌讲完了他的内容，该我上场了。我也自我介绍了一下，说到我的名字中"娥"是嫦娥的"娥"时，一些孩子们开心地说："哇，原来是嫦娥姐姐来了耶。"听见这幼稚却可爱的话语时，在好笑之余也觉得有些开心(好像我也很幼稚耶)，刚才的不快也随之消失，继续上课！情况也还跟刚才差不多，甚至有的时候要用"你们再这样，老师要生气了"之类的话来吓唬他们。虽然这样，但我真的觉得开心，因为孩子们为了得到微不足道的小红花都还会表现得如此积极、如此投入，真有些感动于他们的单纯。三十五分钟的课堂就这样结束了。

当代教育名著选读

接下来又到梁老师的班级上了一堂课。刚进教室的时候,我们就站到了后面,这时一个小朋友硬是要拉我跟他一起坐,不坐都不行,可能是我刚才上课那个班的孩子吧!呵呵,孩子们啊,你们真的很好,又被感动了一把。再关注课堂效果,与刚才的相比,这些孩子们不仅表现得积极,而且还很认真地听老师讲课,就连我也被这种有趣的上课方式给吸引住了,老师上课体现的智慧和孩子们的热情结合得恰到好处!此刻很明显地感受到了差距所在。原来很多经验不是别人告诉你就能用好了,还是要亲身实践。虽然以前也有或多或少的感觉,但从不像这次这样鲜明,这样给我震撼。

听完梁老师讲课后,我们开始给孩子们讲故事,而在这之中,让我受震动的是一个小朋友突然用很认真的口气跟我说:其实我很忙的。我一怔,随即问道:"告诉姐姐,你都忙什么啊?"接着他就说了好多,什么钢琴培训啊,补课啊等。说到这些的时候,我看到他的眼睛有些黯淡下来了,我也有种说不清的难过,掺杂着理解,掺杂着无奈……

就这样我们该走了,一个小朋友拉住我问:"你什么时候还会来啊?好想常常看到你哦!"又是一阵感动。什么时候?我也不知道,毕竟这种机会不是经常有的。但不忍让他失望,就说"姐姐有空就会来的哦,好好读书哦,下次该你讲故事给姐姐听了"。说完,摸摸他的头,彼此道声"再见"走了,但心中依然带着感慨……

虽然自己以前不太喜欢小孩,但现在发现其实跟孩子在一起,也是乐趣多多。很喜欢这次经历,也很希望以后这方面的经历能再多一些。

——华东师范大学公共管理学院07级本科生 尹东娥撰写

您从上述材料中,获得的启发、产生的新疑问有哪些?

_____

_____

_____

第三个方面是:教育的出发点是学习者本人,应该使教育成为学习者自己的教育。对于这一观点,我们应该特别重视。终身教育所秉持的人性观,以及它所认识的人类和社会发展的目的,都是强调人是有力量的、人是主动发展的,而事实上人也需要主动发展。从这个意义上说,教育的重要出发点是让学习者积极主动地去学习,让他成为自己生活与命运的主人,让教育真正变成一种自我教育。这是一种教育信念,把学习从外在的、压迫性的状态改变成内在的、主动的状态。这里又会涉及许多思维方式的问题。比如,学生都积极主动地学习了,教师的作用是否就消失了?可以说,是教师的教育方式发生了转换,教师的独特性依然存在,只不过已经不再是传统意义上的"教师"了,而更多成为指导者、对话者、参与者、朋友、顾问。

四、学习化社会

"要把培养正常的人当作一种成就,而宇宙就是用来支持这种成就的。"[①]《学会生存》指出:如果我们要学习的所有东西都必须不断地重新发明和日益更新,那么教学就变成了教育,而且就越来越变成了学习。该书强调:如果学习包括一个人的整个一生(既指它的时间长度,也指它的各个方面),而且也包括全部的社会(既包括它的教育资源,也包括它的社会和经济的资源),那么我们除了对"教育体系"进行必要的检修之外,还要继续前进,达到一个学习化社会的境界。

可以说,学习化社会是与终身教育思想紧密相连的一个思想。终身教育就要求在时间、空间和内容上进行极大的扩展,从这个意义上来说,我们传统的教育体系,尤其是以学校教育为核心的教育体系必须要得到完善。而除此之外,仅仅关注学校教育或者原有的教育体系已经不够了。我们需要在社会化的视野之中形成一个学习型的社会。这样一来,社会生活中的所有方面,社会中的所有成员都应该不断地学习,不断地接受教育,这样的社会就成为学习化的社会。

(一) 时空

"教育正在越出历史悠久的传统教育所规定的界限,它正逐渐在时间上和空间上扩展到它的真正领域——整个人的各个方面。"[②]要理解这个观点,就要想到我们现在所关注的不仅仅是学校教育的问题,而且是要从人的发展的角度来考虑教育问题。也就是说,人一生的发展都是在社会生活中实现的。而正是在这样一个空间范围和时间范围内,教育与人、与社会生活紧密相连。

(二) 主体

"在这一领域内,教学活动便让位于学习活动。虽然一个人正在不断地受教育,但他越来越不成为对象,而越来越成为主体了。"[③]这里依然涉及学生(个体)应该是教育的主体。"学生是教育的对象",这句话是有一定道理的,在具体的教育实践活动中,我们必然要考虑到学生自身的一些特点,考虑到他对教育信息的接受。然而在一定意义上来说,学生又是教育的主体。而且随着社会的发展,这一主体的意识会越来越受重视,必须允许学生主动地去学习、去接受教育。

---

① 联合国教科文组织国际教育发展委员会. 学会生存——教育世界的今天和明天[M]. 北京:教育科学出版社,2003,199 页.

② 联合国教科文组织国际教育发展委员会. 学会生存——教育世界的今天和明天[M]. 北京:教育科学出版社,2003,200 页.

③ 联合国教科文组织国际教育发展委员会. 学会生存——教育世界的今天和明天[M]. 北京:教育科学出版社,2003,200 页.

《学会生存》提出了很多有价值的观点："未来的学校必须把教育的对象变成自己教育自己的主体。受教育的人必须成为教育他自己的人；别人的教育必须成为这个人自己的教育。这种个人同他自己的关系的根本转变，是今后几十年内科学与技术革命中教育所面临的最困难的一个问题。"①这里反复地提到《学会生存》提出来的"人是主动地、积极地、自觉地去学习、去发展，而且这也是人性本身的一个内在的需要、内在的肯定"。这一点对于教育改革来说又是最具有挑战性的一个问题。我们可以在日常的实践之中发现很多这样的问题，例如怎样让学生热爱学习？怎样让学生积极主动地学习？不仅是在基础教育阶段，而且在大学里，大学生是否肯积极主动地去学习？答案也是不一定的。包括我们自己可能都会面对这样的问题："我"的这种学习究竟能不能变成"我"的一种内在需要？

复杂性理论中的"主体"概念

　　■ "这种个体存在的运算是每个个体从它本身出发、经由它本身和为着它本身而进行的。这是一个camputo。我运算是主体据以构成自身的行动，在这个行动中主体把自己放置在它的世界的中心来处理这个世界，考察这个世界，还包括所有保存、维护、自卫等等的行动。"

　　■ "对'自我'、'非自我'、'我'和'他者'的根本的和即时的区分同时就分配了价值：任何属于'我'、'自我'的东西都被珍视，因而应该受到保护、捍卫；其余的则是无关紧要的或被打击的。"

　　■ "这就是主体本征的第一个原则，它使得可能建立'我是我'的主观的/客观的统一以及外部和内部之间的区分。"

　　■ 还有第二个本征的原则，不可分离的，它是：尽管有"我"的内部的改变（性格、情绪的变化）和"自我"的内部的改变（由于年龄发生的体质的改变），"我"保持同一。

　　■ 这就是第二个本征原则，即不顾变化和通过变化的自我参照的不变性。

　　■ 第三和第四个原则：一个不相容原则和一个相容的原则；它们是不可分离地联系着的。

　　■ 不相容的原则可以表述如下：虽然无论谁都可以说"我"，但无人能够在我的位置上这么说。

　　■ 我能够把一个'我们'纳入我的'我'中，就像我能把我的'我'纳入一个'我们'之中：因此我能够把我的心上人、我的双亲、我的孩子、我的家庭、我的祖国引入我的主体性和我的目的性之中。我能够把我所爱的人包含在我的主体的本征之中，为了对被爱的人的爱或者对共同的祖国的爱而献出我的'我'。

---

　　① 联合国教科文组织国际教育发展委员会.学会生存——教育世界的今天和明天[M].北京：教育科学出版社，2003，200 页.

■ 显然在相容和不相容之间存在着对抗性。……换言之，我们所有人在我们身上都有这两个原则，可以被不同地调整、分配；换言之，主体在绝对的自我中心主义和绝对的自我献身精神之间摇摆。

■ 因此必须有一个重构，必须有自主/依赖的概念、个体性的概念、自我产生的概念、人们在其中既是产物又是生产者的回归的圆环的概念。

■ 还应该把对立的概念结合起来，如相容原则和不相容原则。

■ 应该把主体设想为给予多种人格、性格、潜在性以统一性和不变性的东西。

■ （针对无主体或先验主体）在这两种情况下，我们都不能思考主体的两重性，他的矛盾，不能同时思考他的位居中央和他的能力有限，他的富有意义和他的没有价值，既是一切又是无有的特点。因此我们需要一个关于主体的复杂的概念。

——[法]莫兰著，陈一壮译：《复杂性理论与教育问题》，

北京大学出版社，2004 年版。

（三）教育系统

"不要把教育的权力交给一个单独的、垂直的、有等级的机构，使这种机构组成社会中的一个独特团体。相反，所有的集体、协会、工联、地方团体和中间组织都必须共同承担教育责任。……从今以后，一些专门人员以外的人们从事教育活动是可能的了；垂直的区划正在消失；学校的领域和所谓平行学校的分界关系，国家与私人事业之间，官方的或证实订有契约的教学专业人员和那些临时担任教学任务的人们之间的区别等等也都已经不再有任何意义了。"①

"不管系统变革多么急骤，上述情况已经使我们远远地超出了简单的系统变革。社会与教育的关系，在其性质方面，正在发生变化。一个社会既然赋予教育这样重要的地位和这样崇高的价值，那么这个社会就应该有一个它应有的名称——我们称之为'学习化的社会'。这样一个社会的出现，只能理解为一个教育与社会、政治与经济组织（包括家庭单位与公民生活）密切交织的过程。"②

也就是说，要把学校、教育系统与其他系统之间的关系以及它们之间的互动考虑进去。而且要考虑到："未来的教育必须成为一个协调的整体。在这个整体内，社会的一切部门都从结构上统一起来。这种教育将是普遍的和继续的。"③这种理想是很有吸引力的，学习化社会就应该如此。

---

① 联合国教科文组织国际教育发展委员会. 学会生存——教育世界的今天和明天[M]. 北京：教育科学出版社，2003，202 页.

② 联合国教科文组织国际教育发展委员会. 学会生存——教育世界的今天和明天[M]. 北京：教育科学出版社，2003，202—203 页.

③ 联合国教科文组织国际教育发展委员会. 学会生存——教育世界的今天和明天[M]. 北京：教育科学出版社，2003，203 页.

在学习化的社会里,教育应该寻求一种共通的互动的合力,学校与社区的合力,学校与家庭的合力,学校与社会各阶层各种组织之间的一种合力等。在学习化社会里,任何资源都有可能转化为教育资源。

当前中国的课程改革也非常重视学校教育资源的开发与有效运用,结合您的教育经历,您觉得学校教育应该整合哪些方面的教育资源?_____

_____

选择其中您感兴趣的一个方面,对于优化和整合这方面的教育资源,您有什么建议?_____

_____

对"生存"问题的教育学思考

一、理解"生存"的内涵

《学会生存》中涉及的关键词是"生存"。中国传统文化中的生存概念和《学会生存》这本书中所倡导的生存概念是有差异的。

首先《学会生存》中的"生存"概念不能被理解为"存活"。我们传统的思想认为生存就是活着,让自己不死,保持一种最基本的存在状态。例如说遇到了"生存"危机,现在的"生存"很困难,这里的"生存"概念讲的都是一种最基本的存活状态。而《学会生存》中的"生存"并不是中国传统意义的"生存"。我们可以从几个方面来认识它:

首先,"生存"是人的一种主动的生活方式,即人作为在世界中的存在,不断地去寻求自己的发展,不断地与外界环境进行积极的沟通和交流。这种生存是人的一种主动的活动,是他自己的一种存在状态。在生活世界中,我们都在努力地发展、努力地生活,都在主动地参与世界的变化、创造新的自我,这一具体的行为方式,我们就称之为"生存"。

其次,"生存"是人与环境的共同生成。这一点也是《学会生存》中反复强调的。外界环境的变化为人类当前的生活提供了一种新的背景,那么在这样一种背景之下,人类应该怎么办呢?应该保持原有的状态不改变吗?《学会生存》中认为外界环境的变化需要推动着,而且提供着人不断变化发展的新的可能性。生存就是人意识到外界环境的变化,根据外界环境的变化对它进行判断,然后调整自己的行为,使自己依然能够很好地存在于变化的环境之中。因此这里的生存不是永远生活在远古的时代,不是生活在一种陈旧的生活方式之中,而是与外界环境同步发展的共同生存。所以这种思想就要求我们关注自己生活的外界背景,关注我们周围环境的变化,然后在这种环境之中调整自己的生活方式、行为方式和思维方式,这样一个过程是人与环境共同生存的过程。所以,人要关注外界环境,并在与外界环境的积极沟通之中实现自己的发展,并且促进环境的发展。

再次,"生存"是人的生命表达进一步丰富化的过程。在前几部分中,我们提到学会生存的目标是使人的各个方面得到发展,即使人在伦理的、智力的、道德的、情感的各个方面得到进一步的开发、发展,这就是人的一种生存的状态。人存在于世界之中,存在于多维环境之中,他的生存是多方面表达、多方面素养不断形成的一个过程,我们用的一个概念就是"生命表达"。也就是说无论是人的智能发展、体格的健全健康,还是道德的发展、伦理的发展,其实都是人的生命存在的一种外化。而我们的生存追求的是自身的丰富与完整。因此生存指的是人的生命表达进一步丰富化的过程。

最后,"生存"是一个永无止境的实现历程。这是从时间的角度出发的,生存是人出生以后的一个永远发展变化的过程。《学会生存》中引用了一个古老的谚语:"一个人的学习、一个人的教育应该是从摇篮开始到走向坟墓时为止。"这就是一个永无止境的发展过程。这个发展过程就是生存这个概念所指的。所以在这里,我们更能清楚地看到:生存不是存活,存活问题可以在一段时间内解决掉,而生存是持续人一生发展的过程。

归结起来,生存是人的主动的生活方式,是人与环境的共同生存,是人的生命表达进一步丰富化的过程,是一个永无止境的实现历程。这个概念是《学会生存》这本书中最核心的一个概念,如果我们不能从以上这四个方面来理解生存这一概念,就很难理解为什么会提出终身教育这个概念,为什么要提出学会生存这样一个思想。因此,我们在当今的教育改革之中依然会看到很多类似的表述。例如学校教育应该教会学生"学会生存"。这里的"生存"指的是诸如过马路的时候不要被车撞倒,指的是自己在危险的环境之下能够逃脱,能够保护自己的安全等这一类型的"生存"。

二、理解"学会生存"的内涵

在我们中国传统的思想中,"学会生存"和此书所倡导的概念可能也存在一定的差异。对于"学会生存",这里有两种不同的理解:

第一种理解是:学会生存就是学会一种具体的生存能力。比如某些地区和学校提出让学生"学会生存",就是发生了水灾、火灾等意外事故时,或者一个人独自面对坏人的时候该怎么生存。这里的生存是指具体的生存能力。所以学会生存就是指学会某种生存能力。但这并不是《学会生存》中的思想。

第二种理解的"学会生存"是指，在"学习"中"生存"。人唯有通过学习、在学习中，才能得以生存。结合上面讲到的"生存"概念——生存是人的主动发展的过程，是人与环境的互动过程，是人的生命表达丰富化的过程，是一个永无止境的学习过程。这样的一种生存概念是与整个人生发展结合起来的，是人的生活的多个方面，是人的一种主动发展，这样才能使得他不断地发展下去。而这样的生存必须在一生之中，在人的多方面的发展之中，通过自己主动地与外界环境沟通才能够实现。因此只有一种方式能够实现这种生存，那就是学习。这本书的英文名是 *Learning to Be*，其表达的思想就要求我们从自己一生发展的角度，从生活的多个方面的角度来理解，我们只有在不断地生活之中，从生活的多个方面去学习，才能够生存。

因此，学会生存不是说学会某种生存能力，而是指唯有通过学习才能够实现"生存"，即人只有不断地学习才能够跟上时代的发展；人只有通过不断的学习才能够获得多方面的发展；人只有不断地学习才能够在一生之中都有发展。正是这样一种"学习"的概念，使"生存"得以实现。因此，人的生存过程就是一个不断学习的过程，不断接受他人影响的过程，不断参与教育并自我教育的过程。

除了上面的理论性阐述之外，我们在日常生活中也可以有这种亲身的体验。例如我们参加如今的课程学习，而除此之外，我们还曾经或者正在参加其他各种方式的学习，为什么会出现这种状态呢？这恰恰是这个变化的社会为我们提出的新课题。在现代社会生活中，在自己的人生发展之中，只有不断地去学习，而且是主动地去学习，才能不断发展，从而适应不断变化的社会发展的要求。所以事实上我们本身都是在学习，我们不仅从学习现在的课程中，也在与他人的交往之中学习。可以说在自己的生活中充满着学习。当我们有意识地去学习的时候，也就是在生存；也只有通过学习才能够生存。通过这种体验，我们就能进一步理解"学会生存"，理解这本书所倡导的一种思想。

随着社会的发展和教育改革的逐步深入，教育对个体的影响更加深刻，整个社会也正在经历由学历社会走向学习社会的转变，结合自身的教育实践，谈谈这对您的影响。

我们越来越感到学习的重要，"学习型家庭"、"学习型社区"、"学习型团体"、"学习型班集体"……不断出现在我们的视野之中，选择其中的一个方面，谈谈您的建议。

三、认识人的"未完成性"对教育的启示

人的"未完成性"也是《学会生存》中基础性的问题。它为终身教育提供支持，

说明了人是需要终身接受教育的。这里我们可以从"未完成性"的角度来进行解释。

1. 人在生理上尚未完成

人在生理上是尚未完成的，这是当代教育学、当代人类学所揭示出的状态。人刚出生的时候与其他动物相比，是非常不完善的，需要很长的一个哺乳期，很多身体的机能都要在这个哺乳期内发育、完善。而其他的动物可能一出生就是很完善的，它们一出生就已经具备了独立生存的能力，而人不行。所以，人在生理上具有未完成性。这个观点在《教育人类学》这本书中也有所体现。

2. 人的发展是一个无限的过程

人的发展是一个无限的过程，就是说人的发展不可能存在某个极点。人在任何时候都需要面对一个无限广阔的发展空间。这一点不仅适用于儿童，对成人也依然是如此，我们都会发现自己还有很多空间去发展，要发挥自己的潜力。所以任何人在任何阶段都需要发展，在这个意义上说，现在我们提出的很多思想，如终身学习等，都是以此为基础的。

3. 人的未完成性向教育提出永恒的需要

人的未完成性向教育提出永恒的需要，不仅体现在个体的成长历程中，也体现在整个人类的发展过程中。作为单个个体，他的未完成性要求他一生都要不断地发展。而正是这种需要提出了教育需求，人需要教育，需要有人对他进行有意识的影响，人需要不断地去接受教育。从人类的角度来说，人作为一个物种存在，他永远具有未完成性。而正是这种未完成性的存在，对人类存在提出一种永恒的需要。只要人存在，教育就永远会存在——因为人是不完善的，是需要教育的。

4. 教育的培养目标、教育内容、教育方式、教育评价等各方面，都应意识到自己促进人的成长的责任

在新的人性观基础之上，我们可以如何看待教育？以培养目标为例，以前的培养目标多关注于培养一个确定性的人，即一旦培养出这样一个人之后，他就能够满足周围世界发展的需要了。而从新的人性观出发，我们意识到培养人是一个无止境的过程，于是教育的培养目标也随之发生了重大的变化——培养具有终身学习意识与能力的人。只有当人具有了不断学习的能力，他的一生才能充满学习，才能在学习中不断进步。

【启迪与思考】

一、以全球的视角，审视教育的过去、现在与未来

从全球视角来看，《学会生存》这本书包含着非常多的背景知识。从国家的差

异来看,它有对发达国家的关注,也有对第三世界国家教育发展中的问题的关注。从时段上来看,它对历史上教育遗产进行了系统的思考和处理。书中讨论了远古时代的教育、伊斯兰社会的教育、中国传统的教育、西方教育、科学技术时代的教育等等,并且都对它们进行了评述。它是建立在对历史发展的认识基础之上的,而且挖掘出了许多珍贵的教育遗产。比如说传统时代的教育方式都是结合在生活中进行的,而且都强调人的学习是弥漫在他的生活之中、贯穿于他的一生之中的。它还揭示了很多当代教育中存在的问题,这对我们认识当代教育,思考如何改革是非常有价值的。发现问题往往是我们进行改革的起点。此外,这本书还对未来教育进行了规划,无论是提出的思想,还是在书的后半部分提出的一系列改革措施,都是它对未来的一种改革设想。这些改革设想到现在看来依然是具有启示性的。

二、以人文的情怀,关注当代教育的改革

"以人文的情怀,关注当代教育的改革"是这本书中所洋溢的思想和精神。这里有这本书的作者群体对人类社会发展的关注,同样有对教育价值的思考与信任。这本书中包含着作者对教育的深情。如果没有对教育的这种感情,就不会去对它进行有意识的思考,而且也不会那么充满感情地去设想新的教育形态。读者能够感受到弥漫在书中的这种精神力量。另一方面就是对教育改革的真情投入。作者是真的想去改变我们当前的教育状态,是真的想去建立一种新的教育形态,这可能是任何一个成功的教育改革、教育思想家所必须具有的基本的思想素养。

三、以缜密的思想,诊断当代教育乃至社会的问题

对于"要以缜密的思想,诊断当代教育乃至社会的问题",书上讲到了很多,比如说当代社会存在的各种危机,当代教育面对的各种危机,科学技术对社会发展和教育改革具有的"双刃性"影响和从"生存"的深度思考未来的走向。再以对学校教育的地位的认识为例,《学会生存》深刻批判了当代学校教育的一系列问题,倡导形成终身教育与学习化社会,但是,它并没有简单地否定学校教育的独特性,而是在新的背景、新的立场下,寻求学校教育独特价值的实现,这体现的是一种背景化、立体化、辩证化的认识方式。

四、以创造性的思路,为当代教育的发展提供蓝图

该书提出了一系列创造性的思想,如终身教育的思想、学习化社会的思想,引领了世界教育的发展;提出的诸多教育改革的具体方案,为教育变革提供了具体的支持力量;通过国际教育组织的影响,该书也对世界各国教育政策的发展产生重要影响。事实上,当今许多国家都已经把终身教育列为自己教育政策中重要的一个

方面,比如说日本、美国等。当代中国也明确提出要建立一个终身教育的教育体系,部分省市已经先行出台相关政策法规。①

《学会生存》中的诸多思想已经成为了相关国家的教育政策,正在不断地变为现实。尽管今天世界教育变革的状态已经不同于几十年前,但该书对世界各国教育改革的深化,依然不断地提供思想的启发。

读这本书对于我们从事教育实践活动会带来非常多的有益的影响。通过读书来改变自己的思想,改变自己的行为实践,这也是读书的价值。因此它对我们个人的影响包含了两个方面:一个是对自己作为一个个体发展的影响,包括它所提出的生存的思想;另一个就是对我们工作的影响,这里提出的很多观点,包括新的培养目标、教育内容的改革、教育评价方式的改革等等,都有助于我们推动自己的教育改革。

《终身教育引论》摘录

● 一个人的一生,无论怎样短暂,都是由许多事件组成,都要经过许多阶段。它经历了一定长度的时间。我们无法相信,人一生的抱负会只局限于达到一个特殊的目标,无论这个目标可能是多么高尚或远大。(第3页)

● 我们愈迫切地考虑到教育的整体、教育各个阶段的顺序与相互联系。当我们谈到终身教育的时候,我们头脑里经常考虑的是教育的整体性和完备性。(第16页)

● 终身教育即教育这个词所包含的所有意义,包括了教育的各个方面、各种范围,包括从生命运动的一开始到最后结束这段时间的不断发展,也包括了在教育发展过程中的各个点与连续的各个阶段之间的紧密而有机的内在联系。(第16页)

● 在内部需要的压力下,同时也是为了满足外界的要求,教育现在正处在实现其真正意义的进程中,其目标不是为了获取知识的宝库,而是为了个人的发展,作为多种成功经验的结果,而达到日益充分的自我实现。正因为如此,教育的现实责任可作如下定义:第一,确定能够帮助一个人在其一生中不断学习和得到训练的结构和方法。第二,通过多种自我教育的形式,向每一个个人提供在最高、最真实程度上完成自我发展的目标和工具。(第45页)

● 个体从一个年龄阶段过渡到他生活的另一个新的阶段,也随之形成了一种新的生活方式,并继续与世界和他的同伴们保持联系,于是,年龄将标志着成功与失败、富裕与贫穷、欢乐与灾难、理智与疯狂。(第56页)

---

① 2005年7月29日,福建省第十届人民代表大会常务委员会第十八次会议通过了《福建省终身教育促进条例》。

● 一个人最大的成功莫过于不虚度年华,并把它看作丰富充实自己的一个因素,在这个坚固的基础上,人们可以探索展现在他面前的处于更新中的领域,收获摆在他面前的更新了的成果。在这个过程中,另一个重要因素是,人们能逐渐意识到他们所达到的生活阶段是如何开始和如何结束的。(第57页)

● 人就他的各个方面、他的种种处境的差异和他的责任范围来说,都构成教育的真正主体。简言之,人就是现实的人。(第87页)

● 教育的目的是为了适合作为肉体的、智力的、情感的、性别的、社会的以及精神存在的个人的各个方面和各种范围的需要。这些成分中没有一个能够或者应该被孤立,每一个成分都互相依赖。(第88页)

● 我们可以把个人看作两个方面:一个独立的个人和处在同他人及整个社会的关系中的个人。他是被分离的,同时又是被包含的人。(第88页)

● 他是一个被赋予责任,参与活动和交往的人,而并非被动和竞争的人。(第88页)

● 他既具有特殊性同时又具有普遍性——就其特殊性而言,他感到自己是社会的一员,按照这一要求行动并且分享着一个集体、阶级或国家的感情、传统和生活方式;而就其普遍性而言,能够理解人类在其表达方式的无限多样性中的共同特征,具有同其他人、其他种族和人们的伙伴关系的意识,而且具备一种世界观。(第88页)

● 必须创造出一个新的时间观念来。不是把时间看作总是影响他的否定因素,看作人的敌人,而将它看作某种积极的,给人类经验带来发现和进步的积极因素。热爱生活就依靠这点——而且这意味着承担风险以及经历各种各样的冒险。教育对培养这种精神和态度的境界是最为有力的。正是教育通过成为这一运动的一部分,把人们的思想引向过去,引向未来,引向一种不变或变化的状况,引向真正安全感的发现。(第91页)

——[法]保罗·朗格让:《终身教育引论》,华夏出版社,1988年版。

【推荐阅读】

1. [美]马斯洛等:《人的潜能与价值》,华夏出版社,1987年版。

2. [美]詹森:《适于脑的教学》,中国轻工业出版社,2005年版。

3. 高德伯:《大脑总指挥》,远流出版(台北),2004年版。

4. [法]莫兰:《迷失的范式:人性研究》,北京大学出版社,1999年版。

5. 陆有铨:《躁动的百年——20世纪的教育历程》,山东教育出版社,1997年版。

6. 吴遵民:《现代国际终身教育论》,中国人民大学出版社,2007年版。

【拓展性活动】

1. 请介绍您自己成长过程中的一些重要事件和影响人物,分析他们对您成长的价值。

	重要事件	重要人物	对我成长的价值	对教育改革的启示
1				
2				
3				
4				
5				

2. 学校教育理应有助于当代学生生活质量的提升,理应培养学生生存的意识与能力,在您看来,学校教育在促进学生"学会生存"方面出现的问题有哪些? 您的改革建议有哪些?

	学校教育的若干问题	促进学校教育改进的若干建议
1		
2		
3		
4		

选读之二 《教育人类学》

【学习目标】

通过本章学习,能够对博尔诺夫提出的一系列教育思想有整体的了解,能够对其部分观点形成个体深入的认识与思考,尝试借助《教育人类学》的教育思想,认识、思考当代中国教育改革中的部分问题。

感悟中成长

回到寝室,已经是晚上九点半了,明早还有家教,也还有很多事要做,但内心的充实感让我感觉很好。是的,不怕事多,就怕没事做。

听着自己一直都很羡慕的研究生学姐学长们谈学习计划,虽然我跟他们要面对的东西有些是不一样的,但还是有很大的收获。特别是邓睿老师对自己研究详尽的计划,更让我震撼不已,尽管在听的时候还不能很好地体会到她选题、设计等其中的内涵,但还是受到一定的震撼。更加相信一句话:越成功的人,他的付出就越比别人多。而更让我受启发的是两位研究生都提到的"资源"问题。记得偶然跟一个已毕业了的学长聊到大学生活,他也提到在大学很重要的一点是要好好利用资源,而"资源"所指也是图书馆、老师、同学,并建议我应抓住机会多跟老师、同学交流、探讨一些感兴趣、有意义的问题。现在想想,他们说的多么相似。听着他们都或多或少地后悔自己看的书太少的时候,我更坚定自己要多看书的决心了。虽然在未进大学的时候就想自己一定要利用好图书馆,多多看书,但一学期下来,除了看过几本文学作品外,其他的书看得很少,而借口总是忙,总是觉得那些书看起来比较枯燥,所以这个学期选了《当代教育名著选读》的课,希望能借此激发出一些兴趣。看了《学会生存》的一部分,听过老师与同学的发言,我还真发现自己有了些兴趣,虽然还不像对文学作品那样热爱,但我相信进步还会更大的。又听晓静姐姐的主题发言,也引起了我对"主体性"问题的兴趣,我想自己会主动去看看这些书的。(材料来自华东师范大学《孟宪承书院教育简报》第 5 期,作者为尹东城)

读完上述材料,您最受触动的内容是:_____

_____

生活中到处都有学习与成长的机会,而"遭遇"某件事、某个人、某个组织,可能会带来人生发展重要的变化。在您的生活经历中,有没有遇到过这样的情况?___

_____

德国教育改革基础的自觉

《教育人类学》是德国教育学家博尔诺夫的重要著作,也是德国文化教育学派的经典著作之一。博尔诺夫在哲学、社会学、人类学等各个领域都有自己深入的思考,生活经历也非常丰富:经历过"二战",在研究生活中进行了很多哲学思考,开设过教育学的讲座等。20世纪50年代,博尔诺夫曾在日本玉川大学讲学,此书就是在这次系列讲演的基础上写作而成。而他所演讲的那所日本学校,是日本全人教育学派非常有名的学校。[①] 德国文化教育学派有很多独特的视角,有对教育、对世界、对人生问题的独特看法。该书作为德国文化教育学派的一本名著,值得我们深入研读。华东师范大学李其龙教授在该书正文前对博尔诺夫的思想作了系统的介绍,阅读时可以从这个译序入手。

一、基于德国教育的现实背景

对本书的解读,首先需要理解其实践背景。我们至少应当关注以下几方面:一是第二次世界大战的巨大影响;二是纳粹主义对德国教育的破坏;三是教育发展的历史状态。

(一)第二次世界大战的巨大影响

1. 对人类物质生活的影响

第二次世界大战不仅对人类经济发展水平造成了极大威胁,破坏了人类正常生活,极大地摧毁了人类物质文明,对人类生命存在形成了根本威胁,还特别体现为科技巨大杀伤力的潜在威胁。原子弹在第二次世界大战中首次爆炸,最高端的科技所包含的巨大的威胁力,在战争之外,给人类留下更多的反思:人类应该如何认识科技的力量?世界大战让我们感受到科技被暴力所控制而带来的危害,感受

① 参阅[日]小原国芳. 小原国芳教育论著选[M]. 北京:人民教育出版社,1994.

到帝国主义、纳粹主义这种思想观念对人类存在所造成的巨大伤害。

2. 对人类精神生活的影响

我们还能感受到的是大规模的战争带给我们的无尽伤害、人与人之间的侵犯造成的影响、彼此的隔阂、怀疑与猜忌……第二次世界大战对人类精神生活也产生了重要的影响，具体表现在三个方面：

一是人对世界的信任感的丧失。经历过战争的人可能会有非常深刻的体会，世界是如此不可想象，在一夜之间一切都可能丧失。战争会让人家破人亡，会让人的生命存在处于一种非常危险的状态之中，这样的世界怎么值得信任？

二是人的价值与尊严的沦落。在世界大战之中，人的价值、尊严丧失殆尽。当我们看战争影片时，会很强烈地感受到在战争状态之下，人如同动物一般，丧失了自己的价值与尊严。[①] 在战争、谈判、谎言交织中，人的个性与内心冲突暴露无遗，生命无法保障，人性受到压抑和摧残，价值和尊严被质疑，甚至遭到无情践踏。

三是人对精神生活的强烈需要。在战争结束之后人更加需要知识，需要真、善、美的信仰，需要丰富的文化生活来使自己的精神世界更加丰富。在二战以后，文艺界、思想界非常活跃，人们开始思考世界为什么会这样，人们重新意识到人的生命存在、生命尊严、生命价值，重新燃起了对和平的向往。对教育学而言，就需要思考这样的问题：如何通过教育让人活得更充实、更有尊严、更有意义？如何通过教育让后代避免这种灾难，过一种有价值、有尊严、有意义的生活？

（二）纳粹主义对德国教育的破坏

纳粹主义对教育的破坏不仅存在于德国、日本、意大利，也存在于曾经被其蹂躏过的国家和地区。

在教育目标方面，当时的纳粹主义教育主要是培养对纳粹领袖忠诚的国民；在教育内容方面，国家沙文主义与民族沙文主义充斥其中，至今仍危害着世界的和平与发展；在教育方式方面，纳粹主义主张采用严密的思想控制与压制。

（三）教育发展的历史需要

教育人类学也充满着对人类教育发展史的批判，这里有两个方面特别值得关注。

首先是针对教育发展史上过度关注教育连续性的一面，忽视非连续性教育的价值，而作的批判性思考。"非连续性"教育是博尔诺夫提出的重要的教育学思想。以前的教育关注到的是有目的、有计划、有组织、按部就班地去教育人，表现为一种刻板的教育。而事实上，人类的教育不仅仅是这一种形态，还有另外一种教育形态

---

① 参阅［奥］弗兰克著，赵可式等译. 活出意义来［M］. 北京：三联书店，1998.

存在，即非连续性教育。所以，正是连续性教育的过度发展，使博尔诺夫开始关注、研究教育与人的发展之复杂关系。

其次是针对教育中过度关注教育内容、课程的变革，缺少对教育中基本问题探讨的批判性思考。20世纪中期以来，各国对教育改革的关注几乎集中在对教育内容、方法等问题的探讨上，人们很少像美国教育学家杜威那样对教育的一些基本问题进行思考，如：教育到底要培养什么样的人？我们为什么要教学生这些东西？我们究竟应该教什么内容？当时人们对这些基本问题没有深入思考，比较关注的是技术性、方法性的内容。殊不知技术、方法的东西只是内部的完善，很可能原有的框架体系、价值理念等就有问题。

我们在研读本书的过程中，会感受到其对人的问题、对人性观的问题、对教育价值的问题、对教育中的时间与空间问题的思考都非常具有深度；而对这些问题的认识与理解发生变化，就会出现教育目标、教育内容、教育方法、教育技术、教育手段等一系列的变革。

二、基于德国文化教育学派的发展背景

（一）德国文化教育学派的发展

德国文化教育学派关注精神科学的价值与独特性，关注人类精神生活，倡导教育应该关注文化，是世界教育学发展史上具有重要影响的教育学派。其代表人物有狄尔泰、斯普朗格、李特、博尔诺夫等。狄尔泰是精神学派的创始人。[1] 他之所以提出精神科学这一概念，是相对于当时的自然科学发展来说的。在狄尔泰看来，教育学、哲学等学科的研究是与自然科学不同的科学研究，它们属于精神科学。这是针对当时科学主义泛滥的现状而提出的，他认为当时人们以自然科学的标准来看待精神科学研究的方式应该得到改变，要尊重精神科学的特殊性。精神科学研究的内容与方式、成果的表现形态等都和自然科学不一样。

文化教育学派在20世纪分别经历了狄尔泰的开创、斯普朗格的文化教育学、李特的陶冶教育学、福利特纳的解释学教育学和博尔诺夫的人类学教育学阶段。在每一个时期，教育学的独特性都受到了重视，例如李特就非常关注教育学中的"陶冶"思想，对陶冶教育有非常多的论述，因此那一时期也被称为陶冶教育学阶段。[2]

（二）文化教育学派关注的问题

与自然科学研究的思想指导下对教育的关注相比，文化教育学派有较多的特

---

① 参阅狄尔泰. 精神科学引论[M]. 北京：中国城市出版社，2002.
② 参阅邹进. 现代德国文化教育学[M]. 太原：山西教育出版社，1992.

殊性。

1. 关注精神科学的独特。这是从思想方法的角度与自然科学划界。精神科学与自然科学关注的问题不一样,二者可以对话,但都不能以自己的标准去要求对方。这种对话以相互间的尊重与信任为前提,精神科学研究需要新的研究方式和方法。

2. 关注人之生命的丰富与复杂性。狄尔泰等人较多地批判了传统自然科学指导下的人性观,认为它把人简化为一个认知体,人成为了"理性汁",缺乏对其情感、体验等精神因素的重视。文化教育学派认为人是一个丰富的整体,是有情感、有意识、有各种需要的丰富的、实实在在的生命体。因此,"生命"成为文化教育学派非常核心的概念。

3. 关注文化与"文化财"。这是从文化的角度来看整个人类的历史存在、历史价值观对人类社会、对教育的影响。从文化的角度看教育,会看到教育的存在与发展受到了社会历史文化极其深刻的影响。"文化财"是斯普朗格提出的概念,认为整个人类社会历史中存在的文化是人类发展的巨大财富,也是教育发展中的重要财富。我们要把这些文化作为财富来传授给学生,使他们接受这些价值规范、历史意识、文化规范等等。

4. 关注"陶冶"。在文化教育学派看来,教育就是一个陶冶的过程,是创设某种环境,再通过各种方式去潜移默化影响人的过程,而不是像自然科学一样精密地设计,尤其不像行为主义那样,非常明显地设计出某种程序,让学生不断地做题目,不断地获得反馈,实现学生确定性的知识获得、技能形成。

5. 关注教育中的价值问题。文化教育学派非常关注教育中的价值问题,什么是好的,什么是应该的,我们需要什么,这些问题在自然科学之中是很难被关注和解决的,自然科学对此保持的是价值中立,或者认为这类问题无法讨论、不能处理、不能研究。事实上,在教育实践中,价值的问题时刻渗透于其中。

6. 关注理解。"理解"这个概念是我们现在都非常熟悉的,但事实上是文化教育学派等把它凸显出来的。理解强调的是主体与主体之间双向的沟通、对话、合作,而不是自然科学之中的主体与客体的关系。我们都非常熟悉的一个概念——"教师主导,学生主体",这个概念依然有较强的自然科学的味道,与文化教育学派所提倡的理念就有一定的差异。

上述内容初步反映出文化教育学派关注的一些基本问题,也有助于我们对教育、教育学形成一种新的看法和实践。[①]

在我们的教育实践中,许多的现实都蕴藏着丰富的思想因素,只不过有自觉与

---

① 参阅邹进. 现代德国文化教育学[M]. 太原:山西教育出版社,1992.

不自觉、合理与不合理之分。就您个人的认识而言，文化教育学派的观点中，对我们认识当代中国教育非常富有启发的内容是：

_____

_____

_____

（三）存在主义哲学和教育思想的影响

存在主义哲学对博尔诺夫那一代教育家产生了重要影响。受篇幅的限制，这里不可能对存在主义哲学进行全面的介绍，所以本书将就存在主义哲学对教育的主要理论贡献，作简要的说明。①

存在先于本质。传统的哲学思想认为本质先于存在，在他们看来，首先应该认识到人应该是怎样的、需要是怎样的，然后再使人的生活围绕这种界定、这种本质来展开。而存在主义者则认为人的存在先于他的生活，它关注到的是人的实实在在的生活。存在本身就是如此，我们首先要接受它，然后再去思考人是否应该这样、人应该怎样。

存在是偶然的、荒谬的。人来到这个世界，在世界中的一切生活状态都是极其偶然的，我们不能给他找出理由，无法解释其原因。从比较积极的角度来看，正是存在的这种荒谬性、人在世界中生存的偶然性，使得人需要保持自己的自由，需要面对世界不断进行选择。

人—人关系的复杂性。萨特等人早期的思想就认为"他人就是地狱"，他人无法为"我"提供保障，"他"的存在时刻危害着"我"的自由权的获得，所以他人对"我"来说就是地狱，"我"无法与"他"共处。然而在另外一类存在主义哲学家那里，如布伯，他们认为人与人之间可以形成一种"你"与"我"的关系，是一种对话关系，可以实现相互间的玉成。

人生是一场悲剧。人来到这个世界上是偶然的，而人最终要走向死亡，这样的人生历程就是一场悲剧。所以整个人生、世界的前景是黯淡的、悲观的。这一点是《教育人类学》中尤其反对的一个思想。

然而存在主义对教育也存在很多积极的影响：

第一，教育要培养学生的真诚、选择、决定、责任感，即自由选择等重要问题。存在主义认为教育应该培养学生对整个世界的真诚，要不断面临选择并且要具有选择能力，要培养学生的决定能力，使得学生对自己人生的发展具有责任感。"责任"的意识在这里是非常具有积极意义的。

第二，应形成"我与你"般的师生关系。在"他人就是地狱"的认识背景下，不可

---

① 参阅陆有铨. 躁动的百年[M]. 济南：山东教育出版社，1997，116—127页.

当代教育名著选读

能去关注师生的关系问题，"教育"存在本身的合理性也消失了。但布伯的理论给我们以独特的启发，即强调一种"我与你"的师生关系。作为教师，我是"我"，我要把学生当成"你"而不是"他"。"他"是一个物品，是可以替换的、被操纵的，而"你"是和"我"一样的人，"我"和"你"可以对话，可以交流，可以沟通，"我"和"你"是平等的，是可以"相遇"的，是可以相互"玉成"的。[①] 这种理念对于当前教育改革，尤其是师生关系变革，具有非常积极的意义。

从教育方法来看，存在主义哲学思想强调苏格拉底式的教学方法和个别化的教学方式。苏格拉底教学方式也就是强调启发式，而个别化教学方式就强调人与人之间的差异性，强调有针对性地进行教育。这些思想都是对博尔诺夫那一代人产生比较重要的影响的，这本书中也吸收了很多这样的思想。

博尔诺夫批判地吸收了存在主义哲学思想中诸多思想，对您有启发的观点主要是：

_____

中国教育正在经历着巨大的变革，结合您所了解到的上述教育学思考，您觉得中国教育改革的迫切性体现在哪些方面？

	迫切需要变革的内容	变革的教育思想基础
1		
2		
3		
4		
5		

教育内涵的再透析

博尔诺夫在本书中提出的一系列对教育内涵的认识，都围绕着教育与人的生命存在之关系而展开。其倡导的诸种教育方式，其形成的诸多研究视角，至今都还有重要意义。

---

① 布伯.我与你[M].北京:三联书店,1986.

一、人的可教育性

"人的可教育性"观点在《学会生存》中已经有所涉及,《教育人类学》对这个观点的论述是从另一个角度展开的。

该书指出:"说到人类学问题,它的第一个基本问题就是人对教育的需要性问题。进而言之,教育的必要性问题并不是要对先前已理解的人之本质作补充说明,而是从一开始起就必须纳入对人的存在的认识之中。因此,从一开始就必须把人作为一种可以教育并需要教育的生物来理解。"[1]

这里有两层意思:

一方面,人是可以教育的。也就是说人具有可改变性,有可以发展的空间,可以接受某种教育。在某种程度上,外人的影响、环境的改变是可以促进人自身的发展的。从这个意义上来说,人是可以教育的。

另一方面,人也是需要教育的。这说明人具有一种内在的需要,即教育的需要。《学会生存》中曾讨论过人的未完成性,人一生之中在生活的各个方面都需要不断地学习、发展,正因为有这种需要,教育才具有了非常重要的作用。

博尔诺夫从教育人类学的角度指出:人天生是"有缺陷的生物"[2],但我们需要看到这是缺陷,同时也是完美。这是一句辩证的话。和其他的动物相比,人出生的状态是不完美的,其他的动物生下来以后基本上身体的机能都发育完善了,具有了独立存在和生活的可能性。可是人却非常柔弱,不具有独立的生存能力,需要一个非常长的哺乳期,需要很长时间来完善他的身体机能。所以,人天生是有缺陷的生物。

博尔诺夫写道"人天生是一种文化生物,……人起先是一种有缺陷的生物,后来为了弥补这种缺陷才创造了文化;应当把生物素质与文化这两者看作从一开始就是相互补充的,而且是一个统一体中的两个互补环节。正是这种结合整体来考察一切个别的方式再一次体现了人类学思想。"[3]这种缺陷可以使人不断地获得发展,而这种发展从过程角度来看是其他动物所缺少的。所以这又恰恰是人的完美性的体现。

"人是受教育的和需要教育的生物,这一点本身就是人的形象的最基本标志之一。"[4]

博尔诺夫指出:正是由于要通过较高的能力来弥补现存的缺陷这种必要性,人

① 博尔诺夫著,李其龙译. 教育人类学[M]. 上海:华东师范大学出版社,1999,35页.
② 博尔诺夫著,李其龙译. 教育人类学[M]. 上海:华东师范大学出版社,1999,36页.
③ 博尔诺夫著,李其龙译. 教育人类学[M]. 上海:华东师范大学出版社,1999,36页.
④ 博尔诺夫著,李其龙译. 教育人类学[M]. 上海:华东师范大学出版社,1999,36页.

成了"不断求新的生物",成了虽不完美,但因此而能不断使自己完美起来的生物。[1] 可以说这是对"完美"的一个新解释,人本身的缺陷性使得人需要不断地发展以获得更高的能力来弥补自己,而且这种发展过程是永久的、伴随人一生的发展过程。所以在这个意义上说,我们除了可以从"有缺陷的生物"这样一个角度来界定人之外,还可以有另外一个角度,即"人是一个不断求新的生物"。

正是这样一种特性,使得人在发展过程中能够不断地丰富自己、完善自己,在这个意义上来说人才是人。这种特征是其他动物所不具有的,也正是这样一种特征使人能够不断地完善自己,使自己完美起来。

如何理解人的缺陷同时是人的完美的体现?

首先,人的"缺陷"是天生的、现存的。人本身就是如此,我们必须直面这样的现实。但是正是这种现存状态,恰恰反映出人不同于其他生物的独特性:人需要文化、需要教育。对于这种状态,我们从结果来看,它是问题、是缺陷;但是从发展的过程来看,正是这个起点使得人显现出一种新的状态,就是人需要文化、需要教育。人的这种特性,体现出人的可教育性。这种可教育性也是人更根本的特性所在。所以我们不是把现存的东西与其他东西作比较,而是从发展过程的角度来作比较。

换一种方式来看人的问题,就可以看到人的缺陷同时是人的完美性的体现。学者周国平有一篇对诗人进行评述的文章,可以很好地说明这一点。"具有诗人气质的人,往往在智慧上和情感上都早熟,在政治上却一辈子也成熟不了。他始终保持一颗纯朴的童心。他用孩子般天真单纯的眼光来感受世界和人生,不受习惯和成见之圈,于是常常有新鲜的体验和独到的发现。他用孩子般天真单纯的眼光来衡量世俗的事务,却又不免显得不通世故,不合时宜";"具有诗人气质的人似乎在孩子时期一旦尝到了这种快乐,就终生不能放弃了。他的一生所执著的就是对世界、对人生的独特的新鲜的感受——美感。对于他来说,美感是生命的基本需要。美感在本质上的确是一种孩子的感觉。孩子的感觉,其特点一是纯朴而不雕琢,二是新鲜而不因袭。""可是这个世界毕竟是成人统治的世界啊,他们心满意足,自以为是,像惩戒不听话的孩子一样惩戒童心不泯的诗人。……多少诗人以身殉他们的美感,就这样地毁灭了。"[2]

确实,生活中不乏这样活生生的案例。像梵高、达·芬奇、陈景润等在某一领域达到艺术或学术之巅峰、成绩斐然的人,在世俗的现实生活中都体现出不同程度的不"合群"、孤独,但他们在各自的领域内却为世界文化作出了杰出的贡献。

这个观点体现在教育中,也给我们教育工作者提出挑战:如何正确看待和教导

① 博尔诺夫著,李其龙译. 教育人类学[M]. 上海:华东师范大学出版社,1999,37 页.
② 周国平著. 守望的距离[M]. 黄山书社,2007,100—101.

那些智力和情感发展不同步的学生？这样的孩子在智力上是超常的,他们往往富于想象,内心世界丰富,情感细腻敏锐,对世界万物具有一种好奇和探索心,常常沉溺于自己的内心世界。但同时,他们又过于天真,并且通常比较不受规则的约束。对于这样的孩子,如何既包容他们的特点,在保护他们的童心、保持他们灵性和创造性的基础上又能给予恰当的引导,使他们更好地融入群体生活？个性与共性的妥善处理,这实在是广大教育工作者需要深思的。

阅读了上述的材料,您对于"人的缺陷"有怎样的理解？能否从您的日常生活、学习、工作中举出一例,并加以分析？

_____

_____

这样看,人的可教育性与教育需要性,其根源完全在于人的身体素质方面。[①]博尔诺夫对人的未完成性、可教育性的论述更多是从人类学的角度出发,它归根到一个最基本的前提上——人的可教育性,人对于教育需要的根源产生于人的生理发展的不完全性。人作为一个物种,一出生就具有未完成性。这种最基本的身体结构、生理素质、生理缺陷就使得他具有了可教育性和教育需要性。这一点对于我们认识很多问题也有思想方法上的启示意义。

在上述论述的基础上,博尔诺夫提出了两个非常重要的观点:一个是终身教育的必要性,另一个是功能教育的重要性。

就终身教育而言,在博尔诺夫看来,人原则上是并且始终是需要教育的,因为人在整个一生中始终在向更新的阶段发展,始终在产生新的学习任务。[②] 在解读《学会生存》时,我们已经对终身教育的基本特征有了一定的认识,无论是从基本的需要,还是从学习的主动性,或者是时间和空间的几个角度。同样,博尔诺夫也非常关注终身教育的问题,他们的思想有相通之处。他们的出发点都是对人的认识,终身教育使人不断地发展和完善,它是人自身不断完善的保障力量之一,是人的本性的一种需要。

就功能教育而言,博尔诺夫所关注到的人是一个真实的、处于发展的世界中的人,周围的环境、周围的世界对人产生着影响。功能教育是环境对成长着的一代人无意识地、无形地产生的一种塑造作用,我们需要关注功能教育与意向性教育之间的正确关系和有效的相互渗透作用。

"我们把这种功能教育理解为环境对成长着的一代人无意识地、无心地产生的

① 博尔诺夫著,李其龙译.教育人类学[M].上海:华东师范大学出版社,1999,37 页.
② 博尔诺夫著,李其龙译.教育人类学[M].上海:华东师范大学出版社,1999,38 页.

当代教育名著选读

一种塑造作用。与'意向性的'教育即有意识的教育的影响不同,那是一种无意识地进行塑造的力量,这种塑造作用是由打上深刻烙印的团体(例如军官团)对新进入其团体范围中的成员所产生的。"①

功能教育主要是指外界环境对人的潜移默化的影响。这涉及另外一个概念——意向性教育,它更接近于我们通常所说的有目的、有计划、系统的教育,例如学校教育。功能教育很类似于我们所熟悉的一些概念,如潜在课程、隐性课程。博尔诺夫特别提出功能教育是一种非常重要的教育形态,提醒我们注意功能教育与意向性教育之间的正确关系。即对人的教育不能仅仅依靠意向性教育,事实上,人的生存、发展和不断完善在很大程度上是受到了外界环境的影响。从教育的角度来看,当我们合理地创设、利用、开发环境的价值时,就会对人产生良好的影响作用,这种影响就是功能教育。另一方面,这两种教育之间还存在着一种相互渗透的关系,功能教育会在意向性教育中存在,而意向性教育的存在也会把外在的功能教育转化为意向性教育的内容、方式。

博尔诺夫总结道:"……探讨这种'功能教育'的作用对教育学具有极其重要的意义。我们必须看到这些很难控制的势力所产生的强大影响。我们必须尝试把起促进作用的影响与有害的影响区分开来,而且只要有可能就应当用正确的方法控制这些影响。总而言之,我们必须探讨功能教育与意向性教育之间的正确关系和有效的相互渗透作用,而这恰恰又是教育人类学需要考察的一项特殊任务。"②

课程改革强调学校教育整合各方面的教育资源,体现功能教育和意向性教育之间的相互渗透,结合您所经历的学校教育,试举一例。

_____

_____

现代学校必须注重功能教育和意向性教育之间的相互渗透、相互整合,您觉得渗透、整合的途径有哪些?

_____

二、教育与人的关系

博尔诺夫在书中用了很大的篇幅来论述这一问题,内容涉及对一系列教育前提问题的认识,而对这些问题的认识的变化会带来对教育的一种全然不同的理解。

---

① 博尔诺夫著,李其龙译. 教育人类学[M]. 上海:华东师范大学出版社,1999,39页.
② 博尔诺夫著,李其龙译. 教育人类学[M]. 上海:华东师范大学出版社,1999,40页.

教育与人的关系中有三个重要的问题值得讨论：人对世界的信任问题；人、空间与教育的关系问题；人、时间与教育的关系问题。

（一）人对世界的信任

博尔诺夫批判性地认识了存在主义思想对教育实践与研究的重要意义。存在主义者认为世界是荒谬的，人的存在是荒唐可笑的，一切都是说不清楚的，而未来的世界是要走向灭亡的。人在世界上的生存是孤独的，由此引发对整个世界发展的前景、对他人、对周围的世界、周围的事情、环境的不信任。这是存在主义的重要特点，而这种思想特征在当时不仅弥漫于日常生活之中，而且也弥漫于学术研究之中。

博尔诺夫则提出一个观点：在存在主义的土壤里不可能产生有意义的人类生活。我们承认存在主义的存在有它的合理性，它也在一定程度上揭示了世界的某些特点。但是世界并不只是这样的，想要过更积极、有意义的生活，我们需要转换角度思考问题。博尔诺夫对存在主义的思想进行了批判性的吸收，表现出文化教育学派积极进取的精神气质。

这就促使博尔诺夫明确地回答一个问题："我"应该如何生活在世界上？博尔诺夫提出的观点是：我们首先把信任，对他人的信任，对现有集体生活的基本规则的信任，对生活的信任等等作为有意义的生活的基本条件。[①]

为何要突出"基本条件"？文化教育学派比较关注人的生命、人的发展、人的生活意义，而有意义、有价值的生活，或者是一种丰满的生命都需要某种条件。在博尔诺夫看来，合适的、基本的条件是信任，包括对他人的信任、对集体生活中基本规则的信任以及对生活的信任三个方面。"人类生活只有基于对世界的这种信任上才是可能的。"[②]对照自己的生活体验，如果"我"对自己周围的亲人、朋友、同事、领导缺乏信任，对生活之中的一些基本规则缺乏信任，"我"怎么可能生活得好？信任可能不是全部的条件，只信任他人不见得一定会获得幸福的生活；但是信任是一个基本条件，当我们没有信任的时候，就不可能再产生一种有意义、有价值的生活。

博尔诺夫指出：只有以这种信任为基础，才可能在世界上产生有意义的行为。[③] 当我们想获得一种有价值的生活，想过一种有价值的生活时，就必须做出某种行为，只有在有意义的实践活动中才会产生有价值的生活。而这种实践活动的基础依然是信任。只有对世界、对未来、对自己的未来充满信任，相信自己会做得很好，才会产生一种有价值的、实实在在的行为。对于我们每个人来说，都存在这

①　博尔诺夫著，李其龙译．教育人类学[M]．上海：华东师范大学出版社，1999，71 页．
②　博尔诺夫著，李其龙译．教育人类学[M]．上海：华东师范大学出版社，1999，72 页．
③　博尔诺夫著，李其龙译．教育人类学[M]．上海：华东师范大学出版社，1999，72 页．

当代教育名著选读

样的问题,例如对于自己的学习,"我"是否相信这种学习能够带给自己有价值的东西,"我"是否相信自己能够学好等等,这些都是决定我们能否学好的基础。所以在一定意义上来说,结果的好坏是靠过程来实现的。

书中写到:"人们把这种对未来充满信任的做法,这种不会使人坠入深渊而只会重新振奋的聪明做法看成希望。它是对世界信任的现世的观点,它超越了一切'忧虑'和'失败',是我们生活的最后基石,它是一种已在预料之中、只有有意义的计划和行为才能实现的境界。"①这是信任的具体化,我们对世界的信任体现在我们的日常生活之中就是充满希望,超越一切忧虑和失败。这里的"希望"除了日常化的含义外,还包含了一种非常深厚的思想基础,即对世界、对自己、对未来充满信任。

讨论"希望"问题的著作有不少,我国哲学家张世英曾撰文讨论《希望哲学》。他在文章中提出:哲学未来的发展是唤醒人们对"希望"的重视,哲学将成为人的生活的一种支柱或者说支持;未来的哲学应该是一种充满希望的哲学②。将"希望"与存在主义所讲的荒谬、孤独、无奈作比较,我们就可以很清楚地看到,两种不同的状态可能会带来两种截然不同的结果。

信任属于一种情感的、意志的、精神的内容,而这种精神的内容并不排斥理性的价值。博尔诺夫在书中也特别强调了这一点。在很多反对者的眼中,我们所说的希望、可能、愿望、未来可能只是一种虚无飘渺的浪漫,或者说是一种非理性的膨胀。博尔诺夫指出:"然而,如果认为重新放弃存在主义哲学所阐明的那种严酷的真理,那么我们就彻底误解了这种新的、以希望和信任观念所标志的世界观。"③博尔诺夫所强调的信任是不排斥理性的,相反,恰恰是需要理性的参与,是需要我们对世界、对自我、对环境有一个比较合理的认识,在这一认识基础上建立对世界的信任和希望。这也从另一方面说明具体的实践过程是不能够随心所欲的,必须要有理性力量的支持。

结合对世界的认识,博尔诺夫认为,当今重要的是如何把启蒙运动所作的努力延续下去,把人类能赖以和平安全地生存的世界秩序作为理性的人类计划的建设性成就有效地维持下去。④ 这一点更多是针对纳粹主义,尤其是二战所带来的危害而言的。战争把人类建立的基本的社会生活秩序给破坏了,而事实上,基本的秩序是人类生活的需要,人类需要在秩序基础之上不断去发展、完善它,而不是毁灭它。因此,人的生活不能够没有基本的规则,不能够没有秩序。

---

① 博尔诺夫著,李其龙译. 教育人类学[M]. 上海:华东师范大学出版社,1999,72 页.
② 张世英. 希望哲学[J]. 学海. 2001(3).
③ 博尔诺夫著,李其龙译. 教育人类学[M]. 上海:华东师范大学出版社,1999,73 页.
④ 博尔诺夫著,李其龙译. 教育人类学[M]. 上海:华东师范大学出版社,1999,74 页.

曾经,许许多多的论者,都在传达一个声音,都在指责我们传统教育的种种弊端,甚至说传统教育"误尽天下苍生"。还有一些论者,在传达另外一种声音:学习国外教育经验,改变我们自己。面对形形色色貌似正确的假、伪、错的"教育理念",我们必须依靠科学的理论,采取积极扬弃的态度来促进新课程健康开展。这和博尔诺夫的教育思想不谋而合,结合您经历的学校教育,您可否罗列出当前比较流行的某些教育话语、对教育的某些认识、对教育改革的某些观点等,揭示其内在的偏差?

	值得反思的教育话语	我 的 认 识
1	没有教不好的学生,只有不会教的教师	
2	在学校教学生如何做到"真"、"善"、"美",是愚弄学生,未来怎么进入社会?	
3		
4		
5		
6		

(二) 人与空间的关系

1."居住"的物理空间的意义

博尔诺夫指出:我们把人与其房子以及以后通常与(由房子所提供的)空间的关系称为"居住",并且用这个与(被无所依附地)"抛入"相对的概念来确切地描述人与空间的适当关系。"居住"意味着不再作为外人而被抛在一个陌生空间中的任意一个地方,意味着空间内的某个位置变成了家,在空间找到了一个主要的固定基地,在这个基地上人能在各种不同的基本关系中建立起自己的生活。[①] 这体现了居住的重要性:正是居住使得人有"家"的感觉,使得人在一个具体的空间之中有了自己独特的位置,有"我"和他人的独特的关系。当"我"从外面回到家里的时候,家里的一切我都是熟悉的,"我"知道自己的位置在哪里,这是一种非常安全、平和的感觉。这种位置还可以进一步扩展,例如在单位、在社区、在国家,这些都涉及空间问题。在这个空间之中,人们所追寻的应该不是孤独的、无奈的、混乱的居住状态,而是一种合理的、清晰的居住状态。这里我们可以看到,博尔诺夫提出的很多概念看起来都像是日常用语,而当我们认真地去思考它们时,就会发现其中包含了非常丰富的内涵。

---

① 博尔诺夫著,李其龙译. 教育人类学[M]. 上海:华东师范大学出版社,1999,82 页.

2."居住"的精神状态的意义

博尔诺夫还进一步指出：这种"居住"并不是作为一种理所当然有的能力为人所固有，它不是通过对某所房子或者一般的居住空间的外部占有而得以保证的，而是需要人通过特别的努力才能得到的。从这一形式上讲，"居住"不仅表示居留在某个空间，而且同时还表示人的某种内在的精神状态。人正是以这种精神状态对待其空间的。[①]

这里就特别指出，居住不仅仅是一个物理空间上的意义，而且还是一种内在的精神状态。是人感觉到"我"与周围世界存在着某种关系，而且"我"在这个关系状态之中是安全的，"我"有一个独特的位置，"我"是重要的。

由这一观点，我们可以联想到很多不同类型的关系状态。例如我们身处于某一个工作环境之中，而自己并不喜欢这个工作环境，或者说这个环境不适合自己，这个时候我们就会找不到居住的感觉、家的感觉、融洽的感觉；而在某些小群体或单位中，我们却会找到那种感觉。

无论学生还是教师，每一个人都会面临居住问题，面临人与空间的关系问题。因此，博尔诺夫指出，人需要学会在空间中建立合理的关系。无论是在家庭、在单位还是在其他的群体之中，人都有自己独特的角色，都要承担与角色相对应的责任，尽自己的义务并且行使权力。这其实就是一个基本秩序的建立过程，在一个合理的关系系统之中，人可以找到他自己的位置，可以形成自己独特的自我意识。博尔诺夫在书中总结道：有鉴于此，教育的主要目的是，教导在目前的动乱社会中成为无家可归的人重新居住，即不仅给他们提供一个安全的空间，而且进而从他们身上去发展能实现一种真正居住的内在条件。[②]

3. 人向更广空间进军的需要

在共同行动的公共空间后面，还打开着一个新的、没有固定界限的空间——陌生地区和远方国家的广阔世界，即所有诱人的遥远地区。人同样需要走出现有空间，要有胆量，要有大踏步迈向无限广阔空间的勇气，对自己力量要有信心和信任。[③] 这又涉及另外一个问题，上面提到人需要建立一个合理的关系系统，同时在这里学会居住。然而当这个基本的空间确定以后，难道就要固守在这样一个空间内部吗？博尔诺夫认为不是这样的。他认为人应该不断地向前开拓，要走出去，实现更大空间的拓展。

而人的成长，就在不断地实现着空间的拓展，从自己很小的家走到周围的社区，再走到工作单位，然后走向国际。这样的空间拓展就使得人本身不断地发展。

---

① 博尔诺夫著，李其龙译. 教育人类学[M]. 上海：华东师范大学出版社,1999,82 页.

② 博尔诺夫著，李其龙译. 教育人类学[M]. 上海：华东师范大学出版社,1999,83 页.

③ 博尔诺夫著，李其龙译. 教育人类学[M]. 上海：华东师范大学出版社,1999,86 页.

选读之二 《教育人类学》

对于学生来说,他们应当具备的一个非常重要的素质就是要有胆量,要敢于走向一个陌生的领域。不仅是学生,成人也存在着这样的问题。例如我们在进行一项教育研究、教育改革时,也会很想尝试一种新的方法和理论,而这种新的方法和理论有可能给我们带来危险,有可能使我们原有的荣誉、自信心受到影响,这时候我们还要不要去尝试,或者说还有没有胆量去尝试? 在博尔诺夫看来,一旦我们敢去做,很可能就会获得一个更大的发展空间。反之,如果不具有这个胆量,可能我们依然是原来的自己,无法得到更大的发展。因此他在这本书里,反复提倡我们要不断地向前发展,既要有一个核心的居住空间,又要不断地向外面的空间发展,以这样的方式使得自己变得更加强大,发展得更为完善。而使学生大踏步跨入自由空间,这基本上属于这种激励教育。[①]

人具有社会性,归属需求是人最基本的需求之一,归属感是人类"居住"的一种精神状态,儿童在群体归属需求方面表现得更加强烈。在集体中如何让每个儿童都找到自我的归属感? 对此您有何建议?

在集体中,可以采取哪些激励措施,促进儿童的发展?

(三)人与时间的关系

这也是人必须要处理的基本关系。博尔诺夫提出人既不要停留在时间要求的后面,也不要不耐烦地想赶到时间要求的前面去。[②] 人应该在生活之中认识生活,享受生活,而同时又不是懒惰地将自己的很多事情推到未来。也就是说应该在一定的时候做一定的事情,同时又不浪费时间。

1. 人同时间进程的协调一致

人要在与时间步调一致中生活。有耐心的人能够不急不躁地把自己有权决定的时间给予所有与自己有关的事情,但是也给自己的活动留下适当的时间,既不齐

---

① 博尔诺夫著,李其龙译. 教育人类学[M]. 上海:华东师范大学出版社,1999,86 页.
② 博尔诺夫著,李其龙译. 教育人类学[M]. 上海:华东师范大学出版社,1999,91 页.

啬,也不浪费。①

在我们人生的某个时期,有的时候我们的确需要花很多时间来做一件事情,这时就应该舍得花时间将它做好;但是有的时候某件事情可能并不需要这么多时间。如果我们依然在上面花了很多时间,那么就是一种浪费,这是非常可惜的。所以从人生发展的全程角度来看,人生的每一个阶段中都必须花费一些时间,以完成某些特定的事件,例如作为成人,也可能在一生之中都要花时间来进行学习;而与此同时,生活之中还有很多时间是需要珍惜的,我们应该很好地去利用它们。

反观中国的传统教育,老师、家长的话就是绝对权威,中国的老师和家长往往习惯于替学生安排他的时间。

一位小学老师就对这样的现象进行探讨,她发现当老师把时间完全交给学生自由掌握分配时,有些学生很懂得安排自己,如看书、画画、游戏、和同学合作做一件事等,选择的方式有很多;而另有一些孩子,却只会茫然看着别人或自己发呆,不知所措,好像没有人给他提出要求时,就不知怎么安排自己的闲暇时间。同时,大学的老师也很有感触,同样的大学四年时间,有些人很会规划时间,大一到大四每一年里应该做什么,对自己的定位、目标、要求都很清晰,一步一步朝着自己的既定方向努力。而同时,也有一部分学生在经历了高考的艰难历程后,选择了彻底放松,把大学生活当成闲散和享受青春浪漫的一段时期。这两种截然不同的生活方式就导致了大学毕业后走上社会、参与工作等的不同选择,以及今后在发展中能达到的程度。

因此,在教育中从小关注并教会学生学会与时间步调一致,学会掌控和规划自己的时间和人生。这对于一个人的成长来说,具有非常重要的意义。

2. 人与过去的关系

博尔诺夫指出:人与过去的正确关系意味着把过去的生命通过不断的解释——改造而吸收到现在的生命中来。② 这里他所面对的问题是时间中的过去、现在与未来的关系。有的人可能会认为,过去是与现在断裂的,过去与现在没有关系,一切都可以从头开始。而在博尔诺夫看来,人很难这样。因为人的发展是一个不断自我建构的过程,一个合理的关系是要不断地认识过去,把过去合理的因素开发出来,对过去的问题进行弥补性的完善。这样人就可以把过去重新吸纳进现在,使自己变得更加丰厚。

作为一个成人,在发展过程中,他必须面对自己的过去,总结出自己的过去在

① 博尔诺夫著,李其龙译.教育人类学[M].上海:华东师范大学出版社,1999,92 页.
② 博尔诺夫著,李其龙译.教育人类学[M].上海:华东师范大学出版社,1999,96 页.

选读之二 《教育人类学》

当下的优势、问题以及缺陷。当他对这些问题有正确认识的时候,就会把过去的特征带到现在,从而使得自己在现有的这个基础之上获得更好的发展。

不仅人是这样,学校发展也是如此。一所学校的高质量变革,必须非常了解自己现有的状况,清醒地意识到自己的特色、问题、薄弱点和有待发展的地方。只有这样才可能找到自己要发展的新方向。

3. 人与未来的关系

"从某种好的意义上说,人是创造未来的生命体。人处于目前时刻,但总是超越目前时刻而注意到应当或可能发生些什么。在等待和忧虑、希望和祝愿、计划和设计中,突破现在,关心未来。与过去不同,未来还是不确定的,在很大程度上取决于人本身的行为。正因为未来尚不明确,这里就产生了通过人的活动负责地创造未来的任务。人不应当简单地'得过且过地生活',应当而且必须对其未来具有责任感。"①

人需要承担起对其未来的责任感,需要认真地进行规划。从我们在实践之中接触到的一些学生来看,很多人都不知道如何去选择未来、规划自己的发展,没有意识到对自己的发展是需要承担责任的。许多中小学的学生,由于受到了过多的外界因素的影响,尤其是家长的影响,他们很少能够意识到自己是发展的主人,自己是可以选择自己未来的,自己要对未来的发展承担责任。所以一旦这些学生进入大学阶段,就会感觉到茫然不知所措,不知道自己要做什么。我们的教育缺乏对学生权力、责任意识的教育。事实上人与未来的关系是人需要承担发展的责任,并且也可以承担责任。我们应当引导学生去进行一种规划并实践它,引导学生学会把自己变成自己的主人。在《学会生存》和《教育人类学》这两本书中,我们都可以感受到作者对人的可能性、主动性的关注,从这种思想出发,我们就会关注到人的责任的问题,人对自己未来规划的问题。

4. 希望

博尔诺夫总结道:在空间内的居住和在时间中的希望,可以作为两条互为补充的基本定则,必须同属于一个整体,而这条基本定则是人所无法规避的②。这在我们的日常生活之中有很多体现,我们每天都必须要处理空间的问题、时间的问题。这本书中特别论述到的居住的问题、信任的问题、希望的问题也许不仅对于我们个人的生活有启发,也会对我们教育思想的变革产生影响。

落实到教育之中,博尔诺夫指出:教育者要更多地去帮助而不是指点孩子自己去取得并利用有关经验。只有教育者能使被指导的人看出这种相互关系并引导他

① 博尔诺夫著,李其龙译. 教育人类学[M]. 上海:华东师范大学出版社,1999,96 页.
② 博尔诺夫著,李其龙译. 教育人类学[M]. 上海:华东师范大学出版社,1999,100 页.

从这一了解出发认真地组织其生活,这种引导才会结出永久的硕果①。这个观点涉及教育的方法问题,就是说作为教育者,应当做的工作是去引导被教育者自己去感受,自己去认识,自己去发现问题。

为时间而牺牲人

曾经见到一副有趣而深刻的漫画:趾高气扬的时钟牵着脖子里套着项圈的人招摇过市。这副漫画,让人在哑然而笑之后是苦笑。确实,由于时间的金钱化,我们的社会不但出现了金钱拜物教,还出现了"时间拜物教",将时间置于人之上,使人成了时间牵在手里的"小狗和奴隶"。

现代社会的紧张与压力使很多人整天生活在抢时间的状态之中,总是感觉时间不够用:没有时间休闲、没有时间锻炼、没有时间看病、没有时间与亲人相处、没有时间思考⋯⋯这些忙碌的人抢到了很多时间,也可能因此而获得了所谓的成功和大把的财富,却可能把自己丢了:失去了健康、亲情、友谊、幸福⋯⋯甚至自我,因为有些人完全成了永远跑在自己前面的时间的"跟屁虫",忘记了自己追赶的目的,忘记了自己人生的乐趣和意义,直至忘了自己是谁!"嘀嗒,嘀嗒,嘀嗒,时钟上的指针走着,走着,走着。终于有一天我们不再让时间为我们服务了,我们开始为时间服务,我们成了奔走着的奴隶。"人们一直嘲笑扑火的飞蛾,因为飞蛾得到了光明却牺牲了自我;同样,我们很多人不也是得到了时间却牺牲了自己吗?

奇怪的是,人们嘲笑扑火的飞蛾却赞扬为时间而牺牲自己的人。传媒总是对那些没有时间看病、没有时间照看家人、因过度劳累而死亡的"飞蛾"赞赏有加,竭尽所能在社会大众心中塑造他们珍惜一分一秒时间的形象。另一方面,对成功人士的成功秘诀的揭示,几乎无不包含着珍惜时间、分秒必争的品质。比如对老师的赞扬,要么是老师没有时间照顾家人,要么是老师没有时间去看病、去检查身体,打造着老师珍惜时间的幻想。这些刻板化的宣传既反映出对时间与人关系认识的社会现实,又反过来继续蒙蔽着人们对这一问题的反省,使人继续做"飞蛾"而不自知。

为时间而牺牲自己的错误观念在学校中更是变本加厉。中小学生的学习时间越来越长,上海市的一项调查显示,近60%的儿童全天睡眠时间平均在8小时以下,其中13%的儿童平均每天睡眠时间仅仅6—7个小时,8%的儿童每天平均睡眠时间不到6小时。调查还表明,20%的儿童感到几乎没有玩的时间,另外80%的孩子每天玩的时间不到1小时。休息的时间短了,学习的时间自然长了,问题是这种为时间而牺牲人的错误做法导致的后果非常严重。首先是对儿童身体上的影响,近视、体质下降、肥胖等儿童身体问题都与这种错误的时间观密切相关。长时

---

① 博尔诺夫著,李其龙译.教育人类学[M].上海:华东师范大学出版社,1999,101 页.

间的学习,还使儿童心理压力过大,失去了对美好事物的敏感性,容易导致各种心理疾病的发生。

为时间而牺牲人,既可能是内发的,也可能是外推的。比如,一些学生在竞争中费尽心机:同学来电话,问:你在干嘛呢?回答说:我在玩游戏呢。实际上正在学习,这是"麻痹敌人"的策略。从这种行为中可以看出,拼命抢夺时间已经是一些学生发自内心的一种自愿、主动选择。当然,这种内发的行为,既有个体的自主选择,也有家庭、学校和社会的外塑,是内外互动的结果。为时间而牺牲人,总体来说,外推的情况还是普遍一些。与这些有"麻痹敌人"意识的人相比,更多的学生还是在家长、老师的督促、约束之下延长学习时间的。据江苏城市频道《南京零距离》的报道,农历 2004 年除夕夜,一些南京的家长竟然不准自己的子女看"春节联欢晚会",而将他们关在房间里看书、写作业!这虽然是个别的、极端的例子,但也反映出我们的社会大众逼迫青少年拼命抢时间的一种普遍心态。

——高德胜:《学校时间观念的反思与批判》,

《首都师范大学学报(社会科学版)》,2007 年第 1 期。

读完上述材料,您最受触动的内容是:_____

_____

您对学校教育应该教育学生在时间上形成哪些有益的观念?_____

_____

三、非连续性教育

博尔诺夫指出:在各种现有教育理论中,只有存在主义哲学敏锐地看到"干扰"不只是一件偶然事件,而是深深地埋藏在人类存在的本质之中,从这些实践中表现出一种新的、迄今尚被忽视的人类存在的基本方面。[1] 存在主义者看到了世界荒诞的一面和无法预料、无法控制的一面,但是这样的干扰在博尔诺夫看来不是偶然事件,而是一个深深埋藏在人类存在的本质之中的基本方面。人的生存,人的生活本身必然包含这种干扰因素。所以我们要直面干扰,这是一个非常重要的基本立场。当我们认为干扰是不必要的时候,就不会考虑到干扰对人类会有什么价值,也不会去考虑怎样利用这些价值,考虑的只是如何排除这些干扰。但当认识到干扰是我们无法回避的问题时,我们就会考虑干扰的价值,考虑怎样利用、开发它的价值。存在主义哲学的一个十分重要的理论认为:人类并不是简单地屈

---

[1] 博尔诺夫著,李其龙译.教育人类学[M].上海:华东师范大学出版社,1999,51 页.

当代教育名著选读

从和企图躲避恐惧和失落感,而是正视它,有意识地去触及它,从精神上坚持到底。[1] 正是这样一个基本立场的变化带来了存在主义,也带来了博尔诺夫思想的重要变化。

在人类生命过程中,非连续性成分具有根本性的意义,同时由此必然产生与此相应的教育之非连续性形式。[2] 在博尔诺夫看来,各种各样的干扰、断裂等非连续性的成分对人类的发展来说具有根本的意义,落实在教育上,就应该产生与此相应的教育之非连续性形式。

具体来看,博尔诺夫认为在人的生活中会有一些突然出现的、非连续性的事情。这是我们在日常经验中都能感受到的。这些事情具有重要的积极作用,与非连续性的教育形式相一致。属于这类事件的有威胁生命的重大危机,突发的对新的更高级生活的向往,使人摆脱无所事事状态的号召和告诫,对今后生活起决定性作用的遭遇等等。[3] 这样重要的非连续性事件往往使得人认真地去考虑“我该怎么办”、“我自己是怎样的”、“这个世界是怎样的”等一系列问题。这些非连续性事件促使人猛然醒过来。现在有些心理学研究也说明了这一点,即人的一种合理的、清晰的自我意识的出现往往是需要某种机会的,而这个机会往往是一个差异,是一个巨大的断裂。他突然发现出现了很多问题,而这些问题是自己预想不到的,他就会思考问题为什么会出现,问题的出现说明了什么,这个时候他就开始思考自己,思考世界。同样的道理,博尔诺夫在这里讲到了一些重要的事件使人的发展突然出现一个重要的转机,很可能带来它对自己、对他人、对世界、对环境、对整个人生的发展产生深切的思考和体验,因此它对人的生命成长具有非常重要的意义。

（一）危机

人们通常把突然出现的较大的且又令人忧虑的中断了连续生活进程的事件称为危机。这类危机不仅会产生于每个人的私生活中,而且也会出现于人类的各种组织和社团的社会生活中,同时还会出现于人类的各种组织和社会团体的社会生活中。

这些危机是作出最后决断的关键时刻。疾病危机会导致死亡,婚姻危机将造成离异,经济危机会引起全面崩溃等等。但是这些灾难经过最大的努力也是可以制止的。人们在经过澄清和净化后可以开始新的生活。[4]

---

[1] 博尔诺夫著,李其龙译. 教育人类学[M]. 上海:华东师范大学出版社,1999,53 页.
[2] 博尔诺夫著,李其龙译. 教育人类学[M]. 上海:华东师范大学出版社,1999,51 页.
[3] 博尔诺夫著,李其龙译. 教育人类学[M]. 上海:华东师范大学出版社,1999,56 页.
[4] 博尔诺夫著,李其龙译. 教育人类学[M]. 上海:华东师范大学出版社,1999,62 页.

让我们把目光投向法国著名文学家和荒诞派戏剧的重要代表——让·热内，1910 年，在繁华肮脏的巴黎，弃儿热内曾因为偷窃被送进了牢房，并染上了手淫和同性恋等各种恶习，他还曾是逃兵、男妓和囚犯。在不同的监狱里，他把自己卑微的身世和坎坷崎岖的经历写进其小说，竟获得巨大成功。而成名后的热内则把眼光投向了黑人运动和巴以冲突等国际问题上，并且身体力行，最终赢得了世人的尊重。热内从无情残酷的现实危机的丝茧中化蛹成蝶，走向新生，终成文学大家。①

我们生活中会有很多这样的危机，例如在我们比较熟悉的青春期，自我意识强烈地觉醒，传统与现实、墨守与张扬、野性与羞涩、孤寂与彷徨……两难的心理矛盾地并存，我们挣扎其间。但这段时期又是人生发展中必须经历的，如果引导和处理得好会获得飞跃性的发展，反之就会出现很多问题，甚至影响我们之后的发展。②

可以说人类生活中充满了危机，而人只有通过危机，才能获得真正的自我，亦即获得一个稳定的、不受任何影响的、对自己负责的状态。③ 再如教师很可能会面临一些职业危机，面对这些问题，教师需要思考"它为什么会出现"、"我怎样才能更好地在这个职业中生存"？ 此时，教师就必须要考虑自己的素质，考虑到外界要求的不断变化、不断提高对自身的素质要求。通过这样一些问题的思考，我们就开始回归自我，回归到对周围环境的认识。因此这个时候，合理地、正确地认识到这些危机的存在很可能会促使一个合理的自我产生。同时，当我们意识到这个问题的存在时，很可能我们会采取相应的行动使自己发展得更好，从而合理地渡过这样一个危机，而渡过危机之后，自己的状态已经和开始的状态非常不一样了。

但是，如果说危机从属于人的本质，对人们自我的形成是必不可少的，那么就产生了这样一个问题：教育者应该如何对待危机。由于危机具有有益的作用，教育者是否应该有意识地去触发它？ 这个问题我们必须断然否定。危机总是意味着可能引发不幸，没有一个教育者愿意把风险、责任揽到自己身上。既然不能控制它，也就不应有意识地去触发它。教育作为一种故意的"行为"，有着一条无法逾越的界限。④

如果危机来自内部，威胁到青年人的生活，情况就不同了。这时教育者必须能正确地帮助年轻人摆脱这一不良的生活状态。而这就要求对危机的本质及其对生活的意义有比较深刻的认识。教育者不能用安慰性的掩饰来降低危机的重要性，必须帮助年青人明确认识危机的含义，全力承担责任，不回避危机，直到危机得到

---

① 参阅张永义著. 夜无虚席——与文学大师相爱[M]. 北京：现代出版社，2003，26 页.
② 参阅李家成等. 青春教育：为青春期学生助飞[J]. 思想理论教育，2007(7—8).
③ 博尔诺夫著，李其龙译. 教育人类学[M]. 上海：华东师范大学出版社，1999，63 页.
④ 博尔诺夫著，李其龙译. 教育人类学[M]. 上海：华东师范大学出版社，1999，64 页.

圆满的解决。[①]

　　那么应该如何帮助我们的学生合理地渡过危机，并且通过危机获得新的发展？针对这一问题，我们还可以进行更为具体的研究，目前还没有看到很多针对这方面的研究成果和资料。例如作为一个学生，在学校生活之中有可能会遇到哪些危机，学校教育可以怎样去帮助他等，都是非常重要的研究课题。在笔者的日常实践中，经常接触到的是本科生，他们从高三考入大学，高三到大一的变化就是一个非常重要的危机期。[②] 从个人的体验来看，这里的危机是具有普遍性的，这引发我们做了很多思考。如"怎样来认识这些危机"，"为什么会出现这些危机"，"高等教育应该怎样帮助学生解决危机"等等。教师在日常教育实践之中肯定也会有很多这方面的体验。例如：孩子从幼儿园进入小学，也是一个非常重要的危机时期，存在着幼小衔接的问题。因为孩子们从幼儿园进入小学，从幼儿园以活动为主的实践模式向小学以课堂学习为主的实践模式的转变带来了相应的规范模式的改变，这种改变在程度上远远超过儿童自身行为模式的固有变化水平，如果教师不能恰当引导，就有可能影响孩子一生。再比如年级的转换：小学三年级可能会有一段危机的状态；小学五年级、六年级到初中的转换；初中到高中的转换；青春期的一系列危机问题。这些问题都值得我们深入地思考，"这些危机该怎样去认识"，"教育该怎样去做"等等，它们都可以成为我们重要的研究课题。

（二）遭遇

　　存在的思想对教育产生影响的第一个例子是关于遭遇的概念。这一概念基本上是在第二次世界大战后才产生于德国的，它备受其使用者的强调。这是一种全新的特有的经验，它是过去任何一种概念所无法概括的。当然，作为一个词它并不是新的，而是德语中现有的一个老的词，人们一直在使用它，使用中并未给予特别的强调，但现在它却获得了一个全新的声音，表现出一种新的生活经验——一种存在的经验。[③] 遭遇是我们日常生活之中突然碰到的一件事情，它是完全无法预料的。博尔诺夫认为只有少数重大的特定的经验可以称作遭遇，它们闯入人的生活，突然地、往往令人痛苦地中断人们的活动，使之转向一个新的方向。[④] 所以，在我们生活之中突然遇到的一件事、一个意外、一位不速之客，他们都可能变成一种遭遇，使我们的生活一下子发生变化。学生在日常生活中可能有哪些具体的遭遇？我们也可以对此进行一些具体的研究。

①　博尔诺夫著，李其龙译. 教育人类学[M]. 上海：华东师范大学出版社，1999，64 页.

②　参阅李家成. 成长需要：在高三与大一之间（第一卷）[M]. 天津：天津教育出版社，2006，11—34 页.

③　博尔诺夫著，李其龙译. 教育人类学[M]. 上海：华东师范大学出版社，1999，57 页.

④　博尔诺夫著，李其龙译. 教育人类学[M]. 上海：华东师范大学出版社，1999，58 页.

遭遇强迫人们在两种可能性之间进行选择并作出取舍的决断。人总是置身于各种可能性的冲突之中,并且必须作出抉择。① 这就是遭遇对人提出的挑战,此时你必须要选择发展方向,必须作出某种决断,而正是在这个时候,人的特性才需要发展,才需要显现出来。人需要面对遭遇来作出应该作出的决定。文学作品更是把人生中的选择问题,强烈地凸显出来。例如中国新女性主义文学作家虹影,在其自传体小说《饥饿的女儿》中,就向我们呈现了她在十八岁那年遭遇到生命里不得不面临的选择:生父,给予她生命,为她付出了沉重代价,但却只给她带来羞辱;养父,忍下耻辱,细心照料她长大,但从未亲近过她的心;她爱上的历史老师,因自身的经历和懦弱,只顾自己离去,以结束生命的方式,给她永久沉默的别离。在这种遭遇下,她最终选择走出置身于、成长于其间的家乡,以写作来填补自己的精神上的饥饿,从而走向新生。

教育学应当把遭遇视为必然的东西,我们无法回避各种遭遇,也不应该回避各种遭遇。相反,我们应当正视它们。博尔诺夫指出,通过这些遭遇可以从最内在的核心部分来检验一个人。从中判断什么对他是真实的,什么是虚假的。② 从人在遭遇中发生的转折深入进行探讨就可以发现人的真谛,了解他的内心的真假,即他内心世界的真面目。因此遭遇的本质告诉我们,教育工作者在青少年遭遇某些重大事件时应当引导、启发他们。而这种引导启发就是使他们在遭遇中作出正确的选择。这样他就可能在人生道路上出现积极的转折,向好的方面发展,反之就会导致失误。但因为遭遇是无法事先预料的,所以对它的处理也是无法事先有所规划的。教育工作者只能为学生做一件事,那就是帮助他们为应付遭遇做好准备,主要是心理准备。教育工作者平时就应当启发学生,使他能够正视现今社会世态炎凉与人生的艰难,培养他们具有那种处变不惊、冷静沉着的心理素质以及坚强的意志。博尔诺夫强调说:"教育必须以尽可能的全面与完善为目标。"这就意味着,教育不仅应当注意教给学生文化知识,而且也要注意促进他们个性的和谐发展,培养他们具有良好的德性和心理素质。③

遭遇不是教学的直接目的。教学只能传授有规律的知识,并创造一种可能的遭遇的前提。④ 虽然遭遇很可能会改变人的生活,具有重要的意义,但是同危机一样,在我们的教育教学中,我们不可能去创造某种遭遇,因为遭遇就是意想不到、突然遇到的。因此,教育不是去直接创造某种遭遇,而是创造条件,创造更多可能性去遇到遭遇,而且在遇到遭遇后很好地去利用它。教育是通过传授有规律的知识,

① 博尔诺夫著,李其龙译. 教育人类学[M]. 上海:华东师范大学出版社,1999,60 页.
② 博尔诺夫著,李其龙译. 教育人类学[M]. 上海:华东师范大学出版社,1999,58 页.
③ 博尔诺夫著,李其龙译. 教育人类学[M]. 译序,上海:华东师范大学出版社,1999,10—11 页.
④ 博尔诺夫著,李其龙译. 教育人类学[M]. 上海:华东师范大学出版社,1999,60 页.

并创造一种可能的前提来实现这种作用的。

没有全面的教养,个别的遭遇仅仅是一种巧合。教学必须拓宽文化知识,阐明理解范围。在这些基础上才会产生充分的遭遇。但另一方面,如果不能产生真正的触及人心灵深处的、改变其全部生活的遭遇,那么所有的文化知识都不起作用,所以也就无关紧要了。[①] 这段话指出了全面的素养、基础性的东西与遭遇的关系。作为教育来说,可能更多关注到的是提供一些基本条件,同时在人遇到"遭遇"时帮助他合理地面对,从而获得发展。

王崧舟《亲情测试》作文教学课堂实录片段

师:请拿出一张准备好的纸,这是一张干净的白纸,清清爽爽,没有一个字。

生:(拿纸等候)

师:请拿出笔,听清楚要求:在这张最干净的纸上,写上你在这个世界上最爱的五个人。也许你最爱的人不止五个人,可要求只能五个人。

生:(开始写)

师:因为是你最爱的人,所以你的字一定是最工整的。你在写的时候,他们的音容笑貌好像就在你的面前。不着急,我们有的是时间。

生:……

师:最爱的五个人啊,带给我们是快乐的,是温馨的,是幸福的,是家。好,现在请你们拿起笔,听清楚要求:在你们最爱的人当中,请你划去一位。

生:(沉思、为难)

师:对不起,老师让你难过了。但这是规则,必须划去。请大家再划去一个。

生:……

师:孩子们,记住,这是规则! 生活中,还会发生这样的事情。你非常非常希望永远和他们在一起。可是,在一个雪花飘飘的早晨,或在一个大雨倾盆的黄昏,他们其中的一位真的会离开我们,永远永远不会再回来。孩子们,请拿起笔来,再划去其中一个。

生:(有的哭了)

师:放下笔,深深地吸一口气,在干净的白纸上,还剩下最后的两位,不管他们是谁,他们一定是你生命中最重要的人,是这个世界上,你最爱的人,一定是你生命中最难以割舍的人。看着他们,你浮想联翩,你心中浮现过去曾经有过,或不曾有过的感受,你是那样那样需要他们。我知道这非常残忍,可这是规则。必须把这最爱的两个人划去。

生:……(趴在桌子上,流泪)

---

① 博尔诺夫著,李其龙译.教育人类学[M].上海:华东师范大学出版社,1999,61页.

......

2006年10月,在由南京市鼓楼区教育局对全区语文教师进行培训的示范课上,特级教师王崧舟老师为六年级学生上了一堂题为《亲情测试》的作文课。这堂课如一石激起千层浪,一时间引发了社会各界人士的广泛关注和热烈讨论。多家媒体陆续刊登了一些评论文章,肯定者称这是一次积极的尝试,它唤醒了学生沉睡已久的亲情意识乃至生命意识;也有人在质疑这样的"亲情教育"、"生命教育"太残忍,伤害了孩子纯真的心灵……无疑,这堂课是"出轨"的,那么这种"出轨"究竟是摆脱惯性,还是一种偏离和扭曲?

(梁晓根据材料整理)

这是一个值得深思的问题。对此你有何看法?_____

_____

_____

_____

(三) 告诫与号召

博尔诺夫指出:人的发展经常会由于障碍和偏离,或者普遍地由于人的弱点而告中断或误入歧途,这时就要借助外部的推动使中断的发展重新走上正轨。[①] 这是老师可以起作用的地方,即提醒学生,向他们发出某种号召等等,这些都是非常重要的教育方式。

一个人借助自身的力量很少能做到这一点,所以只要一有衰退的危险,就需要他人不断地给予告诫并激发其意志力。[②]

对于这一点,我们可以在教育实践中发现诸多的案例:

比如,一个学生在从小学到初中、高中、大学的整个求学的过程中,由于性格、智力、能力等各种原因,在学校生活和学习中总会遇到这样或那样的困难、挫折,有时是可以自己解决的,但当他感到困难、问题超出了自己心理和能力所承受或解决的范围时,就不免产生畏难情绪了,往往容易焦虑、自责、难受而导致情绪低落,或采取逃避的做法。此时,就需要老师能及时发现他的异常,及早进行心理的沟通,并给予方法的指导,鼓励他重拾信心,能用积极的方法寻求帮助,继续前进。再进一步从学生群体的角度看,当前学习困难的学生、成绩不理想的学生,往往成为学校中的弱势群体,在这类学生的发展中,如何给他们以进取的勇气,如何给他们成长的切实帮助,都可以考虑教育中的告诫、号召等方式。

告诫与号召的区别在于受教育者自由的程度不同,前者给受教育者以实行的

① 博尔诺夫著,李其龙译. 教育人类学[M]. 上海:华东师范大学出版社,1999,65 页.
② 博尔诺夫著,李其龙译. 教育人类学[M]. 上海:华东师范大学出版社,1999,65 页.

当代教育名著选读

自由,后者给受教育者以决断的自由。①

(四)唤醒

博尔诺夫认为在人的心灵深处存在着一种所谓"本源性"的道德意识,这种道德意识处于沉睡状态。人来到世界上,当他在孩提时代处于他正在成长着的环境中,在被他理所当然地接受的世界与生活范围内产生意识的时候,他免不了受到它们的影响。这种影响可能造成他们观察世界的偏见,因此,教育的一项不可推卸的责任就是唤醒儿童处于沉睡状态的道德意识,使他们回到本源。正是这种唤醒使一个人有可能真正认识自己和自己所处的世界,同时也可能理解自己存在的处境、生命的历史和未来的使命,使自己成为一个具有自我意识和充满生命希望的人。这种唤醒无异于一次心灵的解放,使一个人的生命发生一次升华。②

这是文化教育学中一个核心的概念。在他们看来,教育的一项特殊的任务是,帮助儿童回到本源形态中去。③ 所谓唤醒就是要让儿童意识到自己的状态,意识到自己要承担发展的责任,意识到自己具有丰富的潜能,使他从迷茫之中醒过来,知道自己是什么,知道自己要做什么。

教育必须通过引导儿童摆脱常见的少年老成去观察本源,进行一种自由的和最初的体验,从而唤醒儿童的童心。④ 不仅儿童在这一过程中变年轻了,而且教育者也是如此,不仅在课堂上,在与儿童新的生气勃勃的交往的任何地方都会产生这种现象。⑤ 这种唤醒其实对于任何人来说都是有可能存在的。通过唤醒可以极大程度上使得个体非常自觉地、主动地、充满感情地投入自己的生活。

以下这则教育随笔,是一名小学教师在日常教育和班级管理中关注孩子自我意识唤醒的教育尝试:

每天,与孩子心灵对话

本周一早晨,班级状态不甚理想(有孩子迟到,收拾东西拖拖拉拉,收好书包后有孩子喜欢乱窜,静不下心来看书……),又感觉他们下课玩得比较疯,于是中午午休时,没让他们下楼去玩,而是坐在教室里给他们上"政治思想课"。可看着他们严肃的表情(有的还苦着脸),眼睛不时望向窗外却又不得不坐在教室里的"痛苦"样,自己实在也不开心!

回到家反思,这样也不是回事,于是决定今后每天早上跟孩子作一番心灵对

① 博尔诺夫著,李其龙译.教育人类学[M].上海:华东师范大学出版社,1999,译序12页.
② 博尔诺夫著,李其龙译.教育人类学[M].上海:华东师范大学出版社,1999,译序12—13页.
③ 博尔诺夫著,李其龙译.教育人类学[M].上海:华东师范大学出版社,1999,67页.
④ 博尔诺夫著,李其龙译.教育人类学[M].上海:华东师范大学出版社,1999,68页.
⑤ 博尔诺夫著,李其龙译.教育人类学[M].上海:华东师范大学出版社,1999,69页.

话。第一天，谈话的主题是：孩子，我把你们当作大人。当孩子们都坐正了，在一种比较正式的氛围中，我娓娓叙来："孩子们，从今天起，我把你们当作大人，当作和我一样的朋友和大人。我想你们会喜欢这个身份。同时，要告诉你们，作为'大人'，就要有大人的责任意识，不能什么时候都把自己当作长不大的宝宝……"一直觉得，我们老师也好，家长也好（尤其是爷爷奶奶们），确实不能总把孩子过分呵护在手心里，不能把他们当作长不大的孩子。应该根据孩子的年龄成长和所处环境的变化给孩子一些要求、一些意识，给他们一些相应的责任感，给他们创造长大的机会。

第二天早晨，谈话的主题是：孩子，我在等你们长大。告诉他们，"老师对你们期望很高，老师不是要你们一下子成为大人，我们的目标是'每天进步一点点'，老师很希望从你们每天早上整理书包、合理安排时间、上课表现、课间文明休息等方面看到你们每天都有新的进展……"。之后的两天，我每天早晨第一节课前，总会问一句："孩子，知道老师在等你们长大，你们今天有没有长大一点啊？"孩子们总会回我："长大啦！"确实有一些孩子好像确实懂事了一点，有时不乖时，我亦问上一句："孩子们，老师在等你们长大，你们长大了吗？"我想，孩子们的长大懂事、学会自制不是老师问上一两句就能马上实现的，但最起码，我希望能通过这种不断的心理暗示，不断地提醒孩子，时间长了，就会强化他们这样的意识，帮助他们尽管长大吧！

第三天，谈话的主题是关于我写的一篇文章《与生命签约》，告诉了他们我与一位兄长的对话及感动于他对时间的珍惜、对生命的珍惜、人生目标的明确和行动的执着，有些文学的语言，我不确定孩子们是否能完全明白，但我感到他们听得很认真，吴玥、嘉辰、其正、泽璐等一干感性的女孩子脸上有着专注的表情和灵性，其他孩子看得出也很认真。我想，即使不能全懂，但长期植入这样的意识、这样的观念，多少会对他们的心灵带来一些触动吧！

今天是第四天了，早上问他们："孩子们，梁老师现在每天都给你们说一会儿心里话，第一天说的是……？第二天说的是……？"呵呵……孩子们都记得很牢，接话也很快。于是，很开心地夸奖他们："不错，还是把老师的话记住了不少。既然这样，你们今天想让老师说些什么？你们来提提建议好吗？"嗬！孩子们虽然是七嘴八舌，但居然都是同一个要求："我们要听梁老师小时候的故事。"嘿嘿嘿……听我小时候被爸爸整治的故事上瘾了哪！故意吊他们胃口："下次再说，今天就说说老师的老师故事吧！"（实在是没想到，一时间没有准备自己的故事，觉得故事说了就要起到一定的作用，所以没有说。呵呵……让他们失望了，下次补偿吧！）给他们说了一位彭老师的故事，虽然他们有点失望，但听得还是蛮认真的。

经过这一周的心灵对话，我感觉孩子们早上的表现好多了。这几天，我们每天还都能节省出十分钟时间一起读读书和生字卡片，也起到了静心的作用。但是，有的孩子现在课间休息玩耍还是有一点疯，我还要思考这一方面有没有什么更有效的好办法。

当代教育名著选读

以前可能会把很多时间放在抓学生成绩上,但是现在觉得与孩子心灵每天对对话挺好,选择一个主题,用自己的故事、感受也好,别人的故事也好,只要是真实可感的,还是会对孩子的心灵或多或少地有所触动,也许短时间内效果不是很明显,但希望这些故事能悄然在他们心中扎根,或者最起码留下一点印象。长期坚持,一定能对他们的思想、对他们的生命成长产生潜移默化的作用,我想我会坚持下去。

——梁晓撰写

再如一位教育硕士,在学习中所遭遇的一次非连续教育的案例:

由话语缺失想到的

现在突然有想表达的冲动。

其实在课堂上,当李老师要我们提问时,绍宾曾推了推我:"你不想问点什么?"我笑了笑没有回答。不是不想,其实是真提不出问题,不知道该问什么。平时听李老师的课,在他天马行空的激情牵引下,我日趋僵化的思想也常常怦然有所动,会产生这样那样的问题,有时还试着表达出来。然后在与同学的讨论中,在李老师的启迪下,不知不觉间感受到了思想的些许变化。然而这一次,为什么我竟然提不出一个问题,陷于失语的困境呢?

事实上,从李老师在黑板上写下"我是谁"三个字开始,到全神贯注地听完许老师的报告,我的内心经历了不止一次强烈的震撼。

关于李老师提出的"我是谁"的问题,也许是一个人穷尽一生都在追问、思考而最终都找不到答案的问题。思考是痛苦的,尤其是对生命、人生、自我等这些问题的思考,有时简直就是一种折磨,所以很多时候很多人放弃了思考的权利(这其中也包括我)。但是这确切又是每个人都无法回避的问题。经历这一堂课后,我想还是有必要继续这样的思考,尽管自己的思想远达不到李老师的高度,但是既然有了一个方向,便应该有到达的可能。

至于对许老师的报告,为何我竟然遭遇无话可说的尴尬?如果非要毫不留情地撕开去看,原因其实很简单,自卑使然。我必须承认,当李老师说,"你们谁能够像许老师那样自然地说出某些话语时",这句话像炮弹一样击中了我的要害,也许也击中了我们在座的很多人的要害。没有谁剥夺我们的话语权,可是真的不是每个人都可以拥有某些话语权啊!在与许老师的对照中,我如此清晰地读到了什么是素养什么是差距,这令我非常不安地去回望自己十余年的教师生涯,到底我成长了多少,缺失了多少。这样的回望让人失落、遗憾甚至悲伤,但却是一次难得的思想的洗礼。

跳出这样的伤感自卑不说,其实当时我还是很想说几句话的。第一句:局前街小学的孩子是幸运的、幸福的!第二句:局前街小学学生的家长是幸运的幸福的!

然而另外的问题接踵而至：我们那里的孩子呢？有谁关注过他们生命成长的状态？什么时候，他们才能够享有这样的教育？在不均衡的教育下长大的孩子，谁来为他们的未来买单？……

问题太多太多，以致每思考至此心情便异样沉重起来。在与强者的对话中，弱者仰望着强者的自信，却承受着无奈与无助。尤让人担忧的是，这种反差不仅存在着，而且似乎还在进一步的加大。

——摘自教育硕士课程《教育学原理》的教学材料，作者为廖海燕老师。

（文章的"李老师"为本书编者之一的李家成，文中的许老师为该课程的教学中请来的常州市局前街小学许嫣娜老师，特此说明）

读完上述材料，我最受触动的内容是：_____

_____

_____

仔细想想，在基础教育阶段我们培养、唤醒学生哪些方面的意识：

_____

_____

_____

教育人类学视野下的教师

在博尔诺夫教育思想中，教师工作具有重要的价值，他也对教师工作作了多角度的阐述，以下我们对部分内容作出解读。

一、适宜的教育与氛围的创建

《教育人类学》特别讲到了人类的氛围对儿童发展的重要意义，教师在其中可以发挥重要作用。

博尔诺夫指出：教育的成功与否往往取决于生活环境中一定的内部气氛和教育者与受教育者一定的情感态度。教育气氛就是这种情感、情绪状态及对教育抱有好感或厌恶等关系的综合。[1] 我们对这个概念是比较熟悉的，因为我们在实践中经常会感受到这一点。良好的氛围、良好的师生关系会有助于学生的发展，它们的重要性毋需多言。

那么为创建这样一种适宜的教育氛围，教育者应该做哪些工作呢？在博尔诺夫看来教育者应该以爱、以信任、以耐心去做工作。

---

[1] 博尔诺夫著，李其龙译. 教育人类学[M]. 上海：华东师范大学出版社，1999，41 页.

（一）教育者的爱

对于教育者的爱,博尔诺夫指出"无论何时,对任何儿童都充满爱心"是作为教师的一个必备的素养。因为在教育实践过程之中,我们面对着的是所有的儿童,而儿童的特征可能各不相同。同样,在不同的发展时期,都需要教育者用爱的方式创造一种舒适的、和谐的氛围,只有在情感交融、和谐美好的氛围中,学生的身心才能得到健康和谐的发展。教育者需要根据儿童所具有的特性有意识地实施教育。这一点书上讲得比较多,在日常教育实践中可能我们也已经这样做了。但是,爱不是一种技术,而是一种艺术。在教育中,常常会发现,我们以为我们在爱学生,但有时学生根本就没有感受到,甚至反而会觉得受到了压抑。因此,教师在教育教学的过程中,要学会科学地施以爱、艺术地表达和传递爱。

博尔诺夫还指出:为儿童自身的发展提供活动余地,[①]而不是一味地将外在要求强加于他们。教育要做的是为学生提供基本的条件,为他提供一个环境,然后促使他自己感受到发展的需要、发展的可能性,然后他才会获得发展。这些都和我们前面提到的一个概念相关,即"唤醒",唤醒儿童自身发展的需要,让他意识到在这样一个活动空间之中"我"可以获得发展也需要发展。教师不可能像制造物品一般制造出一个儿童出来。在一定程度上说,他只能提供一个条件、一个氛围、一个可能性,然后帮助儿童去发展。

（二）教育者的信任

教育者的信任同样是非常重要的,因为这种信任具有一种使人振奋的教育人的巨大力量。信任能够改变人。这种关系对教育具有无可估量的、怎么强调也不过分的意义,具有使人振奋和教育人的巨大力量。[②] 从这一点我们可以看出博尔诺夫对信任问题是非常关注的。"信任"也是建立一种良好的教育氛围的基本条件。教育者与被教育者之间的关系形态具有不同的特征,而建立起信任关系,是能够催人奋进的,是一种巨大的教育力量。

对存在的信任是一切教育的必不可少的基础,没有这一基础,教育就是空的,就毫无希望可言。[③] 如果说前面讲的是针对具体学生的,这里则是落实到更基本的哲学层面来看教育的价值。教育的存在与发展、教育的价值都是建立在同一个基础之上的,即对存在的信任。我们可以将这种存在理解为整个世界的发展,理解为人的一种生活,理解为人类的一种前景。正因为我们相信、信任未来,信任自己,我们才会进行教育,所以从这个意义上说,教育建立在对存在的信任基础之上。当

---

① 博尔诺夫著,李其龙译.教育人类学[M].上海:华东师范大学出版社,1999,46 页.

② 博尔诺夫著,李其龙译.教育人类学[M].上海:华东师范大学出版社,1999,46—47 页.

③ 博尔诺夫著,李其龙译.教育人类学[M].上海:华东师范大学出版社,1999,49 页.

教师具备了这一基础,就能以适当的方式从事教学工作。

当然,教育者必须不断有意识地使自己经受住失望的危险,因为这种信任不可避免地带有风险。如果仅仅出于教育上的原因而试图采取一种假信任,即尽管实际上心中有保留看法,但嘴上说信任,这是无济于事的。假信任就是不信任,它不可能取得积极的成果。只有采取完全真诚的态度才会产生效果。①

(三) 教育者的耐心

对于教育者的耐心,博尔诺夫认为:"耐心是教育者的一大美德,没有耐心是一大缺陷。"②这里我们依然能够看到,作为一个教育人类学家、哲学家,他关注到的素养和我们平时关注的非常不一样。这里讲到了爱、信任和耐心,同时他也不会忽视教师的能力、教师的智慧以及教师的知识水平。而在这本书中他特别关注到的、论述到的内容恰恰是我们经常会忽视的东西。博尔诺夫认为耐心是一大美德,没有耐心则是缺陷。耐心不是漠不关心,而是更多留意儿童的发展,不拔苗助长。③

这里也存在着如何处理好尺度的问题。如果你对儿童的一切都无所谓,这不是耐心,而是漠不关心。博尔诺夫认为这是一种可怕的关系状态。事实上人对外界的一切冷漠就会使他的发展与世界的关系开始隔离。但同时也不能拔苗助长,在讲时间问题的时候,也讲到既不要超前也不要落后,而是要随着时间的步伐前进。儿童的发展也有他自己的特点,我们也要给儿童一个发展的时间,而不是希望在确定的时间里培养出怎样的儿童来。每个儿童的发展或者说是每个个体的发展都是在一定的时空之中实现的,我们要给予他们发展的充分条件,还给他们一个具体的发展的时间和空间。

二、谈话教育的实施

谈话教育是博尔诺夫非常关注的教育问题之一。他指出:"教育要承担一个伟大的职责:教育人类进行对话,培养其对话的兴趣和能力。"④关于交往的问题现在是教育学、教育实践改革中一个热门的话题。我们已经意识到作为教师要倾听儿童,而且要与儿童进行交流和沟通,这里都涉及一个概念——对话。正是这种对话能力与意识的形成使人与人之间,使人类社会多了一份沟通,多了一份信任与理解,少一些蔑视性的行为,少一些侵犯性的行为。所以在这种哲学意义上来看,"对

---

① 博尔诺夫著,李其龙译.教育人类学[M].上海:华东师范大学出版社,1999,48页.
② 博尔诺夫著,李其龙译.教育人类学[M].上海:华东师范大学出版社,1999,49页.
③ 博尔诺夫著,李其龙译.教育人类学[M].上海:华东师范大学出版社,1999,49页.
④ 博尔诺夫著,李其龙译.教育人类学[M].上海:华东师范大学出版社,1999,111页.

当代教育名著选读

话"对于人类社会的存在与发展来说是非常关键的要素之一。

在教育之中,博尔诺夫指出教育首先要培养儿童具有两种能力:一是坦诚说话的勇气;二是准备倾听他人意见并承认双方原则上平等的勇气。这两点都是非常重要的。在教育实践中,我们经常会感到我们的学生是不敢说话的,他们不敢发表自己的意见,没有自己独到的见解。在教师群体之中可能也缺少这种勇气。而一个人要想实现与他人的对话,首先作为个体要敢于、愿意并且能够将自己的意见表达出来。本教材编者在给本科生上课时,有学生提出:"老师要求我们在课堂上能够主动发言,说出自己的意见,可是我们在初中、高中养成的是一直听别人说话、记笔记、背东西这样一种习惯,我们没有意识和能力站起来说自己的意见。"这说明当代教育中这个问题依然是非常严峻的。能否让每一个人说出自己的观点,能否培养学生的这种勇气、胆量、意识和能力,是非常值得我们思考的。

在"说"的同时还有另外一面,就是倾听。博尔诺夫指出,要有倾听他人意见并承认双方原则上平等的勇气。在教育实践之中,当我们每一个个体都能够说自己的话时,也需要养成另外一种意识,这种意识就是能够倾听他人,能够从他人那里获得有意义的启发,能够给他人提出有价值的建议。有一本涉及倾听问题的书也讲到:"我们更多的时候是在用嘴巴说话,用眼睛看东西,但是我们还有一个重要的工具就是我们的耳朵。要开发出我们耳朵的功能,那就是要学会倾听。"

博尔诺夫进一步指出:"教育者在与儿童的交往中要以身作则,要有放弃一切专制的要求而让人对自己产生怀疑的准备。"[1]因为他自己能否坦诚地说话,能否倾听他人,能否与他人平等地交流、沟通,这本身就是重要的教育因素。所以教育者自身的以身作则也是非常重要的。

以当前您所在的课堂为例,列举出课堂上的同学,在"坦诚说话的勇气"和"准备倾听他人意见并承认双方原则上平等的勇气"方面的状态,并作出您的评论。

	坦诚说话的勇气	准备倾听他人意见并承认双方原则上平等的勇气	我的评论
1			
2			
3			
4			
5			

---

[1] 博尔诺夫著,李其龙译. 教育人类学[M]. 上海:华东师范大学出版社,1999,111 页.

三、学生判断能力的培养

在博尔诺夫的书中,他指出:"给学生大量的机会,让他们表达自己的见解,为自己的见解辩护,从而使他们克服冷漠或害怕的心理。"[①]

我们可以想象,也可以看到,这个建议对于我们教育实践是非常有启发性的。因为只有通过这种方式——不断地说、辩论,不断地尝试,个体自身说的能力、判断的能力才可能实现。这些能力的培养是通过实践活动才能实现的。但同时要防止学生的自由表达见解演变成不受控制的争论好斗。每个人及其见解都必须接受批判质疑,必须接受他人的判断。[②] 在这个意义上说,我们对学生的言论也不能听之任之,不能无论学生说什么都给他一个很好的反馈,而是要对学生的言论、意见、观点进行辨别,同时给予他一个合适的、能够促进他发展的反馈。这里最容易出现的问题是在当前的教育实践之中,往往将让学生说话、开展对话变成辩论赛,大家针锋相对,关注的是能不能赢,而不是自己或对方的观点有没有合理性。有本科生认为:"这样一种辩论的方式往往变成大家都维护自己的观点,而不注意去听别人的观点,不注意想自己观点本身的内容。"而辩论赛的很多问题本身又是两极对立的,所以这种辩论的方式并不见得有助于自己的发展。这一点对于我们理解表达的问题、讨论的问题、对话的问题和判断力的能力培养问题等,都是非常有借鉴性的。

【启迪与思考】

《教育人类学》的出版,具有多方面的意义。

首先是非连续性教育思想的提出

非连续性教育是对连续性教育的重要补充。博尔诺夫认为,非连续性教育是一个完整教育必要的构成。如果我们仅仅关注连续性教育而忽视了非连续性教育,可能我们抓住的就只是教育的某一个部分。这一思想对于拓展"教育"概念的内涵,对于教育思想的发展,具有重要的意义。它所涉及的诸多理论问题、方法问题,对我们当代的教育都是非常具有启发性的。

非连续性教育是存在于生活之中的。正是这种多方面存在的可能性与人的生活的紧密结合,使得教育对于人的影响变得非常大,所以这是非常值得我们重视的一种教育形态。非连续性教育对人的成长具有突破性的意义。如果我们能够合理地利用非连续性教育,开发它的价值,可能会对人的发展、成长带来非常重要的意义。也正是在这个意义上,我们会认为非连续性教育是有意义有价值的。

---

① 博尔诺夫著,李其龙译. 教育人类学[M]. 上海:华东师范大学出版社,1999,119 页.

② 博尔诺夫著,李其龙译. 教育人类学[M]. 上海:华东师范大学出版社,1999,119 页.

其次是对人与教育关系的系统论述

这里至少有两点值得我们关注：一是人之生命存在与发展，是教育的前提所在；二是人之生命需要，是教育改革的基本动力。由于我们对德国的文化教育学派不是很熟悉，这本书读起来可能比较困难。但这本书中涉及的很多问题是我们做教师、从事教育实践的人必须要考虑、必须要面对的。尤其是这里涉及的对人的生命的理解、发展所需要的条件、发展的过程等论述，都为我们提供了教育实践和教育理论发展的基本前提。这种系统的论述对于教育思想来说，是一种非常有价值的前提性研究；而对于我们实践者来说，也能够促使我们更好地去思考教育，思考自己的教育行为，从而建立起对自己的教育实践的系统把握。如果有这样的认识作基础，我们的实践就是具有理论素养、理论深度的。因此，在一定意义上说，我们的教育实践之中包含着许多这样的问题："我们如何看待人"，"如何看待学生"，"我们如何组织、安排自己的课堂教学"，"我们怎样看待考试、看待评价"等等，都是和这些最基本的问题紧密结合的。所以这里建议您在日常的教育实践过程之中，多思考自己的行为背后的观念问题。这会对我们整体的教育质量的提升产生良好的作用。

最后是对当代教育改革的多方面启发

博尔诺夫的思想对于教育的很多方面都产生了深刻的影响，具体说来，以下四个方面是我们比较熟悉的：

1. 教育目标

从博尔诺夫的思想中能够获得的启示是：我们教育培养目标的构成必须关注人的生命存在。

文化教育学派最关注的，是一个整体的、活生生的人，是一个生命体。在博尔诺夫这里，我们也可以看到他所关注的人是生活着的人，是有着各种困难的人，是会遇到各种干扰的人，是需要不断发展的人，是需要在空间中居住、在时间中信任的人。这就是我们日常生活状态中的人。

因而，我们的教育不是仅仅关注一个干瘪的认知体，而是关注一个活生生的人的发展问题。当我们将学生看成人，把自己当成人，当成一个生命的时候，我们就会看到教育之中的内容有多么丰富，就会看到教育对于学生、对于我们自己来说是多么重要。所以在教育目标上，对人的生命性的关注，将会促使我们对很多教育行为进行反思。

2. 教育内容

从教育内容来看，这里更多地涉及具体的人类生活实践能不能进入教育实践的问题。从这本书所反映出的思想来看，是完全可以的。教育内容不仅仅是系统的科学文化知识，生活中的一切都有可能成为教育内容。这就向我们的教育艺术和教育意识提出了挑战。如在非连续教育中讲到的唤醒、告诫与号召、遭遇等等，这些都是不能预料的。

3. 教育方式

从教育方式来看，博尔诺夫提醒我们要将非连续性教育和连续性教育结合起来。从教育评价的角度来看，这是与教育目标的重建密切相关的问题。"我们要培养什么样的人"，"我们把教育中的人视为什么"等问题直接制约着我们对教育的评价。如果我们仅仅把人看作学习知识、发展能力的人，我们就会评价"他的知识怎样"、"他的能力发展到何种程度"。可是当我们把一个活生生的人作为教育中需要关注的对象时，我们就要评价通过这种教育活动"这个人发展得怎么样"，"他有没有获得发展"，"他现在的生存状态怎么样"，"他的精神生活怎么样"，"他的物质生活达到了什么样的水平"，"他的技术、能力、知识水平发展到什么程度"等等。这样的评价就会回归到生命体本身上来。可能在当今的教育改革之中，这些思想还没有充分地变为现实，但这些思想毕竟代表了某种改革发展的方向。

4. 教育改革视野

博尔诺夫的思想对于教育改革视野的拓展、深度的挖掘，也有非常多的启示。我们已经看到对人的问题，对非连续性教育的问题，对人与教育的关系的问题的很多论述，都会对我们的教育实践产生重要的影响。

这本书虽然很薄，但是其中包含了很多深厚的内容，值得我们细细地去思考。它对于我们个体、对于我们的教育实践、对于改革都是非常有意义的。

【拓展阅读】

那是一个冬天的早晨，我和学生正在早读，教室门外响起了一声："报告……"我一看，是任安妮。我眉头一皱：她又迟到了！于是，便对她说："在外面站一会儿！"她的眼睛怯怯地看着我，嘴唇似张又闭，好像要向我解释什么，但终于没有开口，便顺从地站在了教室门外。

任安妮是初一下学期转学来到我班的。她身体瘦弱，脸色苍白，说话细声细气。她学习较差。可能是由于身体不太好，常请病假。但是，给我和同学们留下的最深印象是爱迟到。我曾把她母亲请来，向她反映任安妮这个老毛病，并问她是不是任安妮有什么特殊困难。她母亲说，没有什么特殊困难，就是任安妮在家动作太慢，磨磨蹭蹭地耽误了不少时间。于是，我多次找任安妮谈心，要她养成雷厉风行的好习惯。但她仍然常常迟到。因此，今天我再也不能原谅她，必须通过罚她站给她一个教训。

我之所以要罚她站，还有一个原因，就是那几天班上迟到的学生也越来越多，虽然就是那么一两分钟或两三分钟，但我认为这是不能容忍的。因此，我现在企图通过惩罚任安妮,提醒全班学生:决不能迟到!

任安妮在外面大概站了五分钟,我想到如果校长看见了恐怕不太好,便叫她进来。她进来后走到自己的座位上想坐下,我说:"谁让你坐了? 到教室后面去,在后面那儿再站一会儿!"她的眼泪一下流出来了,但仍顺从地站在那里,并拿出书来和大家一起读。直到早读课结束,她总共站了 15 分钟。

上午两节课过后,她来给我请假,说头有点昏,想回家去休息一会儿。我一惊,问:"怎么回事? 是不是因为早晨站久了?"她说不是,她还说平时她就爱头昏,是老毛病了。于是,我同意她回家休息。

⋯⋯

半年之后,任安妮返校复学,降到下一个年级学习。在校园不时碰到我,总是羞怯而有礼貌地和我打招呼:"李老师好!"

后来,在期中考试刚刚结束最后一科时,和任安妮同住一个院子的沈建平同学就来告诉我:"李老师,任安妮今天早晨⋯⋯死了⋯⋯"当时,我无比震惊:她前几天还在校园里和我打招呼,怎么一个鲜活的生命说消失就消失了呢? 说实话,那一刻我的大脑一片空白,但有一个念头很清晰,这就是我一定要赶在她火化之前为她送行!

我和一群学生刚进殡仪馆,她的母亲就迎上来,用哭哑了的声音对我说:"李老师,您这么忙还赶来,真是谢谢您和同学们了!"我心情沉重地说:"太突然了,太突然了,我们根本没想到!"她的眼泪又来了:"李老师,今天我才告诉你,我的任安妮6 岁就患上了白血病,当时医生说她最多能活三年。为了让她有个宁静美好的生活,我们一直没有告诉她,也没有告诉任何人。在许多人的关心下,她奇迹般地活了 8 年。谢谢您啊,李老师! 任安妮在最后几天,还在说她想李老师,想同学们。她复学后一直不喜欢新的班级,多次对我说,'妈妈,等我病好了以后,你一定要去请求校长允许我回到原来的班级。我想念原来的同学们,想念李老师!'"

听了她的话,我真是心如刀绞:在任安妮纯真的心灵中,不知道她所想念的李老师曾为她降到另外一个班而暗暗高兴啊!

我和学生们站在任安妮的遗体旁,向她作最后的告别。想到那个冬天的早晨,我让她站了 15 分钟;想到她那天上午向我请假时我的冷淡,想到我对她其实并不好,她在生命的最后日子却还"想念李老师"⋯⋯我终于忍不住恸哭起来!

⋯⋯

⋯⋯我之所以流下眼泪,是因为愧疚。但这里的"愧疚"仅仅是因为罚了患有白血病的任安妮站,而不是因为"罚站"本身! 那么,我的愧疚还是很浅薄的。我应该为罚学生站而惭愧,不管这被罚的学生是不是病中的任安妮! 我已经不可能面对活着的任安妮说声"对不起"了,但我每天都还面对着健康而活泼的学生,我应该也必须把我对任安妮的愧疚化作对我今后每一位学生的尊重与善待!

从那以后,我发誓:决不再对迟到的学生罚站!

——李镇西:《与青春同行》,高等教育出版社,2005年版,第56—59页。

【推荐阅读】

1. 邹进:《现代德国文化教育学》,山西教育出版社,1992年版。

2. 谢地坤:《走向精神科学之路——狄尔泰哲学思想研究》,江苏人民出版社,2003年版。

3. [德]齐美尔:《桥与门——齐美尔随笔集》,三联书店,1991年版。

4. [德]西美尔著,费永等译:《时尚的哲学》,文化艺术出版社,2001年版。

5. [德]卡西尔:《人论》,上海译文出版社,1985年版。

6. [德]蓝德曼著,彭富春译《哲学人类学》,工人出版社,1988年版。

7. [德]舍勒:《人在宇宙中的位置》,上海人民出版社,1989年版。

8. 陈锋:《狄尔泰教育学研究》,甘肃教育出版社,2007年版。

【拓展性活动】

1. 根据"非连续性教育"的思想,列举您生命成长中的重要教育事件、重要关系人,分析这些关键事件、关键人对您的影响。

	关键事件	关键人	教育内涵
1			
2			
3			
4			
5			

2. 请列出您就读高中、大学时,学校教育帮助您形成的个体与时间、空间的关系,同时调查周围同学的状态,据此提出您对当前学校教育促进个体形成良好的与时间、空间关系这一命题的观点。

选读之三
《教育——财富蕴藏其中》

【学习目标】

通过本章学习,了解该书对教育改革的一系列认识与观点,尤其是未来教育"四大支柱"的具体观点的内涵与意义。同时,通过研读,了解当代教育改革所涉及的社会发展观、教育价值取向等问题,并尝试用本书的一些观点,认识、分析当代中国教育改革中的问题。

学习与交往,孰重孰轻?

上海市某高三学生,从高一到高三,考试成绩稳居年级前列。照此状态,考入一所很好的综合性大学的把握很大。该同学对自己的素质也非常自信。在学校学习中,他很少与他人交流,很少参加群体活动,而把绝大多数时间用在预习、复习、做试卷、阅读参考书上。家人提醒他要注意和其他同学交往,但是他认为那是浪费时间,最重要的是学习成绩要好,而且,只要文化课的成绩好,肯定能够有一个好的前程。

2008 年初,他报名参加上海某综合性大学的自主招生考试,志在必得。

自主招生考试中有面试环节。面试老师会根据情境和考生报考的专业,随机提出一系列的问题,并观察学生的反应,对其综合素质做出判断。无疑,这是一个真实情境中的考试,而不是面对试卷的考试。

结果很快反馈给他:不录取!

家人一起分析这次意外,更加清晰地发现:该同学埋头于学科学习,沉浸在各种题目之中,很少与同学、教师交往,他也不屑于交往。而这次面试,沉重地打击了他。痛定思痛,开始关注交往意识与能力的培养问题。

面对日益激烈的竞争,面对知识的飞速更新与经济社会的高速发展,面对生活条件优越、个性鲜明的独生子女,学校、家庭在关注学生学业的同时,如何关注学生的交往？如何在提高学生学业成绩的同时提高他们的交往能力，将学校教育、家庭教育更好地融入社会？这些都是值得深思的问题。而对于学校来说，我们要培养怎样的学生？当代社会对教育改革提出了哪些新的要求？这些问题都成为教育改革必须回答的问题。而且，这一回答的合理性，将直接影响当前学生的发展。

在您所能接触到的学校生活中，当前中小学生面临的压力与困惑有哪些？

1. _____
2. _____
3. _____
4. _____

您觉得当前学校教育中，在培养学生社会交往能力上存在哪些问题？

1. _____
2. _____
3. _____
4. _____

教育面对的对象是人，教育在社会发展和个人发展中起基础作用。这部著作立足于未来社会的发展，认为教育必须围绕四种基本的学习能力来重新设计、重新组织，指出教育的四大支柱：学会认知、学会做事、学会共同生活、学会生存，强调终身教育的作用，也在教育的方针、合作、前景方面做了深入的思考，为当前教育的发展提出一系列可供参考的建议。

教育改革与发展的世纪挑战

一、教育是一种财富

《教育——财富蕴藏其中》是联合国教科文组织于 20 世纪末推出的一本书，是由雅克·德洛尔任主席的国际 21 世纪教育委员会向联合国教科文组织提交的报告。① 该报告在更广阔的国际经济、政治、文化背景下论述教育的作用及有关问题。这本书很容易让读者联想到选读之一介绍的书——《学会生存》，其作者是以教育领域的思想家、实践工作者等为主体的委员会。而这份报告的撰写者则更为多元，除了教育专家外，还有政治家、科学家、经济学家、社会活动家和行政人员等。这也形成了该报告广阔的国际背景和多学科视角，所以我们读这本报告时会非常

---

① 在本书的中文版翻译问题上，有学者认为其书名的现有翻译有待斟酌，其要表达的主题，是"学习：内在财富"。

多地感受到国际上各个方面发展的动态。

"委员会为了给自己的报告选择题目,想到了拉封丹和他的一首寓言诗《农夫和他的孩子们》:

(农夫说:)

'千万不要把祖先留给我们的产业卖掉,

因为财富蕴藏其中。'

教育乃是人类从其自身学到的一切。略微改动一下诗人赞美劳动的诗句,我们可以让他们这样说:

'而老人是明智的,

他在临终前告诉儿子们:

教育是一种财富'。"①

这是报告序言中的一段话,它鲜明地告诉我们"土地作为一种财富"已是过去时,在当代的背景下,教育是一种财富。这涉及我们如何来看待教育的问题:是把教育看成一种经济投入的负担、国家的负担,还是一种财富?在该书看来,人类发展、国家进步、经济发展、社会稳定、个人幸福,这些价值都可能通过教育而实现。教育对于社会和人类的发展是一笔巨大的财富,是值得我们去挖掘、开发和认识的。

《教育——财富蕴藏其中》分为五个部分:

序言"教育:必要的乌托邦"简要分析了世界面临的问题和挑战,并指出了教育所要承担的责任。

第一部分《前景》包括第一至第三章。第一章"从基层社区到世界性社会"揭示了人类活动的全球化趋势,指出教育应为了解他人、了解其他民族乃至为全世界的和平相处贡献力量;第二章"从社会团结到民主参与"论述了教育在促进社会民主化方面的任务;第三章"从经济增长到人的发展"指出了教育在促进经济发展方面遇到的问题,并进而指出教育的根本目的是为人的发展。

第二部分《原则》包括第四章"教育的四个支柱"和第五章"终身教育"。这是本书十分重要的核心。四个支柱为学会认识、学会做事、学会共同生活、学会生存。

第三部分《方针》包括第六章到第九章。第六章"从基础教育到大学"重新审视了各级各类教育,并将其纳入了终身教育的体系,指出它们之间增强沟通的必要性;第七章"教育在探索新的前景"肯定了教师在教育系统中的主导地位,同时提倡

① 国际21世纪教育委员会.教育——财富蕴藏其中[M].北京:教育科学出版社,2001,序言19—20页.

一种更加尊重学生选择自由因而更加平等的师生关系；第八章"教育的选择：政治当局的作用"指出教育与行政机构合作的必要性；第九章"国际合作：地球村的教育问题"呼吁加强国际合作。

结束语则收录了国际21世纪教育委员会11名委员单独撰写的报告，"以更好地反映所讨论的各个问题看法的多样性和内容的丰富性"，也表明社会的多元性和委员会的宽容态度。[①]

二、社会发展对教育改革提出的新需要

这里涉及三个方面：第一，从基层社区到世界性社会；第二，从社会团结到民主参与；第三，从经济增长到人的发展。这几个领域的改革实践发展和推进，成为《教育——财富蕴藏其中》提出一系列教育改革思想的实践支撑力量。

（一）从基层社区到世界性社会

这里有五类表现形态：第一类是人口的急剧增长。在技术已使时间和空间距离缩短的这样一个历史时刻，世界人口的这种增长使世界上各方面的活动有了日益密切的关系。[②] 第二类是人类活动范围的世界化走向。人类已经不再在一个狭小的空间内活动，而是已经充分地扩展到了全世界。事实上我们现在看到人类的足迹已经走向太空了。第三类是信息传播全球化。这是信息社会的一个重要特点，包括大家现在习以为常的网络学习，都是最近几年才出现并发展起来的。信息传播的全球化使得每一个人在家里就可以与全世界结合在一起并发生联系。第四类是全球相互依赖的多种表现形式。国与国之间、人与人之间都有紧密相关的联系，牵一发而动全身。第五类是危险重重的世界，包括种族冲突、阶级矛盾、军事战争，恐怖主义，民族主义的发展问题等等。

从基层社区到世界性社会这个大背景的变化，使我们必须考虑如何面对世界的一些共同的基本问题。对于这样的背景，用我们日常生活中已经比较熟悉的词来说就是"全球化社会"、"全球化运动"。在全球化背景之下，教育该怎样发展？我们现在的教育不仅是在思想上，而且在理论上、目标上、课程改革上都要与世界进行沟通与对话。从具体的教育发展战略来看，全球化的具体改革措施已经极大地影响到我们教育的发展。

同样，我们在日常的教育实践之中也必然会遇到这样的问题。例如上海这类城市的发展必须要面对建设成一个国际性大都市的新的发展定位，在这个定位之下，"教育要培养怎样的人"，"怎样开展活动"，"怎样与国际教育进行沟通和交流"

当代教育名著选读

---

① 单中惠、杨汉麟. 西方教育学名著提要[M]. 南昌：江西人民出版社，2000：772—773.
② 国际21世纪教育委员会. 教育——财富蕴藏其中[M]. 北京：教育科学出版社，2001，24 页.

等问题都在慢慢地浮现。

　　同时各个地方逐渐出现一些国际学校。随着来我国的国际人士的增多,可能这样的学校还会增多。在这样的背景下,如何处理中国学生与国外学生之间的关系,如何充分开发、利用这种资源,使得它成为我们教育发展中的一股力量,就成为非常值得我们思考、探讨的话题。这种世界性的社会背景为《教育——财富蕴藏其中》提供了一个大视野。

　　《教育——财富蕴藏其中》关注到了:在接受我们的精神和文化差异的基础上,教育应当使世人有更多的相互了解,更有责任感和更加团结。[①] 事实上,《学会生存》就已经意识到国际上的很多问题,但是对全球化的关注、对世界性的沟通等问题的关注,却是《教育——财富蕴藏其中》更加明确的。

　　该书接着指出,教育有助于人们获得知识,因而在完成这项世界性任务方面有非常明确的作用——帮助人们了解世界和他人,从而更好地了解自己。[②] 这个问题涉及我们如何去认识别的国家、民族、别的文化,从而来了解我们自己的文化。不是丢失自己,而是让自己与他们很好地对话,相互补充,相互吸收和借鉴。

(二) 从社会团结到民主参与

　　书中讲到这样的问题:当前世界面临的各种贫困、相互排斥、不平等等问题,正在破坏着社会的民主基础。这些问题在《学会生存》的时代已经提出来了,而几十年的发展并没有消除这些问题。既然这些问题依然存在,教育就需要去面对、去解决。这里涉及的问题,实际上就是每个人是否有能力作为既了解集体关注的重大问题,又热心参加民主生活的真正公民发挥作用的问题。这是对政治家们的挑战,然而也是对教育制度的挑战。[③] 这里是从社会的问题、国际的问题、发展性的问题转向对教育的思考。整个人类社会的发展是需要教育的,当我们面对这些问题的时候,当我们有各种各样需要的时候,我们就需要考虑教育能不能帮助社会获得更新的发展。

　　所以,这里的问题都是对教育的一种挑战,面对这些具体的问题,教育需要思考,思考自己的改革问题,思考教育在新的时代背景之下该如何自我定位、如何自我改造的问题。《学会生存》中也讲到人必须关注到周围环境的变化,这种思维在这本书里也有体现;相比较而言,对外部世界变化的关注,是该书更加突出的内容。在世纪之交,外界涌现出一系列的新问题,全球化背景更加明显,人类社会发展给

　　① 国际 21 世纪教育委员会. 教育——财富蕴藏其中[M]. 北京:教育科学出版社,2001,37 页.
　　② 国际 21 世纪教育委员会. 教育——财富蕴藏其中[M]. 北京:教育科学出版社,2001,37 页.
　　③ 国际 21 世纪教育委员会. 教育——财富蕴藏其中[M]. 北京:教育科学出版社,2001,41 页.

教育提出了新的挑战。教育必须面对这些问题，随着时代的发展不断地自我更新。

（三）从经济增长到人的发展

我们可以从以下四个方面来认识：

一是世界经济的增长极不均衡。对经济学感兴趣的同学和老师应该对这一点非常熟悉。当前发达国家和不发达国家的差异、南北差异、东西差异非常明显，各国家之间的经济发展水平、质量、程度极不平衡。

二是为了经济目的而对教育提出需求。如当前部分发达地区的经济发展缺少高质量的技术工人，于是，当地职业教育的发展、高等院校的专业设置就随之发生新的变化，"订单式培养"模式，就是一个具体体现。

三是认识资源的不均等分布。这是指知识、文化的资源在不同国家、不同地区会有很大的差异性，直接影响到人们所能获得的认识资源的公平，进而影响到人的发展、地区的发展差异。

四是妇女教育有待完善。这是《教育——财富蕴藏其中》特别关注到的一个问题，妇女的教育、女童的教育至今依然是各国教育共同面临的问题。

置身于当前课程改革的浪潮之中，结合您的感受，您觉得此次变革的必要性体现在哪些方面？

1. _____

2. _____

3. _____

4. _____

三、人与社会和谐发展思想的发展

从这本书具体的理论背景来看，有这几个方面值得我们进一步关注：一是终身教育理论的进一步发展；二是对人类社会发展范式的反思；三是全民教育思想的传播。

（一）终身教育理论的进一步发展

在本书中，作者依然极力倡导终身教育，而且是在终身教育的理论与实践已经在世界各国产生重要影响的背景之下提出来的，对终身教育有了更多富有时代特征的论述。回顾那段时期的实践和理论的发展，保罗·朗格朗的《终身教育引论》这本终身教育著作 1970 年出版，《学会生存》是 1972 年出版的。之后《学会生存》在全世界产生了重大影响，成为很多国家制定重大教育政策的参考，而终身教育的思想也获得了联合国教科文组织和各国的普遍重视。终身教育思想在教育实践中非常明显的表现,是在职业教育、成人教育、扫盲和基础教育等领域。例如在职业教育之中不断回归型的教育,读过教育史的读者会非常熟悉这个问题。此外,德国双元制的教育模式就体现出一种终身教育的思想。成人教育也是如此,成人教育的大发展就是在终身教育的背景之下得以发生的。

(二)人类社会发展范式的反思

"对人类社会发展范式的反思"是从政治学、社会学的角度提出来的新认识,也就是说整个人类社会的发展方式要发生变化。这里我们可以看到很多新鲜的观点:

一种单纯追求提高生产力的模式必然走向死胡同。在若干年中,可能正是这种死胡同促使联合国有关机构赋予发展概念更广的含义,即发展应超越经济范畴,以便也考虑其伦理、文化和生态内涵。[①] 看到这里,我们会很自然地联想到一个概念:"可持续发展",这也是对发展概念内涵的一种新的界定。

这本书所针对的问题是长久以来形成的以经济发展代替人类发展的现象,认为人类的发展、社会的发展就是经济的发展。这种思维方式与发展范式使得整个社会的发展呈现出不可持续的状态,并由此出现了许多问题。这时候人们就开始自觉反思:这样的发展对不对,这样的社会发展行不行。正是在反思基础上,新的发展范式被提炼出来。

这其中与教育密切相关的,尤其是与人的问题相关的,可能就是对发展目的的认识了。有关机构和人员提出,发展过程"首先应为发挥今天还有明天生活在地球上的人的一切潜力创造条件,人既是发展的第一主角,又是发展的终极目标"[②]。我们可以看出这种思想已经远远超越了经济范畴:发展不再仅仅是经济的进步,不再仅仅是 GDP 的提高,不再仅仅是我们发明了多少新鲜的工具,而在于人的发展。所以说人是发展的终极目标,一切发展都是为人的潜力发挥创造条件。这种思想显得非常人本化。

还有一个思想:人是发展的目标,同时人是发展的第一主角,一切发展都必须靠人来实现。世纪之交以来,我们经常会听到"人才是第一资源"这种说法,这也是一种观念的变化。我们的发展不能仅仅依靠经费的投入,不能仅仅依靠技术的改进。当然,这些因素都是必要的,但是最核心的是人。这些理论在很多领域都有体现,以学校发展为例,学校发展的主角是谁? 学校发展的目标又是什么? 当我们从人类社会这个大背景转换到我们的小环境之中来看时,我们的发展意识、对发展的理解可能也需要进行反思。《教育——财富蕴藏其中》中很有启发意义的就是对发展与人的关系的思考。尽管它是以引文的形式出现,但其实是本书的一个核心

---

① 国际 21 世纪教育委员会.教育——财富蕴藏其中[M].北京:教育科学出版社,2001,66 页.

② 国际 21 世纪教育委员会.教育——财富蕴藏其中[M].北京:教育科学出版社,2001,71 页.

观点。

　　该书讲到,教育不仅仅是为了给经济界提供人才。"它不是把人作为经济工具而是作为发展的目的加以对待的。使每个人的潜在的才干和能力得到充分发展,这既符合教育的从根本上来说是人道主义的使命,又符合应成为任何教育政策指导原则的公正的需要,也符合既尊重人文环境和自然环境又尊重传统和文化多样性的内源发展的真正需要。"①这是对教育在新的发展范式、发展概念之下自身定位的问题的思考。

　　我们首先来回顾一下传统的社会发展观。它仅仅关注经济的发展,在评价一个国家的发展水平的时候,人们首先关注到的是这个国家的经济发展水平如何,国民生产总值怎样等等。在这种发展观背景之下,人们所关注的仅仅是经济发展水平,国民生产总值是否达到了某个数量级,由此人们就会动用一切可能的方式,比如说技术的运用、人力资源的充分开发等,通过这样的方式来促进经济的发展。然而是不是经济的发展就能够替代社会的发展呢? 或者说,一个社会的发展是否仅仅就是经济的发展呢? 20 世纪的历史向我们证明这是一种狭窄的社会发展观,它已经带来了社会发展的不可持续性,带来了很多重要的社会问题,其中比较明显的有生态的问题、环境污染的问题、个体自身道德素养下降的问题等等。对于这些问题的反思,有一个著名的报告——《发展的极限》,是罗马俱乐部所写的一份社会发展方面的报告。它对这种狭隘的社会发展观对当今社会造成的很多危险进行了非常多的深入的论述。因此,无论是从思想观念上,还是从社会发展所带来的具体的结果来看,这种经济的社会发展观是一种褊狭的理解。

　　传统的社会发展观带来了严重的后果:生态的破毁、人类道德生活的混乱、人类的发展呈现不可持续的状态等等。面对这样一种状态,需要反思我们对于人类社会发展基本需要的认识、价值追求是否合理;需要反思这个问题本身是否出在我们自己身上。通过反思这些问题,就产生了对人的发展和社会发展的一种新的思考。在当今社会,随着国际上对这种发展观的反思,很多学者提出必须重新建立合理的社会发展观。从目标来看,社会的发展应该着眼于人的全面发展,社会发展最终的目标是为了人的发展,是为了生活于这样一个社会中的人的幸福生活,而不是为了经济、为了几个数据、为了与他人比较,那些只是一种外在的形式。而最重要的、最不能忘记的服务对象是这个国家、这个社会中生活着的人,他的生活怎样,他的全面发展的程度怎样。

　　在这种社会背景之下我们就会看到,当今包括中国在内的很多国家的发展战略都已经开始进行了很多调整。比如说我国的"十六大"提出了人与自然、人与社

　　① 国际 21 世纪教育委员会.教育——财富蕴藏其中[M].北京:教育科学出版社,2001,70 页.

会的和谐发展,要建设一个全面的小康社会,21世纪初提出建设"和谐社会"的目标等,"十七大"又提出了科学发展观。这些思想都是与新的发展观相适应的。我们国家在20世纪90年代就已经提出了可持续发展战略,并且把该战略写入了国家的法规之中。这些都体现出思想能够转化为社会发展中具体的政策、具体的实践活动。在这种社会发展观的重建之中,人们开始认识到人既是社会发展的主角,又是社会发展的最终目的。所以我们最终关注到的是社会的发展要为人的发展服务,我们对社会的评价要回归到对人的评价上。这对我们教育来说是非常具有启发价值的。

如果要衡量一个学校、衡量一种教育发展得如何,我们是衡量它的硬件、它的校园面积、外观还是衡量这个学校中生活着的学生、教师和校长的生存状态?这是一个非常值得我们思考的问题。

同时在这样的社会发展观之中,人是一个重要的角色,他是社会发展的主角,必须通过人的潜力的开发、能力的实现来实现社会的发展。所以人是社会发展的主角,人力资源是当今社会发展的第一资源。这些思想与当今社会发展的一些前沿思想是相通的。在对当前社会发展背景的反思和重建的基础上,我们再来看教育,再来思考"教育该如何促进整个人类社会的发展"、"教育的独特价值是什么"等问题的时候,我们就会更加清楚地认识到,人的问题是整个社会发展的核心问题,而我们的教育所面对的就是人的问题。以前我们讨论教育价值时,会讨论教育应该培养什么样的人,然后这个人通过经济活动,由一个潜在的劳动力转化为现实的劳动者。这是把教育的价值通过经济来实现转换。可是,在新的社会发展观的背景之下,我们再来看教育的价值,就会发现教育的价值不是仅仅需要通过经济来实现转换的。因为经济发展的目的就是为了人,而我们教育目的是直接指向人的。当然经济也是一个必要的手段,但是在最根本的层面上,我们可以直接通过人来认识教育的价值,建立起教育与人之间的直接的价值关系。综上所述,这一社会发展观的转变对于我们教育基本理论的发展也是非常具有启发性的。

置身于当前教育改革中,结合自身教育实践,您觉得哪些地方体现着以人为本的教育思想?

1. _____
2. _____
3. _____
4. _____

(三) 全民教育思想的传播

全民教育思想已经流传了一段时间,已经成为联合国教科文组织的一个重要项目,很多国家都参与了这个项目。我国也参与了很多会议,并且执行他们的决议。其中 1990 年的世界全民教育会议提出了一种思想：教育应该关注人的基本学习需要问题。他们指出："基本学习需要包括人们为生存下去，为充分发展自己的能力，为有尊严地生活和工作，为充分参与发展，为改善自己的生活质量，为作出有见识的决策，以及为继续学习所需的基本学习手段（如识字、口头表达、演算和结题）和基本学习内容（如知识、技能、价值观念和态度）。"这些最基本的学习需要是世界全民教育发展之中需要首先关注到的。这些问题都对《教育——财富蕴藏其中》产生了非常大的影响，委员会也是在这种背景之下，谈到了很多如何在新的背景之下推进全民教育的问题。

教育的四大支柱

本书提出了一系列教育变革的观点，我们集中讨论其有关教育之四大支柱的思想和终身教育视野下的教育发展战略等问题。

在《教育——财富蕴藏其中》看来，未来的教育需要关注四大方面，而这四大方面将成为未来教育的四大支柱，支撑起未来教育的基本形态。它们是：学会认知（Learning to know）、学会做事（Learning to do）、学会共处（Learning to live together）、学会生存（Learning to be）。

《教育——财富蕴藏其中》特别指出：为了迎接下一个世纪的挑战，必须给教育确定新的目标，必须改变人们对教育作用的看法。扩大了的教育新概念应该使每一个人都能发现、发挥和加强自己的创造潜力，也应有助于挖掘出隐藏在我们每个人身上的财富。这意味着要充分地重视教育的作用，就是说使人们学会生存，实现个人全面发展的作用，不再把教育单纯看作是一种手段，是达到某些目的（技能、获得各种能力、经济目的）的必经之路。[①]

这段话是《教育——财富蕴藏其中》的一个主导性的观点，也可以说是这本书的一个基本目标追求。我们应该转换对教育的看法，应该强调教育特有价值的开发，使每一个人都能够从教育中获益，使人将教育看成自己生存和发展的必要的途径。在这里我们还能看到很多与《学会生存》相通的地方。事实上也是如这本书所说：他们继承、肯定了《学会生存》中的很多有价值的观点，例如：使人学会生存的问题；对教育目的的重新认识问题；解决教育不仅仅是为了就业的问题，而是更多地从人的发展来看待它的这种思维方式的问题等。教育要实现自我变革，从而使得教育在人的发展、社会的发展之中发挥更大的作用。

① 国际 21 世纪教育委员会. 教育——财富蕴藏其中[M]. 北京：教育科学出版社，2001，76 页.

当代教育名著选读

一、学会认知

本书所倡导的"学会认知"与我们平时所强调的加强基础知识、基础技能等是完全不同的概念。书中强调：这种学习更多的是为了掌握认识的手段，而不是获得经过分类的系统化知识。即可将其视为一种人生手段，也可将其视为一种人生目的。[①] 在我们的传统教育之中，我们依然能够看到非常多的为了掌握知识、为了知识系统化而进行的教育，而学生就是为了学习这种系统化的知识来到学校接受教育的。这一点应该说也没有错，科学知识，尤其是经过系统化的科学知识确实是教育中的重要内容。但是《教育——财富蕴藏其中》特别强调的是我们学习这些知识，最终的目的不是为了获得知识，不是为了成为知识的载体，更不是为了在头脑中装满这些知识，而是为了获得认知的手段。教育是要使学生包括我们自己学会去理解、认识、掌握知识，从而能够创造知识。这也是一种思维方式的转换，是从对具体的结果的关注转换到对过程中的基本能力的关注。

《教育——财富蕴藏其中》指出：作为手段，它应使每个人学会了解他周围的世界，至少是使他能够有尊严地生活，能够发展自己的专业能力和进行交往。而作为目的，其基础是乐于理解、认识和发现。[②] 我们在学习知识的过程之中获得一种认知的手段，无论是作为一种手段还是作为一种目的都需要进行重新的考虑，尤其是在目的这一方面，这本书与《学会生存》中的思想更有相通之处。

为了实现前述目标——不仅是为了获得系统的知识，更是为了获得一种认知的手段，《教育——财富蕴藏其中》中特别提出了以下几种认知能力：

为了解知识而学习，首先要求要学会运用注意力、记忆力和思维能力来学习。特别是在电视图像占主导地位的社会里，青年从小就应该学习将注意力集中到人和事上。[③] 注意力是人的重要认知手段，人能否合理地分配自己的注意力，能否将自己的注意力集中到一个特定的对象上，能否专心做一些沉思性的思考，都涉及注意力的问题。尤其是在现在这样一个媒体时代、读图时代，注意力尤其显得重要。外界有太多诱惑我们的东西，作为一种基本的能力，该书强调这种认知能力，在当代背景下有着突出的意义。

其次，要学会运用记忆力。第一次看到这一观点的时候，也许我们会产生不解。前面还在说不要强调学习系统的知识，为什么又要强调记忆力？作者认为，记忆力的训练是避免完全受传播的即时信息影响的一种必要的方法。如果以为我们

[①] 国际21世纪教育委员会.教育——财富蕴藏其中[M].北京:教育科学出版社,2001,76页.

[②] 国际21世纪教育委员会.教育——财富蕴藏其中[M].北京:教育科学出版社,2001,76页.

[③] 国际21世纪教育委员会.教育——财富蕴藏其中[M].北京:教育科学出版社,2001,77页.

如今已拥有巨大的信息贮存和传播能力,记忆力就不再有用了,那将是很危险的。[①] 也就是说记忆力本身就是人的一种内在的财富。我们不能因为不要系统知识而忽视记忆力,而是要把记忆力这笔财富很好地开发利用。因此重要的不是要不要记忆力,而是我们将记忆力用在什么方面。很多时候我们需要借助自己的记忆力来判断和理解外界的信息。而所有专家都认为,应该从幼年开始就训练记忆力,而且在学校中取消一些被看作使人厌倦的传统训练是不当的。[②]

第三,要学会运用思维能力。书中提到,"它是儿童在父母然后在其他老师的引导下开始进行的思维,它包括从具体到抽象然后再由抽象到具体的反反复复的思维过程。因为,在教学和研究中,应该把演绎法和归纳法这两种往往被视为对立的方法结合起来。根据所教学科的不同,其中一种方法可能会比另一种更有针对性,但是在大多数情况下,思想的连贯需要两者相结合"[③]。

结合本书在学会认知方面的观点,结合自身的教育实践谈谈如何培养学生的认知能力?

_____

_____

_____

二、学会做事

学会认知和学会做事在很大程度上是不可分的。不过,后者与职业培训问题的联系更为紧密:如何教会学生实践他所学的知识? 还有在不能完全预计到未来工作变化的情况下,如何使教育与未来的工作相适应?[④] 关于学会做事,书上有非常多的论述,我们可以提炼出以下内容:

1. 教育需要关注如何教会学生实践他所学的知识[⑤]

这很类似于我们曾经关注过的理论与实践结合的问题。我们在教学中教会学生一些知识是不够的,还需要引导他们去运用这些知识,在实践中去体现知识的价值。而我们国内以往的教育可能更关注书本知识,而忽视了知识与生活的联系,一度出现书本知识与生活常识相脱节、学生不能把所学的知识运用于生活、解决生活中的实际问题。21世纪以来全国新课程改革中对各学科教学目标及教材的重新

① 国际21世纪教育委员会. 教育——财富蕴藏其中[M]. 北京:教育科学出版社,2001,78页.
② 国际21世纪教育委员会. 教育——财富蕴藏其中[M]. 北京:教育科学出版社,2001,78页.
③ 国际21世纪教育委员会. 教育——财富蕴藏其中[M]. 北京:教育科学出版社,2001,78页.
④ 国际21世纪教育委员会. 教育——财富蕴藏其中[M]. 北京:教育科学出版社,2001,78页.
⑤ 国际21世纪教育委员会. 教育——财富蕴藏其中[M]. 北京:教育科学出版社,2001,78页.

研究,以及增加了探究性课程、社会实践活动等,就是对这一方面的重视。

2. 教育需要关注如何在不能完全预计到未来工作变化的情况下,使教育与未来的工作相适应[①]

怎样才能实现这个目标呢? 只能让学生们学会做事。学会做事对当今社会提出了一个要求,就是"从资格概念转换到能力概念"。书中指出,实际技能、社会行为能力、协作能力、首创能力、冒险精神,管理和解决冲突的能力、觉察力和判断力等新的能力,需要在教育中得到培养。[②] 资格概念很类似于我们以前说的仅仅关注文凭的方式,也就是说整个社会对人的认识,对人才的使用更多关注到的是他具有什么样的资格。这个资格可能是一本证书、一个文凭或者是其他的证明形式。这种形式可以说是证明人才的一个必要条件,但我们也应认识到,它并不是全部的条件。我国在二十世纪八九十年代时也存在着这样的问题,仅仅关注一个人是否拥有文凭,而没有关注在文凭的背后他是否具有我们所需要的能力。可以说当时的社会关注到的是资格,是文凭,而不是人内在的素养。《教育——财富蕴藏其中》指出,随着未来社会的发展,我们需要转换概念,要从对资格的关注转换到对能力的关注,转换到对人的内在素养的关注。这是一个由外到内,由表及里的转变过程。一定的资格是一个人的内在素养的外化,可是它与人的内在素养并不能划等号。现在我们最关注的不是一个人具备什么样的资格,而是他整体的内在素养如何。

3. 能力的具体内涵

书中提出了很多有价值的思想,比如提倡培养实际技能、社会行为能力,这些能力涉及的是人在工作、生活之中能否处理好所面对的具体的事情,能否在日常生活与实践之中与他人很好地协作,也就是书中所讲到的协作能力。

还有首创能力和冒险精神,这可以说是当今提倡创造必备的一个素质。首创要求人能够突破原有的框架,首先敢于做某种事情、敢于去想某种事情;冒险精神意味着面对一个新的领域、新的可能性,敢于去尝试,敢于去探索。人在面对空间的时候要敢于走出现有的空间去发展自己,要有一种勇气。在这里就体现为首创能力、冒险精神。《教育人类学》就曾论述过类似的问题。

此外还有管理和解决冲突的能力、觉察力和判断力等新的能力,这些能力又是在日常的、真实的社会生活实践中必须具有的。

凡是那些能在实际生活中发展得非常好的人,可能都会具有这些基本的素养。对于教师来说,在教育实践之中,每天都会面对许多无法预料的事情。这些事情可能是他所熟悉的,也很可能是不熟悉的,可能是在备课时根本无法被预计到的,此时该怎么办? 教师能否判断事件本身的状态、性质、价值? 能否很好地开发出它的

---

① 国际 21 世纪教育委员会. 教育——财富蕴藏其中[M]. 北京:教育科学出版社,2001,78 页.

② 国际 21 世纪教育委员会. 教育——财富蕴藏其中[M]. 北京:教育科学出版社,2001,80 页.

价值,从而利用这个事件推进整个课堂教学的进程? 这里考察的就是一个教师的管理和解决冲突的能力、觉察力、判断力、组织能力等等。这些能力是在当今社会变革的速度加快、复杂程度提高、丰富化,而且是在有很多干扰的情况下所必须具有的素质。所以从资格概念到能力概念的转变,其实是建立在一个复杂的社会转型背景之下的。整个社会在变化,人的实践活动在变化,人的行为方式也在变化,因此我们特别需要关注这些能力。而这些能力对于教育来说,是具有非常重要的启示性的。

学会做事,不仅在获得专业资格,而且从更广泛的意义上说,是获得能够应付许多情况和集体工作的能力。就基础教育阶段,你认为要培养学生的哪些能力?

三、学会共同生活

在《教育——财富蕴藏其中》指出:当前的竞争现在终于导致无情的经济战争,导致贫富之间的紧张关系,从而造成各国和整个世界的分裂;这种竞争也激化了历史上存在的敌对情绪。[①] 这里是从竞争所造成的危害的角度来进行论述的。事实上,在 20 世纪前叶和中叶的时候,"竞争"几乎是居于主导地位的思想。那个时候社会非常强调竞争,如果对 20 世纪 80 年代中国改革初期的状态比较了解的话,也会有这种感受:那时中国也是将竞争推崇到无以复加的程度,几乎成为一种主导的思想观念。那时候人们认为教育就是要培养学生的竞争意识,认为没有竞争意识在未来社会就无法生存和发展。

在一定意义上说,竞争能力是人类社会和个体发展的必要的素质,可是仅仅强调竞争是会出现问题的。对竞争的关注是与当时的社会思想、哲学思想、科学文化的发展结合在一起的,尤其是"弱肉强食,适者生存"思想的影响。可是当代生物学研究、复杂科学的研究揭示出,并不仅仅是竞争在形成整个生物世界的进化,同时还有多样化的合作。从一定意义上说,合作更加有利于整个生物世界的发展。这个理论基础的变化就会带来认识上的变化,即怎样来看待竞争,怎样看待人类社会发展的基本动力。

这本书更多是从教育与社会发展的视角来看竞争所带来的危害性的。针对这种危害,教育就需要培养学生学会共同生活。教育可以采取两种相互补充的方法,

---

① 国际 21 世纪教育委员会.教育——财富蕴藏其中[M].北京:教育科学出版社,2001,82 页.

增进人与人之间的合作甚至是友谊。[①] 这是上个世纪末期以来教育需要正视的，需要承担的一个新的责任。《教育——财富蕴藏其中》就指出，教会学生学会共同生活包括以下两个方面：

1. 发现他人

因为"你"是与他人共同生活的，你首先需要认识、了解、尊重他人，需要把对方当做和你自己一样的人来看待。只有这样，共同生活才有可能出现。《教育——财富蕴藏其中》指出：教育的使命是教学生懂得人类的多样性，同时认识人之间的相似性和相互依存性。因此，从幼儿开始，学校就应抓住各种机会来进行这一双重教育。某些学科特别适合进行这种教育：从基础教育开始教授人文地理，晚些时候教授外语和外国文学。[②] 人类社会的存在是包含着不同的国家、不同的民族、不同的历史、不同的生活方式，共同存在的一种社会。这样的人类社会是以多样性为基础的。可很长时间内，我们却忘记了对人类多样性的尊重，我们往往会很霸道地将一种生活方式视为最合理的。由此就出现了这样的问题："我"认为别人的生活方式是最好的，于是"我"就拼命地将自己的生活方式、自己的历史文化丢掉，让"我"变得与"他"一样；或者是反过来，认为自己的一切都是好的，"我"希望其他的民族、其他的国家、其他的种族都与"我"一样，这些都是缺乏对人类多样性的尊重。它的极端表现就是法西斯纳粹的种族主义思想。

当今科学的发展已经发现，整个生物世界存在与发展的基本前提就是生物的多样性。如果生物变成了单一的物种，它的发展空间很快就会消失。正是不同生物之间的相互依存，形成了一个生物世界。这个生物世界多样性的存在又为每一个生活在生物世界的生物发展提供机遇、提供可能、提供多样的生存资源，人类社会也是如此。所以，使我们未来的学生能够懂得人类的存在是具有多样性的，能够做到在尊重他人的同时也尊重自我，是当前我们中国社会发展所应该重视的问题。现在我们的问题不是尊重别人，而是如何合理地认识别人。我们要尊重自己的、也要尊重别人的民族和文化，要避免对待民族的、文化的虚无主义态度。

在懂得人类多样性的同时，还要认识到人与人之间的相似性和相互依存性。相互依存性强调的是不同的民族、文化、国家之间的相互影响。这是在全球化背景下已经形成的事实，我们必须承认它。相似性指的是在多样化的人类生存方式和生存状态的背景之下，有很多人与人之间的相通之处。比如说我们可能有相似的生命追求，对生命的共同热爱；我们有相似的生存需要、相似的生存可能性、生存的方式等等。而这种相似性是扎根在人类本身的统一性基础之上的。相似性与多样性是统一在一起的。这一点又涉及一个基本的哲学思维方式问题。张世英教授曾

① 国际 21 世纪教育委员会. 教育——财富蕴藏其中[M]. 北京：教育科学出版社，2001，83 页.
② 国际 21 世纪教育委员会. 教育——财富蕴藏其中[M]. 北京：教育科学出版社，2001，83 页.

在《进入澄明之境——哲学的新方向》中用专门章节讲解了相通与不同的关系问题。① 不同的发展道路和发展方式使得每个人呈现出各不相同的发展状态。我们不能因为人的多样性而否认相似性,也不能因为他的相似性而否认多样性,必须将二者统一起来。这是未来教育和社会发展所面临的一个严峻的挑战。

发现他人、认识他人必须首先认识自己,必须首先了解自己是怎样的。书中写道:"认识他人必须首先认识自己;要使青少年正确地认识世界,无论是在家庭、社会还是在学校进行的教育,都应首先使他们认识自己。只有在这个时候,他们才能真正设身处地去理解他人的反应。在学校培养这种情感同化的态度,会对一个人一生的社会行为产生积极影响。……因此,宗教史教育或习俗教育可以作为未来行为的有益参照标准。"②

具体到教育之中,教学形式本身不应与这种与对人的承认相违背,应该体现对他人的欣赏、对他人好奇心和批判精神的鼓励。通过对话和各自阐述自己的理由进行争论,这是 21 世纪教育需要的一种手段。③ 从这段话中,我们看到《教育人类学》中所提出的一些观点在这里也有很多的回应。

中国的教育实践在批判精神的培养方面,在对他人的欣赏方面存在着很大的缺陷。批判精神的培养在当今的课堂上是非常少见的,教师或者少数学生的观点就是主导性的观点,其他的学生并没有这种意识,也没有可能对他们的观点提出批判性的质疑。对他人的欣赏同样非常重要。我们能不能意识到他人观点的合理性,能不能通过他人的观点来反思自己,使自己的观点更加完善,使自己的思维方式和观念系统更加完善,这些都是非常值得关注的问题。

2. 为实现共同目标而努力

这里涉及如何培养学生学会共同生活。学会共同生活这个最终目标及相关素养不是靠我们设计出这样的目标之后,通过一系列课程对学生进行系统地训练就可以实现的。它只能在共同生活之中来实现,而不可能像我们教授一门学科知识一样,让学生记住,然后通过考试来考察是否被学生掌握。这种素质目标只能在活动之中才能实现。因此要想学会合作,就必须在合作之中学会合作。要想实现创新,就必须在创新之中学会创新。要想培养学生的勇气,就必须在有勇气的行为实践之中去培养它。要想培养学生的冒险精神,也必须在这样的活动之中才能实现。

《教育——财富蕴藏其中》指出:正规教育应该在其计划中留出足够的时间和机会向青年人传授各种合作项目;要从幼儿开始,就在体育或文化活动节中,以及通过参加居住区的翻新、帮助处境最不利的人、参加人道主义行动及两代人之间相

① 张世英.进入澄明之境——哲学的新方向[M].北京:商务印书馆,1999.
② 国际 21 世纪教育委员会.教育——财富蕴藏其中[M].北京:教育科学出版社,2001,83—84 页.
③ 参考:国际 21 世纪教育委员会.教育——财富蕴藏其中[M].北京:教育科学出版社,2001,84 页.

互帮助活动等社会活动,对学生进行这种教育。其他教育组织和协会也应开展这些活动。[①] 教师和学生共同参加的一些项目,具有多种价值,例如能够加强师生关系。教师与学生的合作也是当今国际教育界关注到的一个重要问题。有学者专门对合作学习等问题进行了深入的研究。

不仅仅是教师和学生之间的合作,学生之间的合作也是非常值得我们关注的,比如说现在中国教育改革之中非常强调的小组合作问题、大组合作问题、跨年级合作问题等等。这些合作活动非常有利于培养学生的合作意识和能力。当我们反思当今教育改革状态时就会发现,合作问题是多么重要!当我们成为教师后,我们也可以在自己的活动中有意识地关注:我们有没有培养学生去倾听他人、欣赏他人、批判性地质疑他人,有没有培养他们与他人共同合作的意识和能力?

课堂教学要引导学生学会分享、学会质疑、学会合作、学会倾听。从课堂管理的角度,要创设和谐的课堂氛围,可以采取哪些有效的措施和策略呢?

四、学会生存

《教育——财富蕴藏其中》指出:21 世纪的教育的基本作用,似乎比任何时候都更在于保证人人享有他们为充分发挥自己的才能和尽可能牢牢掌握自己的命运而需要的思想、判断、感情和想象方面的自由。[②]

这让我们再一次看到很多思想家关注的问题具有相通之处。我们应该通过教育,使人意识到自己应该并且能够成为自己命运的主人,应该在自己的生活之中把握住自己的命运。基于这种社会背景,在人类社会发展的进程之中,教育应该唤醒、滋养学生的这种意识和能力,使他能够意识到自己的能力,意识到自己发展的可能性。而人类社会的整体发展和个体的人生历程就是为了充分地实现自己的才能、充分开发自己的潜力,实现自己。因此成人的过程是一个终身的过程。这就涉及个性的多样性、自主性和首创精神,甚至是爱好挑战,都是进行创造和革新的保证。[③]

这里依然涉及未来社会和当今社会改革发展的基本趋势,即对人的基本素养的关注。我们可以看到个体的多样性、自主性和首创精神,甚至是勇于接受挑战等

---

① 国际 21 世纪教育委员会.教育——财富蕴藏其中[M].北京:教育科学出版社,2001,84 页.

② 国际 21 世纪教育委员会.教育——财富蕴藏其中[M].北京:教育科学出版社,2001,85 页.

③ 国际 21 世纪教育委员会.教育——财富蕴藏其中[M].北京:教育科学出版社,2001,86 页.

重要的素养在这里都受到了关注。而回顾我国的教育发展状态，传统的教育往往强调整齐划一，采取统一的标准、统一的方式，大家最好都能考出一样的分数，做出相同的答案。在传统教育中，标准答案成为衡量学生学习成绩和程度的准则。我们更多关注的是学生听不听话、学生遵不遵守纪律等等。然而，教育不同于生产车间里的流水线，不能生产出统一规格的人。未来社会的发展中，社会复杂程度不断加剧，发展速度不断加快，这些因素都在向未来的人提出新的素质要求。为此，我们必须要考虑教育到底要培养学生怎样的素质。如果仍然依照传统的方式，很可能会出现我们培养出的学生遭到社会拒绝的现象。我们需要更加重视想象力和创造性：他们是人的自由的最明显的表现。① 这也与我们当今强调研究性学习，强调创新等思想有相通之处。并且它们有一个共同的背景，就是未来社会的发展对未来的人才提出的新的要求。

在这本书中还特别强调了《学会生存》一书的基本思想："发展的目的在于使人日臻完善；使他的人格丰富多彩，表达方式复杂多样；使他作为一个人，作为一个家庭和社会的成员，作为一个公民和生产者、技术发明者和有创造性的理想家，来承担各种不同的责任。"②这个观点是非常经典的，涉及对整个教育发展的定位，即"我们教育究竟要培养什么样的人"，"我们究竟要将我们的学生变成什么样子"。这个最基本的观点会对我们的教育内容、教育评价、教育方式带来一系列的变革。这段话是对于人的关注，对于完整的人的关注，对于一个活生生的人的生活的关注，是非常值得我们借鉴的。在《教育人类学》中我们也能感受到这一点：对教育问题的研究，以及对自己教育实践的反思最终总是要回到最基本的问题上——我们要培养什么样的人。

这四个"学会"，相互联系，相互交叉，结合自身实际谈谈这"四会"之间的内在联系。

_____

_____

_____

五、"四大支柱"相互之间的关系

我们在教育改革实践之中经常会感受到，很多学校提出的一系列目标之间的关系并不清楚，有的目标是并列的，有的目标具有上下的层级关系，还有的则是把

① 国际 21 世纪教育委员会. 教育——财富蕴藏其中[M]. 北京：教育科学出版社，2001，86 页.
② 国际 21 世纪教育委员会. 教育——财富蕴藏其中[M]. 北京：教育科学出版社，2001，86 页.

不同类型、不同关系的目标混在了一起,这样就造成了逻辑上的不清晰。对于这本书中所提出的学会认知、学会做事、学会共同生活、学会生存,这"四大支柱"之间是不是并列关系? 书中有着将这四者并列起来的痕迹,或者说是倾向性,很多读者在读的过程中也会自然而然地认为它们是并列的,认为这四大支柱共同支撑起未来教育的平台。

但是在我们看来,它们可能并不是一种并列的关系。学会认知、学会做事、学会共同生活之间是并列关系,关注到的是认知领域、能力发展领域和道德情感领域等。而根据书中的论述,"学会生存"是一个更大的目标、一个更根本的目标。前面的三个支柱是统一在"学会生存"之中的。

接下来要思考的问题就是"四大支柱"与《学会生存》思想的关系是怎样的。它们诞生于同一世纪、不同的年代,一个是 20 世纪 70 年代,一个是 20 世纪 90 年代的。"四大支柱"是《教育——财富蕴藏其中》的一个核心思想,而"学会生存"是《学会生存》那本书中的核心思想,它们有着不同的历史背景,有着不同的思维方式。

有学者认为"四大支柱"思想是对学会生存思想的进一步发展,而我们则认为,从整个思想的深度、启发性来看,《学会生存》中的思想可能要比《教育——财富蕴藏其中》的思想更为深厚,而且很多基本的问题已经在《学会生存》这本书中论述了。《教育——财富蕴藏其中》针对新的形势而提出了很多新思想,这是它的独特性。然而从真正的思想内核上来看,《学会生存》这本书更值得一读,它会让你去思考非常多的基本问题,而且它对整个教育的论述更加清晰、透彻。当然,每个人读书可能都会有不同的感受,因此,对于这个问题的思考,各位读者也可以在读书的过程中自己去体会,得出自己的结论。

对终身教育的再关注

《教育——财富蕴藏其中》对终身教育思想的论述是从它的内涵、从它的具体的实践改革出发的,并且提出了很多设想。

首先,本书进一步界定了终身教育的内涵。《学会生存》一书是从多个方面来分析终身教育内涵的,这本书则把与生命有共同外延并扩展到社会各个方面的这种连续性教育称之为"终身教育"。因此这里的终身教育就有一个明确的与生命同在的意识。它们不仅有共同的外延,而且从社会生活的各个角度来看,连续性的教育是从它的具体的内容和时段来考虑的。

在《教育——财富蕴藏其中》看来,终身教育是进入 21 世纪的关键所在,也是必须适应职业界的需要和进一步控制不断变化的个人生活的节奏和阶段的条件。[①] 这里就分别涉及未来生产的发展、未来个体发展所提出的新的发展需要,而

---

① 国际 21 世纪教育委员会.教育——财富蕴藏其中[M].北京:教育科学出版社,2001,90 页.

只有终身教育才能够满足这样的需要。

具体到终身教育的实践要求,《教育——财富蕴藏其中》从国际的视野出发,特别关注到终身教育与教育民主的关系问题。终身教育不是一种遥远的理想,而是在以一系列强化这种教育需要的变革为标志的复杂教育环境中日趋形成的一种现实。这一问题与机会均等问题密切相关。如果能认识到这些不均等现象和努力采取有力措施予以纠正,终身教育就会为那些因种种原因而未能完成全部学业或学业失败而离开教育系统的人提供新机会。实际上,只要提高处境不利居民的入学率或加强对过早辍学之青年的非正规教育等,教育机会不均等现象就不会全部地和自动地重新出现。①

它关注到弱势群体的教育问题。终身教育是面对所有的公民,而当今的社会背景下,许多不发达国家、第三世界国家偏远地区的妇女教育、女童教育都非常落后,在青少年的基本学习需要满足方面还有许多不利的条件。在这样的状态之下,只有不断地改善教育的民主化程度,使更多的人能够参与其中,获得教育的机会,终身教育才最终能够实现。因此这一点对于所有的国家,尤其是对于这些存在问题的国家具有非常强的针对性。

进一步来说,终身教育的实现需要充分利用时间和空间,在各种场所和可能的时间内开展教育活动。必须在这方面探索知识与技能之间或者生存知识与共同生活知识之间可能存在的协同作用,并由此寻求有关种种教育形式和环境的互补性。此外,在正规系统之外广泛提供教育,这符合各种社会表达的多样性要求,有助于教育途径的多样化。② 要开展多层面的教育:不同的生活领域、不同的学历层面等。要努力寻求各种教育的协同作用:正规教育与非正规教育;家庭教育、社会教育和学校教育等。

我们要认识到,终身教育所考虑到的不是一个方面的教育,而是整体的教育系统。这个系统包括长时段的时间,包括多空间的领域,多层面的教育,多形态的教育。因此正规教育与非正规教育的问题,家庭教育、社会教育和学校教育问题都是统一在终身教育体系之中的。我们强调的终身教育是一个具体的教育体系的改革,而不是某一方面的教育改革,如果我们能够形成一个系统的概念,以后再认识教育,再读这一类型的国际性的教育报告时,就会更加容易理解,而且可能会在开展我们自己的教育活动时具有更宽广的视野。当我们在这样的国际教育背景下来看学校教育的时候,就要求学校教育与家庭教育的沟通,参与学习型家庭的建设,自觉地与社区的沟通。这是一个具体的终身教育背景下的统一体,我们必须合作,必须协同发展,只有这样,未来终身教育的形态才有可能实现。

① 国际 21 世纪教育委员会. 教育——财富蕴藏其中[M]. 北京:教育科学出版社,2001,90—91 页.
② 国际 21 世纪教育委员会. 教育——财富蕴藏其中[M]. 北京:教育科学出版社,2001,101 页.

《教育——财富蕴藏其中》一书对终身教育作过界定,从这一界定中,您能看出终身教育与以往的教育有着哪些显著的区别?

_____

_____

如何发挥社区教育对终身教育的作用? 在当前,这一方面有着一系列的困难与障碍,结合实际,您有哪些好的建议?

_____

_____

_____

新的教育发展战略

《教育——财富蕴藏其中》对未来教育发展战略作了论述。我们主要关注以下几方面的内容。

一、基础教育、中等教育、高等教育的改革

虽然本书提倡终身教育,倡议开展不同形式的教育,但是它并没有因为强调校外教育或非正规教育而忽视正规教育的重要性。在本书看来,正规教育和非正规教育并非相互对立,而是相互补充的。

就基础教育而言,伴随人一生的对待学习的态度正是在这一阶段中培养形成的:在此阶段,人的创造性思想火花可能光芒四射,也可能渐渐熄灭;接触知识可能成为现实,也可能无法实现。正是在这一时期,每个人都在获取有助于提高推理能力和想象力、判断能力和责任感的手段,也都在学习如何对周围世界产生浓厚的兴趣。[1]

中等教育是每个人生活中的一个十字路口:正是在这里,青年们应能根据自己的爱好和能力决定自己的未来;还是在这里,他们能够获得有助于他们成人阶段的生活圆满成功的能力。[2]

高等教育则应在创造、保存和在最高层次上传授知识方面继续发挥自身的作用。但是,高等教育机构在从空间和时间的角度对教育进行重新思考方面,也在起着决定性的作用。[3]

---

[1] 国际 21 世纪教育委员会. 教育——财富蕴藏其中[M]. 北京:教育科学出版社,2001,105 页.
[2] 国际 21 世纪教育委员会. 教育——财富蕴藏其中[M]. 北京:教育科学出版社,2001,106 页.
[3] 国际 21 世纪教育委员会. 教育——财富蕴藏其中[M]. 北京:教育科学出版社,2001,106 页.

从上面的叙述来看,正规教育中的每个阶段对一个人的发展都起着不可替代的作用。为了努力建立一个人人都能学习并且终生都能学习的社会,我们应当重新思考教育机构与社会之间的关系和各阶段教育的衔接交替问题。

1. 基础教育改革

《教育——财富蕴藏其中》指出:基础教育可被视为走向生活的通行证。[①] 从这句话可以看出《教育——财富蕴藏其中》对基础教育予以了充分的重视。基础教育在整个教育体系之中居于基础性地位。它是一个受教育的人所必须经历的第一个阶段;它应该着眼于学生的全面素质的培养;它是为未来的一切教育行为、教育实践活动奠定基础的阶段。

该书指出:每一个人(无论他是儿童、青年还是成人)都应能获益于旨在满足其基本学习需要的受教育机会。[②] 基本学习需要的问题在前面已经介绍过。这本书从国际的视野来看,每一个世界公民都应该获得学习的机会,以此使自己获得生存与发展的最基本的可能性。

此外还应努力提高基础教育的质量:基础教育既是为生活作准备的阶段,又是学会学习的最好时期。在提供各种不同的课程供学生选择的国家里,基础教育既是打牢知识基础的时期,同时也是指导学生定向的第一阶段。[③] 这里关注到为未来的发展作准备,而与此同时这个阶段本身又是一个学习的重要时期。在这一阶段里学生怎样学习、怎样生活,他形成了怎样的学习方式、生存方式,他是主动地学习还是被动学习,他是利用各种认知手段去学习还是死记硬背地去学习,他是独自地学习还是合作性地学习,这些不同的方式都会影响到他未来的发展。对于基础教育来说,要扩大教育范围,使其不仅仅涉及知识和技能,而且包括学习共同生活所需要的能力和个人的充分发展。[④]

2. 中等教育的改革

中等教育在《教育——财富蕴藏其中》中也受到了关注。它指出:中等教育乃是人生的十字路口。[⑤] 因为在国际的背景之下来看,中等教育阶段是学生面临选择的时候,是继续学习的道路,走入高等学校,还是进入职业学校,还是走入社会生活? 这是需要选择的。所以说这是人生的十字路口,是一个非常关键的时期。

正如书中所指出的那样,正规教育系统引发的许多希望和批评,似乎都集中在中等教育身上。一方面,家庭和学生往往把中等教育视为提高社会和经济地位的途径;另一方面人们又指责中等教育不平等,没能充分地向外部世界开放,总的说

① 国际 21 世纪教育委员会. 教育——财富蕴藏其中[M]. 北京:教育科学出版社,2001,109 页.
② 国际 21 世纪教育委员会. 教育——财富蕴藏其中[M]. 北京:教育科学出版社,2001,109 页.
③ 国际 21 世纪教育委员会. 教育——财富蕴藏其中[M]. 北京:教育科学出版社,2001,112 页.
④ 国际 21 世纪教育委员会. 教育——财富蕴藏其中[M]. 北京:教育科学出版社,2001,112 页.
⑤ 国际 21 世纪教育委员会. 教育——财富蕴藏其中[M]. 北京:教育科学出版社,2001,117 页.

来,未能使青少年不仅为接受高等教育,而且为进入职业界做好准备。此外,人们还认为,所教授的学科内容缺乏针对性,对态度和价值观的培养没有给予足够的重视。① 书中指出的这些中等教育的问题在我国几乎也都存在。除此之外,我国对中等教育的许多指责还聚焦于升学考试上。除去考试评价本身存在的问题之外,还与中等教育的培养目标直接相关。"今天,中等教育阶段传授的理论课程往往主要是为青年接受高等教育作准备,而那些学业失败者、辍学者或在高等教育中找不到位子的人则被丢在一边,这些人又都缺乏工作和生活的本领。"② 书中的这段话一针见血地指出了问题所在。中等教育不仅包括普通中学,还应包括职业中学。而中等教育应该是一个人的各种才能显露和充分发展的时期。因此,"使课程结构多样化,进一步重视教学内容和为职业生活作准备,这些都应是任何改革追求的目标。"③

中等教育的改革首先要改革教育目标,但仅有目标的改革是不够的。目标需要通过课程来体现,而课程需要通过教师来实施。教师的奉献精神和能力同课程内容一样,决定着教育的质量和针对性。因此,如果没有教师的参与和全力支持,任何教学计划的改革都是不能成功的。④ 在制定教育计划中应考虑把教师培训纳入其中。

除此之外,教学期限的多样化、教学方式的多样化、教学内容的多样化等都是终身教育视角下中等教育可能的改革内容。这些改革都是为了适应人的发展需要。

而从普通教育与职业教育发展来看,应该加强职业指导,加强学生对未来职业的适应能力。"青年人通常是在中等教育阶段选择他们今后进入成人生活和职业界的道路的。职业指导有助于不同的学生在各种学科中进行选择,它不应对今后可能作出的选择关上大门。"⑤书上的这段话给了我们三点启示:第一,升学并不是中等教育的唯一目的,即便是升学了,学生最终还是要进入社会走上职业道路,因此中等教育的目标应该是升学与就业并存的;第二,以就业为目的的中等教育依然不能脱离学科教学,职业指导应帮助学生在所学科目中进行选择,因此要加强职业教育与普通中等教育的联系;第三,职业教育不是对学业失败者的惩罚,而是为学生提供另一种发展的可能。如书中所说:"职业指导的前提是建立在将教育标准与青少年未来个性预测巧妙结合基础上的评价工作。学校应能对每个学生的潜力形成一个正确的看法。应尽可能做到让职业指导人员能随时提供指导,以便为选择适当的课程提供便利。(同时要考虑到劳动市场的需求)对某些学生的学习困难情况

① 国际 21 世纪教育委员会. 教育——财富蕴藏其中[M]. 北京:教育科学出版社,2001,117 页.
② 国际 21 世纪教育委员会. 教育——财富蕴藏其中[M]. 北京:教育科学出版社,2001,119 页.
③ 国际 21 世纪教育委员会. 教育——财富蕴藏其中[M]. 北京:教育科学出版社,2001,119 页.
④ 国际 21 世纪教育委员会. 教育——财富蕴藏其中[M]. 北京:教育科学出版社,2001,117 页.
⑤ 国际 21 世纪教育委员会. 教育——财富蕴藏其中[M]. 北京:教育科学出版社,2001,121 页.

作出判断,并帮助解决他们的社会问题。中等教育承担的责任的确十分重大,因为每个学生的未来生活往往在校墙之内就有了雏形。因此,中等教育应进一步面向外部世界,并应使每个学生能根据自己的文化程度和在校学习情况调整自己的发展方向。"[①]

总而言之,中等教育应当适应青少年走向成熟的不同过程,这些过程因人而异,因国家不同而有很大区别;这一级教育还应适应经济和社会生活的需要,应使学生的学习途径多样化,以便适应他们多种多样的才能,还应增加学习指导阶段,提供补课或改变学业方向的机会。最后,委员会对发展工读交替制度予以坚决支持。这不仅仅是进一步密切学校与职业界的关系,同时也是向青少年提供应付社会和职业现实的手段,从而使他们认识自己的弱点和优势,这种做法无疑将有助于他们走向成熟。[②]

职业教育怎么办? 一位职高校长的理念和困惑

《光明日报》曾用整版篇幅刊登了一篇访谈文章《职业教育怎么办? ——一位职高校长的理念和困惑》。浙江省永康市职业技术学校华康清校长就职业教育的理念和困惑展开了讨论:中国最急需的是什么教育? 是职业教育。中国应该有大发展的是什么教育? 是职业教育。中国目前最难办的是什么教育? 还是职业教育。我们对职业教育的重视逐年加强,但还远远不够。特别是在基层,问题很多。职业教育到底怎么办? (2006 年 12 月 13 日 光明日报)

结合您自身的教育实践,您觉得需要什么样的中等教育?

_____

_____

_____

3. 高等教育的改革

《教育——财富蕴藏其中》指出:在一个社会中,高等教育既是经济发展的一种动力,又是终身教育的一个核心组成部分。它既是知识的保管者,又是知识的创造者。此外,它还是传播人类积累的文化和科学经验的主要工具。[③] 大学要培养学生去从事研究和教学工作;要提供适应当前经济发展和社会生活需要的高度专业化的技术培训;教育要向全民开放,以满足最广义的终身教育各个方面的需要和国际合作等方面的需要。在当今的国际高等教育改革之中,终身教育体系开发的问

---

① 国际 21 世纪教育委员会. 教育——财富蕴藏其中[M]. 北京:教育科学出版社,2001,122 页.

② 国际 21 世纪教育委员会. 教育——财富蕴藏其中[M]. 北京:教育科学出版社,2001,106 页.

③ 国际 21 世纪教育委员会. 教育——财富蕴藏其中[M]. 北京:教育科学出版社,2001,122 页.

题是高等教育改革中非常重要的问题，也就是说高等教育应该是终身教育体系之下的高等教育，是全民的高等教育。所以怎样能够向国民更好地开放，提供多样化的教育培训，加强文化价值的开发，都是当今高等教育需要考虑的。

而国际合作也是中国当前高等教育改革的一个非常突出的现象。高等教育机构拥有利用国际化来填补"知识空白"和丰富各国人民之间和各种文化之间对话的很大优势。[①] 许多大学不仅在加强国内高校之间的合作，而且不断地扩展合作空间，与国际上许多著名的大学开展合作，开展各种研究，这些都是有助于中国高等教育发展的。这里同样涉及一个思想观念的变革，即从孤立、竞争走向合作，在合作之中实现共赢，实现共同发展。

上述三个不同阶段的教育改革都面临着同一个迫切需要：与学业失败现象作斗争。教育系统的首要目标，应是减少来自社会边缘和处境不利阶层的儿童在社会上易受伤害的程度，以便打破贫困和排斥现象的恶性循环。应当避免建立"教育隔离区"，从而避免出现与接受传统教育的学生相隔离的任何形式。[②] 与此同时我们也需要寻找新的证明方式来肯定成人获得的能力。关于这个问题，在关于资格证书与能力证书的论述中已经有比较充分的讲解，这里不再赘述。

高校毕业等于失业吗？

根据中国社会科学院 2008 年《社会蓝皮书》披露，经过多年扩招以后，中国现在整个高校的毛入学率仍只略过 20％，这种比例比起一些发达国家，比起周边的一些新兴的工业国家和地区还有很大的差距。但 2007 年我国近 500 万高校毕业生中，至今仍然有 100 万高校毕业生没有找到工作。一方面，我们需要进一步扩大我国的高等教育的发展；另一方面，也许更为迫切的是我们如何解决高校毕业生的就业问题，这将是继我们逐步解决国有企业下岗职工之后面临的又一个重要的就业难题。

——数据来源，http://nows.sina.com.cn/0/2008-01-04/032113192699s.shtml

如何解决这种难题，高校教育怎样适应社会需求，您有什么好的建议？

二、教师作用的发挥

这是《教育——财富蕴藏其中》特别关注到的一个问题，因为教育改革成效如

---

① 国际 21 世纪教育委员会. 教育——财富蕴藏其中[M]. 北京：教育科学出版社，2001，127 页.
② 国际 21 世纪教育委员会. 教育——财富蕴藏其中[M]. 北京：教育科学出版社，2001，129 页.

何,教育改革的推进程度如何,在很大程度上要依靠教师。这本书对教师的作用的发挥及培养提出了多方面的意见。以下几点尤其值得我们关注:

第一,提高教师自身的素养。

这是整个社会和教育改革提出的必然要求,我们现在都能够感受实现这种要求的迫切需要。未来社会发展速度的加快对所需人才的知识文化、能力技术等全方位素质都提出了更高的要求,而这些新人才是需要教师去培养的。如果教师自身不能与时俱进,不断通过各种渠道去完善自己,并通过自身的完善适应社会发展的需要,适应时代给教育发展开创的新局势,又怎能培养出符合未来需要的人才呢? 教育要培养出能在一个变动着的、发展着的、随时都有可能出现各种复杂情况的社会中生存的人,那么必须是我们广大教师,而不仅仅是少数精英教师,首先必须提高自身素养。

第二,加强教师之间的合作。

我们在解读"学会共同生活"时已经对这一观点有所涉及。事实上教师之间的互动交流与合作是中国教育中非常合理的、很值得继承的一个传统。新老教师之间的师徒带教合作、同学科教师之间的相互合作、通过教研组平台所进行的同年级教师的集体备课、分工与协作、资源共享等活动,都是我国教育中非常有特色的传统。

第三,创造条件使教师参与学校发展和各类决策活动。

这是当今教育管理改革的一个重要的趋势。在校本管理的理念之下,有一个重要的思想,即学校的管理决策应该吸纳与学校教育相关的人士参与。教师、家长乃至于学生都应该参与学校发展的决策,而不再仅仅由校长或者教育行政部门来给学校做决策。这也是国际教育改革的一个重要趋势。

有人认为教师的工作是相对独立的,每位教师都要独立面对自己特有的责任和职业义务,但教师的工作又是一项集体性的工作,又离不开合作。在您看来,教师工作的独立和合作体现在哪些方面?

	表现1	表现2	表现3	表现4
教师相对独立的工作				
教师工作离不开的合作				

如何认识新时期教师的作用?

我们可以从以下几个方面来认识这个问题:

第一,在教育改革的推进中,教师的作用和贡献是至关重要的。因为任何一项

当代教育名著选读

教育改革,最核心的改革是在学校,在课堂,最终都是要落实到每一位教师的具体的教育行动上。无论学术界的教育成果多么丰富,教育理论多么先进,教育改革的呼声多么响亮,如果不能真正唤醒最广大教师的革新意识,不能让我们的教师主动地更新自己的教育理念,并将积极先进的理念切实落实到课堂教学和日常教育实践中,这样的教育改革就不可能真正抵达教育的内核,也就没有可能实现真正意义上的改革。因此,教育改革本身的独特性就使得教师的地位显得尤为重要。对教师而言,也就要主动而勇敢地承担起更多的责任。

第二,从中国社会来看,当前对教师的要求越来越严,期待越来越高。这一点在《教育——财富蕴藏其中》中有着比较多的论述。

对教师的高标准、高要求不仅体现在课堂教学上,还体现在对教师师德的提高、育人意识的加强、自我学识的进修和全面的素养提升等各个方面。

第三,具体到教育实践之中,教师在培养积极的或消极的学习态度上起着决定性的作用。这是指教师对学生的影响。作为教育实践者都会有这样的意识与体验。因为我们的一言一行、对某一个学生的态度,很有可能会影响到他的一生。所以书上用了"决定性作用"这个词,可见对教师的重要性或价值的判定。事实上这都是两面的,正是因为教师承担了如此重要的角色,有如此大的价值,他们也就需要承担越来越大的责任。

● 案例的呈现

2007 年 11 月 14 日,我们在某中学参与了一次课堂教学的研讨活动。

教师选取上海市六年级拓展型课程教材语文综合学习《一草一木也有情》单元中,季羡林先生所写的《神奇的丝瓜》一文开展教学。该文写的是作者一家随意种下的丝瓜竟然日益茁壮、尽显神奇,引发作者无限思考的故事。该文文质兼美,在以下富有诗意的表达中结束:

我百思不得其解,徘徊在丝瓜下面,像达摩老祖一样,面壁参禅。我仿佛觉得这棵丝瓜有了思想,它能考虑问题,而且还有行动,它能让无法承担重量的瓜停止生长;它能给处在有利地形的大瓜找到承担重量的地方,给这样的瓜特殊待遇,让它们疯狂地长;它能让悬垂的瓜平身躺下。如果不是这样的话,无论如何也无法解释我上面谈到的现象。但是,如果真是这样的话,又实在令人难以置信。丝瓜用什么来思想呢? 丝瓜靠什么来指导自己的行动呢? 上下数千年,纵横几万里,从来也没有人说过,丝瓜会有思想。我左考虑,右考虑,越考虑越糊涂。我无法同丝瓜对话,这是一个沉默的奇迹。瓜秧仿佛成了一根神秘的绳子,绿叶上照旧浓翠,扑人眉宇。我站在丝瓜下面,陷入梦幻。而丝瓜则似乎心中有数,无言静观,它怡然、泰然、悠然、坦然,仿佛含笑面对秋阳。

在教师的设计中,有这样的安排:

1. 提问:"丝瓜真的有思想吗? 还是有其他原因?"

2. 作者介绍

在教学过程中，学生对于文本中"丝瓜的神奇"的讨论还没有完全结束，教师就引导到对文章"明线"与"暗线"的关注之中，之后进行到上述提问环节。

在小组讨论的基础上，三位学生提出以下观点：

学生1：丝瓜不神奇，而是作者让人感到神奇。

学生2：是作者仔细观察了。

学生3：丝瓜是没有思想的，人能不能用心想、用眼看，结果是不同的。

教师紧接着问："那么我们为什么没有发现此种神奇？"

两名学生分别回答道：

学生1：我们没有用心观察。

学生2：如果用心了，每件事都是神奇的。

紧接着，教师播放《感动中国》栏目中有关季羡林先生的视频，然后就是下课、布置作业。

课堂教学过程中，教师也在努力地投入，积极地组织学生参与讨论、交流。但在听课的过程中，有关文本育人价值的问题，有关学生成长需要的问题，有关教师综合素养提升的问题等，不断引起我们的注意。

- 在本案例中，我们清晰地感受到文本之育人价值在课堂教学中的失落。该篇文章、乃至于该单元文章，都是赞颂大自然的神奇与伟大，而这，正是随着现代化的进程而被现代人遗忘的内容，正是人类文明发展中所不能缺失的构成。在当代，无论是生态学的兴起，还是中国艺术精神的张扬，对天地的敬畏，对大自然的热爱，对生命世界的感悟，对天人合一思想的回归，无不需要我们反思人类与自然、与天地的关系。该文正是在表达对大自然、对生命世界的敬畏，在"一个沉默的奇迹"面前，人会找寻到人类悠长的生命之根。

- 关注课堂教学中教师对学生成长需要的关注状态。在本文重点讨论的教学案例中，学生对于丝瓜的神奇，大都停留在对丝瓜生长状态的单维度认识上。而从学生成长需要的角度思考，几方面的成长需要，事实上已经呈现出来。一是对丝瓜生命过程不同阶段的整体把握，这是不能被点状的"圈划"、"讨论"所代替的生命的整体感，也是全文有机性的重要基础。学生是否已经形成了整体有机感？学生是否需要并且可能在课堂教学过程中形成整体有机的思维方式和认识方式？当我们面对这一问题的时候，就能感受到教学所需要面对着的学生具体状态，感受到学生成长的内在需要与可能。二是对丝瓜生长过程中"神奇"之处的整体把握，需要将丝瓜自身的生长与作者的观察、期待、感悟结合在一起。因此，所谓神奇，是因为超出了作者的预期，出人意料；直到最后，超出了作者可以理解的程度，成为

当代教育名著选读

一个沉默的奇迹。因此,"神奇"存在于人与丝瓜的相互关系之中。而案例中的教学,将此关系割断了,生命的神奇与人内在生命性的沟通感,没能自然地建立起来。其三,神奇体现为生命力量的独特、成长方式的独特,这不同于上述时间、空间两个维度上的把握,而就来自于对这一生命力量的感悟与敬畏。这,需要感悟自身的生命存在,需要在与文本的对话中实现,需要在生命体之间的整体、自然、内在的交往中实现。

● 关注当代教师的综合素养提升。课堂教学是综合性的活动,在其中,教师全部的素养都会体现出来。而在这次教学中,教师对文本的解读力度明显不足,以至于教师对于学生的发展问题、学生资源的敏感度都不高,也难以组织高质量的师生对话、与文本的对话,教学目标的设计也出现了一定的偏差。

——李家成撰写

读完上述材料,您觉得教师应该具备哪些专业素养?

_____

_____

结合您所教、所学的学科,您觉得课堂上怎样进行高质量的师生对话及学生与文本之间的对话呢?

_____

_____

三、政治当局作用的发挥

《教育——财富蕴藏其中》提出政治当局的作用应当充分地发挥。教育的选择就是社会的选择:它要求各国要对教育系统进行明确的评估,开展广泛的公开辩论;采取措施吸收社会上各有关个人和机构参与教育决策;要促进行政管理下放和促使学校拥有自主权;政治当局有义务明确提出各种选择方案,并通过必要的更新对教育系统进行全面调整;要提供经济、技术等方面的支持条件。[①] 这些对于教育行政部门、对于政府、对于教育的政策系统等都是具有重要的指导意义的。

四、国际合作

当代已经进入了人类活动国际化的时代,人口的迅速增长、自然资源的浪费和环境的恶化、世界多数人的长期贫困以及千百万人依然忍受的压迫、不公正待遇和暴力行为,均要求开展大规模的矫正行动。只有注入了新思想和强化了手段的国

---

① 国际 21 世纪教育委员会. 教育——财富蕴藏其中[M]. 北京:教育科学出版社,2001,173 页.

际合作才有助于这些行动的实施。①

这里主要强调的是:第一,要加强妇女和青少年教育。许多论著均强调了一个重要的社会现实:在全世界,妇女已成为第一线的经济参与者,即使所用指标往往倾向于贬低或掩盖她们对发展的真正贡献,也改变不了这一现实。从这一观点来看,对妇女和女青少年进行教育是对未来的最好投资方式之一。不管是为了改善家庭的健康状况,还是为了提高儿童入学率或改善社区生活,社会只有通过教育母亲和普遍提高妇女的地位,才最有可能看到自己的努力达到目标。②

第二,开展有利于教育的债务转换工作。教育是一种长期的经济、社会和人力投资,它在调整计划中经常成为牺牲品,而学校教育的发展则要求国家增加这方面的预算。因此,应努力补偿调整政策和减少内外赤字政策对公共教育开支的不利影响。③

第三,国与国之间从提供援助到建立伙伴关系。为了开展国际合作和制定国家政策,尤为必要的是从整体上对教育系统进行全面考虑,并把改革设想为一个民主过程。在教育领域,必须协同努力,使那些至今被排斥在外的人享有受教育的机会。应当鼓励人员和知识的自由流通,以求弥补发达国家和世界其余国家之间在这方面存在的差距。④

第四,加强国际交流,充分发挥联合国教科文组织的作用。教科文组织既不是资助机构,也不是单纯的研究机构。它的任务始终是同该组织各会员国及其国际舞台上的许多伙伴和对话者合作开发人的潜力。它帮助各会员国建立和革新教育系统,充分利用科技革命,还要把地球上所有居民受教育的权利变为现实,并到处倡导和平思想以及公正和宽容的精神。⑤

华东师范大学获联合国教科文组织教师教育教席

日前,联合国教科文组织(UNESCO)总干事松浦晃一郎与我校校长王建磐正式签署《联合国教育、科学及文化组织与中华人民共和国华东师范大学关于在中华人民共和国华东师范大学设立联合国教科文组织教师教育教席的协议》。根据这一协议,我校与联合国教科文组织合作设立联合国教科文组织教师教育教席,王校长成为该教席的持有者。此教席将作为我校与全国及东南亚地区其他院校之间开展高层次、世界知名研究人员和教师交流合作的一个途径,标志着联合国教科文组织已认同我校在亚太地区教师教育领域的领衔地位,并授权我校主持开展相关的

① 国际 21 世纪教育委员会.教育——财富蕴藏其中[M].北京:教育科学出版社,2001,175 页.
② 国际 21 世纪教育委员会.教育——财富蕴藏其中[M].北京:教育科学出版社,2001,177—178 页.
③ 国际 21 世纪教育委员会.教育——财富蕴藏其中[M].北京:教育科学出版社,2001,179 页.
④ 国际 21 世纪教育委员会.教育——财富蕴藏其中[M].北京:教育科学出版社,2001,181—182 页.
⑤ 国际 21 世纪教育委员会.教育——财富蕴藏其中[M].北京:教育科学出版社,2001,185—186 页.

国际和国内合作项目，在教师教育、培训以及教育研究领域建立一个包括研究、培训、信息和文献资料的综合体系。

姐妹学校项目/联合国教科文组织教席计划是联合国教科文组织为推动大学与其他高等教育机构间进行经验与知识交流，促进能力建设的主要途径，是根据1992年联合国教科文组织第26次大会决议启动的。当前，在113个成员国中，共设立了500个教席和大学网络。

……

为了更有效地推动教席工作的开展，我校成立了国际教师教育中心，聘请原联合国教科文组织亚太地区教育革新为发展服务计划总协调人周南照为中心主任。学校将积极开展在教师专业标准和终身教育、全民教育（EFA）、师资培训、农村教师培训、信息技术与教师教育等方面的国际性合作研究，进一步确立我校在新教师教育体系中的示范性地位，为教师教育发展作出更大的贡献。

——本材料来自华东师范大学校报，2005年12月14日

随着教育国际化的趋势，国内高等教育院校越来越重视与国外高校的合作，其中有不少成功的例子。结合您熟悉的一个成功的合作案例，谈谈合作的特点和其成功之处。

【启迪与思考】

《教育——财富蕴藏其中》对我们认识、思考教育改革，有诸多的启示：

首先是强化了我们对教育改革之当代背景的认识。

我们一直在强调一个观点，就是在思考人的发展问题时必须考虑到周围环境、周围世界的发展变化。同样，这本书也为我们提供了一个非常宏大的背景，而且对当代教育所面临的问题有着非常深入的论述。因此，教育改革的推进，必须关注教育所处的时代背景。

教育存在于一定的时代之中，存在于一个特定的社会背景之中，教育与社会的共同发展是教育改革中的主导思想。因此我们对于学校改革的设计与推进，对于个体自身教育实践的改进，都需要关注时代的变化和周围具体环境的变化。当今的中国正处于一个社会转型期，这个时期全然不同于改革开放之前，也不同于改革开放初期。不同的时代背景，会对教育改革提出很多不同的要求。学校改革和教育实践改革必须关注到自己的改革措施、改革目标是否合理；必须结合时代的发

展,才能确定自身的发展方向。因此,从事教育实践的人必须关注自己所处时代的变化,要善于敏锐地认识到这样的时代给我们提出的新的需要和提供的新的可能性。

时代的发展,在教育目标、教育内容、教育方式等的确立和更新上都向教育提出了新的挑战。但与此同时,时代的发展,同样也为教育自身的发展提供了历史性的机遇。也就是说不仅一个时代、一个个体存在着不断发展变化的过程,教育自身也是不断发展变化的。这就是教育的自我更新问题。作为一个时代中的教育,时代为它现代品质的提升创造了许多条件,教育也随着时代的发展,随着人的发展而不断地更新着自己的存在形态。因此我们当代的教育和传统的教育、远古时代的教育是有非常大的差异的。而只有将这些差异放在人的发展的背景下,放在社会发展背景下,我们才会看到它们之间紧密的相关性。

其次是促使我们思考教育之当代价值的定位问题。

可以说,任何时代对教育的改革,都首先会涉及如何认识教育的价值这个问题。本书指出教育对社会发展、人类社会进步具有重要的价值。在当前的社会发展背景下,教育应该有其自觉定位。

这一点对于教育研究、教育实践来说是非常具有启发价值的。很早以前我们都是这样来认识教育的价值的:通过教育将一个潜在的劳动者变成一个现实的劳动者。劳动者通过现实之中的转化进入经济生活,可以创造社会财富。因此教育的价值是通过经济来实现的。可是在新的社会发展观的指导之下,我们发现整个社会的发展就是为了人的发展,社会的发展最根本的因素就是人的发展,而我们的教育是直接与人发生关系的,是直接培养适合时代和社会发展的新型的人。所以在这种社会发展观念的指导之下,我们对教育价值的认识可以直接落实在促进人的发展上。

同时我们对于教育自身的价值认识,也应该从原先的那种狭窄的认识领域走出来,把它置身于更为广阔和多元的视野中,丰富对它的认识。这也就出现了一个新的思路:财富蕴藏在教育之中。事实上,教育远不仅是我们眼睛所直接观察的那一显性部分,比如说课堂教学、批改作业、考试等。教育的价值往往还体现在育人的细节之处,例如对学生学习自主意识的启发和培养,对学生交往能力的培养,对学生健康心理的引导,对学生面对突发事件的判断力和处理能力的培养等等。这些都是教育的隐性资源,也同样值得我们去关注。

再次是启发我们形成教育发展新的目标系统。

随时代而发展的教育,需要不断建立合理的目标系统。这本书明确地提出了"四大支柱"这一新的目标系统,为当代教育改革指出了明确的方向。"四大支柱"的影响在诸多国家都有非常明显的体现。例如我国新一轮课程改革就明确提出了课堂教学三维目标,关注学生的知识、技能以及情感、态度、价值观等。

在整个教育改革实践之中，认知的问题、能力的问题、发展的问题、合作的问题，都已经被我们意识到了。新的目标系统可以有效地指导并推动当代教育改革。

最后是促进我们设计教育发展战略。

本书是在国际教育改革背景下所作的思考，它所关注到的层面就比较宏观，几乎每个层面都应承担起对当代教育发展的责任。无论是作为个体层面的教师、基层教育工作者，还是作为学校层面的校长、管理者，抑或是作为行政工作者以及政治当局都要承担起对终身教育、教育改革应有的责任。这就说明了一点：任何一个教育系统的完善和改革都是多因素、多方面力量合成的结果。所以我们在考虑教育改革的问题时，就必然要重视不同的层面、不同的因素之间如何积极地发生互动，相互影响、相互支持的问题。这对我们策划、指导和推进教育改革是非常有价值的。以学校的改革为例，作为学校的校长仅仅想到需要改革是远远不够的，还必须要考虑到如何调动教师的积极性，同时如何争取到教育局、周围社区的支持。作为教师，不仅需要思考在自己的教育教学实践之中进行改革，同样需要思考如何获得校长及其他同事的支持，如何获得学生及其家长的支持。

总而言之，这本书中所列举的一系列对教育改革发展的建议都可以强化我们教育发展的系统战略意识。我们对某一个改革的策划、认识应该形成一种系统战略的思想，而不是仅仅看到某一个人在做、某一个因素在起作用，要强调这是一个系统的变革，需要多方面力量的合成。

【拓展阅读】

学会做事，学会学习

李老师：

您好！

很高兴读书会能用这样的方式扩大了。今天和邓老师确认了我们这个团体的人数，目前定下来是九人（也是经过一定选择的，并且都征求他们本人的意见）。

平时，谈到一些问题的时候，身边的同学总是比较羡慕我们三个人，而且对我们的成长也看在眼里。于是，我们觉得，可以通过这样的方式，让更多的人参与讨论，营造良好的学习氛围，也有助于书院研究的开展，同时，我们每个人都将获得一种学习与提高。所以，在上周，我和岳志斌临时决定创办这样的小组织。

我们还给它取名为："文心斋"，希望大家能够在这里切切实实有所提高，用心去体验生活、感悟生活。

因为对于讨论会接触得还比较少，而且又是因为参加了老师的读书会后，有了这样强烈的想法，所以，基本上，我们初步设想的活动还是以模仿老师所组织的形式为主：

一、当前热点问题、经典问题的讨论（主要是教育上的）

这部分内容主要是联系实际和平时课堂上所学的理论知识，进行分析，从而提高大家的理论水平，扩展大家的视野，也促使大家去阅读一些相关文献，并且有助于大家提高看问题的角度、深度、高度这些方面的能力，同时，通过讨论，切实帮助大家敢说，敢表达，最关键的是：建立自己的观点。

二、主题发言与讨论（类似于老师每次的指定人发言）

这部分内容，类似于小型的答辩。计划按照轮流制，每次活动之前都会指定一个成员，进行事先准备，由他负责对任何事情或现象写一份感受或者综述，然后在活动之初进行阐述。阐述完之后，由其他成员对其进行提问、建议等讨论，从而引起该成员对该问题或现象的深入思考，进一步完善自己的想法，同时，也提高大家的质疑能力。

三、学科学习、学习方法、认识方法的讨论

这项内容主要是指成员之间可以针对上课中的内容、作业、课外相关知识进行讨论（比较突出的有：英语、经济学等），可以是参与活动的心得，也可以是学习方法的讨论或者如何认识客观实际的讨论等等，从而，大家能够相互学习，取长补短。这一部分的时间每次都安排得相对比较少，但是内容很自由，很宽泛，根据每次的具体情况，和对应时期期间大家的学习、活动状况进行相应的改变，或者从简，或者取消。

四、每个月的读书会学术沙龙活动

这个活动，相信我们的成员还是积极性比较高的吧，尽管可能现在的状态，只能做个旁听，但是，我想，也一定会收获不小的。我也坚信，随着学的知识越来越多，自己开展的讨论越来越深刻，我们也一定会到达一定的高度，具备一定的水平的。

不知道老师对我们这样的设计是不是还有什么建议或者补充，能够指导我们更好地开展和进行。

最后再次感谢老师的支持，我也相信，我们能够坚持把这件事情做好，我们也一定能从中有所收获和提高，就像老师所说的那样：我们确实是在做一些实实在在的事情。

祝

身体健康！

吉栋磊

2008 年 4 月

【推荐阅读】

1. 叶澜：《"新基础教育"发展性研究报告集》,中国轻工业出版社,2004 年版。
2. 顾明远、孟繁华主编：《国际教育新理念》,海南出版社,2001 年版。
3. 李家成：《成长需要：在高三与大一之间》(第一卷),天津教育出版社,2006 年版。
4. 李家成、陈彦、邓睿：《回首高中：大学生的高中记忆及教育学评点》,天津教育出版社,2006 年版。
5. 陈玉琨主编：《中华名校管理集萃》,华东师大出版社,2000 年版。
6. 唐盛昌：《终生的准备与超越》,高等教育出版社,2005 年版。
7. 李希贵：《为了自由呼吸的教育》,高等教育出版社,2005 年版。
8. 张思明：《用心做教育》,高等教育出版社,2005 年版。

【拓展性活动】

1. 学会共同生活,是不是当前中国所需要的?

这是一个非常值得讨论的现实问题,因为在当前中国社会发展和教育发展之中依然比较强调竞争。我们曾经讲过在中国的改革开放初期,也就是二十世纪八九十年代,竞争是教育界非常关注的主题。从当前中国社会的发展来看,如何看待竞争的问题,如何看待合作、共同生活的问题越来越凸显。尤其是在中国新的发展背景之下,不同的社会阶层相互之间的合作可能更加重要一些。

从理论上来看,"竞争"与"合作"具有不可隔离的关系。竞争是人与人之间的一种具有排他性的活动,合作则是一种共赢性的活动。事实上在任何活动之中都存在着竞争与合作的关系,二者是不能完全分离的。即使是在我们以前强调的商业竞争之中依然有许多合作,包括内部的合作、内部与外部合作等问题。而合作之中也不完全是一团和气,合作依然需要每一个人发挥自己的潜力和可能性,是在发挥自己的能力之上的合作,这种合作内在地包含着竞争的可能性。因此,从理论上来看,竞争与合作本来就是密不可分、相互交织的。如果我们片面地强调竞争或者合作,都是一种非此即彼的思维方式,这种看问题的方式是不够合理的。反之,如果我们能够正确看待并合理地处理好它们之间的关系,就不会走向极端了。

从根本意义上说,合作乃是社会发展的重要条件。不仅是历史发展可以证明这一点,而且当今许多科学研究也能证明这一点;不论是对人类社会历史的研究,还是对生物的研究都能发现这是一个重要的因素。一些当代的生物学著作发现了许多这样的问题,正是不同的物种或者同一物种之间的相互合作体现出了社会的和谐。以前我们都认为动物世界不是社会，不具有社会的特征，但是当代生物学的发展却在不断地说明同一个种群、同一个族群内部有着非常丰富而又微妙的合作关系，包括分工，相互之间的替代等等，这些是与社会具有相通性的。所以越来越多的著作在向我们传达一个信息，就是不能仅仅看到生物种群之间弱肉强食的竞争，也要更多地看到它们之间的合作。

对于中国来说，在当前社会背景下学会共同生活，已经成为中国教育的重要目标。之所以这么说，是因为我们国家发展中的内部差异依然比较明显，很多时候还有扩大的趋势，这使得共同的合作、共同的发展显得尤为重要。所以，现在看城乡之间的差异、脑力劳动者和体力劳动者之间的差异、不同经济发展水平的地区之间的差异、不同社会发展阶层之间的差异等等，它们的存在都有一种危险，那就是它们都很可能会引发新的危机，而且有可能会强化人与人之间的那种不合理、不平等的处事关系。

例如现在我们的大城市中有许多外来务工农民，其子女的教育问题就会直接影响到二三十年之后中国社会的状况，这将是一个非常严峻的社会问题。因此，加强社会公正、强调教育均等就成为当今社会发展的一个战略要点。而在我们教育之中建立起共同合作的生活形态，也就为中国未来社会的发展提供一个重要的支持。他们是这个城市不可或缺的一部分，可是给予他们的教育保障却始终不尽如人意。正像2008年高考满分作文中提到的一样，"他们终将成为我们"。可是如何解决农民工子女的教育问题，体现教育的公平，仍是一个值得长期关注的问题。

您对上述材料的评述是：

_____

_____

_____

2. 当代学生在学会认知、学会做事、学会共同生活、学会生存等方面，有着多元的状态和多种不同的发展水平。请选取其中一个或几个角度，反思自己在学校教育生活中的发展状态，并列举周围同学发展中的几种不同状态。

_____

_____

_____

选读之四 《基础学校 ——一个学习化的社区大家庭》

【学习目标】

通过本章学习,了解波伊尔有关基础学校构想的基本内容,理解其整体思路,深入研读其关于课程改革、德育改革的一系列思想,尝试运用本著作中的相关学校改革思想,认识自己曾经历过的教育生活,并对当代中国基础教育改革中有关学校与家庭、学校德育、学校课程等问题,作出自己的思考。

家庭与学校之关系,现在怎么了?

学校总是要承担教育学生的任务,可是,现在的学生越来越复杂了,而背后,是家庭的复杂。

有的家长去过海外,见多识广,会对中国教育很不满意,早早就准备好送孩子去境外读大学。而有的家长忙于生计,根本没有时间照顾自己的孩子,更别说为他的"前途"着想了。

有的家长溺爱子女,孩子要什么给什么,反正现在家庭的经济条件也好起来了;而有的家庭还生活在贫穷之中,也许连必要的学习用品都难以保障。

有的家庭高度关注孩子的教育问题,父母、祖父母都围着一个孩子转;有的家庭的孩子则缺乏关爱,尤其是留守子女家庭;还有的家庭是破碎的、重组的,都会带给学生不同的影响。

最明显的是家长对于学校教育的态度。有的家长很支持和理解教师的工作,会比较好地与教师沟通;有的家长将孩子的所有学习都推给学校,只有在学生犯了重大错误的时候,才会与教师见面;有的家长缺乏科学的教育方式,往往会抵消掉学生在学校所接受的善良、自由与责任等品行教育。

而如果接触一下家长,我们同样听到家长对于教师、学校的怨言,如为什么总是要求家长陪读、陪写?为什么家长必须要检查学生的作业并签名?教师为什么把自己的责任推给家长去承担？学校除了通知家长去开会、批评家长之外，还能有积极的作为吗？

如今，越来越不明白：中国的家庭与学校发生了怎样的变化？学校如何建立起与家长的新关系？

其实，面对这样的状态，需要思考的是双方"关系"的质量；而且，从"关系"意义上去思考，教育系统、学校内部大量的关系，都可以成为我们认识教育变革、策划教育变革、推动教育变革的重要基础。而波伊尔的这部著作，就为我们提供了一系列清晰的思考。

回到基础教育改革之基础

《基础学校——一个学习化的社区大家庭》的作者是美国著名教育家波伊尔博士。他于1955年获得博士学位，先后担任纽约州立大学校长、美国州立大学协会主席、美国联邦教育署署长、卡内基基金会主席等职。他是在美国当代教育界产生过重要影响的一名学者，无论是在理论研究界、实践改革界，还是在教育行政界。他曾经出版过一系列著名的教育报告，对于研究美国中等教育改革和美国高等教育改革都具有非常重要的意义。本章所解读的这本著作是波伊尔的最后一本著作。

他的夫人在序言中写道：这本书是波伊尔教授倾注了很多心血而写成的。在我们读书的过程中，您也能感受到波伊尔一直希望能够将自己的思想付诸实践，希望能够以此来改造、重建一种新型的学校教育形态。

本书主要包括如下内容："前言：一个新的开端"、"第一章　学校应成为社区大家庭"、"第二章　连贯一致的课程"、"第三章　良好的学习环境"、"第四章　致力于品格的塑造"等内容。

一、直面美国教育改革的现实

波伊尔教授在其教育实践生涯中，参与了很多具体的教育实践改革项目，他所在的卡内基教育基金会也主持了诸多教育改革项目。因此，他对当时美国教育改革的状态，尤其是对于实践中的问题，有着非常多的体悟和认识。而且，从本书所处的时代背景来看，当时美国的基础教育也正处于不断改革、发展的历史阶段。

当代美国教育改革中最重要的文献之一，就是20世纪80年代发布的《国家处在危急中，教育改革势在必行》研究报告。该研究报告指出：美国教育的整体质量非常低，与世界其他国家相比较，美国的教育不具有竞争力，美国教育培养出的学生素质不高，这将在很大程度上危及美国未来的经济、社会、政治、军事的发展，尤

当代教育名著选读

其是面对当时日本的飞速发展,这个问题更显严重。这份报告在美国引起了强烈的反响。以此为起点,美国开展了一系列的教育改革。当时很多改革的目标都是指向同样的方向:国家努力提高学校的教学水平;学术标准逐步提高;教师资格要求更加严格。当时的问题主要集中在,学生在学校中无法获得比较好的素养提升,学生的一些基本的能力,如读报能力、认知能力、数学能力、动手能力与其他国家的学生相比差了一大截。这就使当时的美国教育界开始反思,到底要不要对学生提出一个严格的质量标准,是否需要划定一个学术标准,是否需要对教师的资格进行更加严格的考核。

经过了一、二十年的改革之后,当波伊尔再去做调查时,他发现很多问题依然没有得到解决,有些学校的教学质量问题依然很严重。其中一项教育调查项目表明,问题依然存在:①与五年前相比,今天的教育质量如何? 调查发现:认为比五年前好的教师只占 26%,家长只占 20%;认为差不多的教师有 42%,家长有 40%;而认为还不如五年前的教师有 32%,家长则有 40%。可以看出,无论是教师还是家长,对于教育改革的成效并不乐观,并不认为改革获得了多少的成果。尤其是对于家长来说,竟然有 40%的人认为还不如五年前的教育质量。这里所透露出的问题是相当严峻的。除此以外,还有其他的材料表明,经过五年的改革,美国的教育依然存在着许多严重的问题。

面对这些问题,作为一个有着丰富的实践改革经验和深厚的理论背景的教育家,他就要考虑美国的教育该怎么办,美国的基础教育,美国的中小学校该向什么方向发展。本书可以视为对这些问题的一个回答。

另一个重要的背景是:世界已经发生了变化,学校也要跟着变化。具体来说,知识社会的到来,技术方面的竞争更加激烈,社会发展质量需要进一步提升,这需要当代人有更高的文化水平。生活在这个社会里的人,需要有"活到老、学到老"的终身学习意识与能力。对于波伊尔来说,他没有充分地展开这方面的论述,但这仍然是本书非常重要的一个背景。面对这样的社会,许多思想家都在进行思考,都在考虑教育的改革与发展问题。《教育——财富蕴藏其中》中曾特别讲到过如何认识基础教育的价值。波伊尔在人生经验与教育智慧最为集中的时期,依然非常关注基础教育的改革。他认为学校需要振兴,而开端应是正规教育的头几年。② 由此从最根本、最基本、最开始的阶段来做改革,它将是一个非常重要的奠基阶段。可能正是出于这样一种认识,波伊尔对基础教育改革、基础学校的建设充满着感情。

---

① 以下数据参考:E. L. 波伊尔. 基础学校——一个学习化的社区大家庭[M]. 吕达,周满声. 当代外国教育改革著名文献(美国卷·第四册)[M]. 北京:人民教育出版社,2004,13 页.

② E. L. 波伊尔. 基础学校——一个学习化的社区大家庭[M]. 吕达,周满声. 当代外国教育改革著名文献(美国卷·第四册)[M]. 北京:人民教育出版社,2004,13 页.

另外，美国大量的教育改革实例，也为重新思考学校改革的走向，提供了丰富的资源。这些改革有不同的层面，有国家层面的改革，如美国的《2061计划》等，有美国各州的改革，各教育基金会和其他非营利性组织所倡导的改革也非常多。此外，还有各个学校自己做的改革，相当多的美国学校在教育改革方面积累了丰富的经验。

二、综合教育改革思想的尝试

从教育改革思想的发展来看，20世纪七八十年代以后，随着人们对教育思想的不断反思，出现了许多新的教育改革思想。其中联系的思想、有机的思想是当时非常突出的一个方面。人们对教育改革的一些设想，不是分门别类地完全分离开，而是强调一种整体的、有机的、联系的概念。而"联系"的思想在波伊尔的这本著作里有非常丰富的论述。同时，任何教育改革都不是一个机械的过程，不是先设计好了，然后像砖瓦一样将它铺垫起来，而是要调动起人的积极性，让人去设计、推动、深化。因此，教师、校长、学生自身发展的主动性问题、自我意识问题等都会被提出来。如果说在《学会生存》等教育著作之中，关注到的是人在发展之中的自我意识的话，那么对于教育改革来说，同样应强调激发起学校、学生自己的改革意识。如此，改革就将不再是机械的而是有机的、发展着的教育改革。

对于课程改革的推进，我们要关注两个层面的问题。一个是课程思想的变化，从最初的现代课程设计转向到后现代的课程设计；另一个是实践改革，它体现为课程结构、课程内容的不断改革。课程内容的更新是当代课程改革的一个重要趋势，随着社会的发展，随着科学技术的发展，随着社会科学的繁荣，很多新的内容不断进入课程领域，成为学校教育的重要内容。由此，课程的体系、结构也都在发生变化，这些都是作为一个重要的理论背景存在于这本书之中的。[①]

从道德教育发展的角度看，当代以来道德教育所遇到的挑战越来越严峻。面对这种现状，世界各国，包括美国在内都开展了许多有价值的道德教育的探索，并产生了许多道德教育的流派。这些德育思想对于美国乃至世界的教育来说，都是有价值的。[②]

正是在这种整体的教育改革思想、课程改革、道德教育等思想、理论、实践发展的背景基础上，本书展开了自己独特的论述。在阅读这本书的过程中，您会发现很多改革的思想，很多教育实践中的做法，都被波伊尔认识到并作了充分的提炼和挖掘。

---

① 参阅[美]小威廉姆E·多尔.代课程观[M].教育科学出版社,2000.
② 参阅郑富兴.现代性视角下的美国新品格教育[M].人民出版社,2006.

对于美国的基础教育,就您听到、看到的内容而言,您觉得与中国基础教育改革差异很大的地方在于:

	中 国 教 育	美 国 教 育
教育目标		
组织方式		
教育方式		
教育内容		
教育评价		
教育与家庭的关系		
教育与社会的关系		

有机联系的学校改革

一、基础学校的要素

这是波伊尔在本书中首先论述的问题,即怎样来认识基础学校的基本特征。他一开始就指出:一所行之有效的学校最基本的一个要素——一种能使其凝聚在一起的一种力量,用一个最简单的词来概括,那就是联系。[①] 这是针对传统的学校而言的。传统的学校也拥有各种各样的要素,但一方面这些要素本身的价值没有得到很好的认识;另一方面,更重要的是,各种要素之间没有形成有机的联系。在这样的一所学校里,它们形成的是一种孤立的拼盘,而没有形成一个具体的、有机的形态。而在作者看来,一所新型的、具体的学校中,各种要素必须凝聚在一起才能够产生巨大的力量,它将是一个整体而不再是各个部分的机械组合。也就是说,这所学校中的各个因素,它们之间都是互相贯通,有机地凝聚在一起,为一个共同的目的而存在的。

基础学校由其自己的要素构成。波伊尔认为办好一所学校的基本要素有四个方面,分别是:社区、连贯性、环境、品格。可以说,这本书基本上就是围绕着这四个方面来论述的。

如此,四个问题就出现了:如何将学校建设成一个学习化的社区大家庭;如何

---

① E. L. 波伊尔. 基础学校——一个学习化的社区大家庭[M]. 吕达,周满声. 当代外国教育改革著名文献(美国卷·第四册)[M]. 北京:人民教育出版社,2004,14 页.

强调课程内容的连贯性；如何强调合适的环境的创设；如何在这种新型的学校之中加强学生品格的培养。这四者是构成基础学校的四大要素，它们在学校之中构成一个统一的整体，以联系的方式结合在一起，这才能使一所学校具有新的形态。关注要素的思想最容易出的问题就是完全地"要素化"而忽视了要素之间的联系。值得欣喜的是，这一问题在波伊尔的著作中被成功解决了。

上海市建平中学曾提出课程重构的思想："实施课程重构的目标是：统整德育与教学活动，重构学校课程，即将学校的德育活动、学科教学、课外活动、社区活动、体育锻炼等一系列的有计划有组织的活动，统一纳入课程管理范畴，构建以课程为中心，以教师、学生为课程主体，以活动为载体，以学分制评价为纽带，以'开放性、选择性、综合性'为课程文化内涵，适合学生发展的课程系统。"（程红兵：《做一个书生校长》，华东师范大学出版社，2006年版）

从学校课程改革的角度，您认为其核心要素有哪些？

_____

_____

从您自己曾经历的学校教育来说，您认为一所学校存在与发展的基本要素有哪些？

_____

_____

二、学校应成为社区大家庭

（一）一种共识

这是波伊尔首先论述的一个具体问题。他指出，首先要达成一种共识：一所基础学校是一个负有明确而又重要使命的社区大家庭，这里的每个人都是为了同一个目标走到一起来的，这个目标就是促进学习。学校里的各个教室都为这一共同目标而联系在一起，学校里的风气是正派的，有严密的纪律，人与人之间相互关心，而且还时常组织一些庆祝活动。[①]

他强调了共识的重要性。在一所学校中，有不同的人参与，他们做着不同的事情，但是这些事情都有着共同的目标。波伊尔认为，这个共同的目标就是促进学习，是为了每个人能够学得更好，获得更大的发展。这一点对于我们的教育改革和自己的学习来说都是非常重要的。一所学校各方面、各层次、各领域的工作，看起

---

① E. L. 波伊尔. 基础学校——一个学习化的社区大家庭[M]. 吕达，周满声. 当代外国教育改革著名文献（美国卷·第四册）[M]. 北京：人民教育出版社，2004，15页.

来是具有各自独立存在之特征，但是在一所高质量的学校中，我们必须要清楚其最终的、共同的目标，否则学校就会变成一个杂乱的群体构成。在当前中国的学校改革实践中，很多学校都注意到以整体的发展规划、具体的交流实践，促成学校发展目标的清晰化，提升学校办学思想的合理性，形成凝聚全校师生的价值追求。

七色花教师共话学校新三年规划

(http://www.qsh.lwedu.sh.cn)

5月16日下午，七色花小学第六届第二次教代会如期举行。本次教代会的主题是对学校《立美育人，七色花开》新三年发展规划开展解读和讨论。令人欣喜的是，华东师范大学李家成博士带领他的教育硕士班的50多位学生来到学校，以高校研究者、学生的身份，考察了校园环境，听取了学校工作介绍，并现场观摩了教代会。

本着让教师知校情、明校事、参校政的校务公开原则，学校详细解读了新三年规划，并经过了全体教师的表决同意，大家纷纷以学校发展为根本，以"立美育人"为办学思想，在教育教学、校园环境、教师专业发展、学生成长等各方面，提出了金点子、好建议，为规划的落实提出了建设性意见。

当然，著作里还涉及其他方面的内容，如风气的问题、纪律的问题、相互之间的情感问题，还有具体活动的组织等等，它们都是非常重要的，我们在读该著作的过程中也会有所体会。

波伊尔指出，一所大家庭式的学校必须具有以下几点特征：

第一，一所大家庭式的学校应该是一个目标明确的场所。无论是教师、学生还是学校的管理层，都需要有明确的目标。教育本身就是有目的有意识的活动，需要有一个具体的目标为大家所认同、接受，并追求目标的实现。基础学校共同的构想是为人人提供优质的教育。

这里有两个关键的地方：一是为了人，进入基础学校中的所有的人，都是需要我们关注、培养的对象，都是需要我们尊重的主体；二是提供优质的教育，高质量的教育，对人生能够产生重要的影响的教育。这又包括一些具体目标：进行有效的交流；学习基础知识的核心部分；保持学生高度的学习积极性；把学生培养成为全面发展的人才；培养负责精神。[①] 这里提到的负责精神，是我们解读博尔诺夫的《教育人类学》时就已经提出的。可以看出，《基础学校》也非常强调这种精神。学习基础知识的核心部分是指有一些基础的知识、非常重要的领域还是要传授给学生的，并不是说强调了学生能力发展以后，就降低了知识的要求。从美国教育改革、世界

---

① E. L. 波伊尔. 基础学校——一个学习化的社区大家庭[M]. 吕达, 周满声. 当代外国教育改革著名文献(美国卷·第四册)[M]. 北京: 人民教育出版社, 2004, 20—21 页.

教育改革的进程来看，关注能力、关注情感等方面的发展，并不能以丢弃知识、降低知识水平为代价。

第二，一所大家庭式的学校应该是一个相互交流思想的场所。在这里，所有人可以相互之间进行自由沟通，自由分享。学校不应刻意强调交流的"渠道"，而应更多地强调谈话的坦率。在基础学校里，最为重要的不是谈话的数量，而是相互交流的质量。①

第三，一所大家庭式的学校应该是一个充满正义感的场所。一所学校应有一种公平之感，一种被大家广泛接受的共同信念，每一个人都能有机会获得成功，无论其种族或性别。波伊尔认为不应把学生分为三六九等，而应根据各种不同的目标，用各种不同的方式将学生分成小组。对男生和女生采取一视同仁的高标准。②这种公正平等不仅体现在性别上，也体现在对待种族、民族以及宗教信仰多元化等问题上。

第四，一个大家庭式的学校是一个纪律严明的场所。在学生行为混乱无序的氛围中，在孩子们不能遵守合理的规章制度的氛围中，根本不可能维持一个社区大家庭。作为教育者的我们，要努力让学生理解，生活就是自由与限制之间的一种平衡。基础学校里的学生开始明白每个人的生活都受到种种的限制，在享受自己所应有的自由的同时，必须尊重别人的各种权利。这样做的目的，并不是要列出一大堆不可实施的清规戒律，而是要确保学校生活的各方面都按高标准要求。③

第五，一个大家庭式的学校是一个互相关心的场所。在这里，校长、教师、学生互相关心，互相尊敬。任何一个人，不论年龄大小，都需要别人的爱，孩子们尤其需要别人的关心。书中指出，美国有 30% 的小学生每天下午回到家时家里空无一人。这种情况在当代中国、尤其是大城市中，也具有典型性。家庭关怀的缺乏，破坏了学生在校内外的信心和安全感。波伊尔在书中提出，基础学校应提倡让学生互相接触，在学校里实行一种搭档制，打破年级界限，使学生互相结成搭档，创造一种关心和支持的气氛。④ 这一做法也得到了许多教育学者、心理学家的认可。

第六，一个大家庭式的学校是一个欢庆聚会的场所。作者主要是提醒我们要重视学校的仪式教育，例如开学典礼、毕业典礼、各种节庆活动等等，这既是提升学

① E. L. 波伊尔. 基础学校——一个学习化的社区大家庭[M]. 吕达，周满声. 当代外国教育改革著名文献(美国卷·第四册)[M]. 北京:人民教育出版社,2004,21—22页.

② E. L. 波伊尔. 基础学校——一个学习化的社区大家庭[M]. 吕达，周满声. 当代外国教育改革著名文献(美国卷·第四册)[M]. 北京:人民教育出版社,2004,22—23页.

③ E. L. 波伊尔. 基础学校——一个学习化的社区大家庭[M]. 吕达，周满声. 当代外国教育改革著名文献(美国卷·第四册)[M]. 北京:人民教育出版社,2004,23—24页.

④ E. L. 波伊尔. 基础学校——一个学习化的社区大家庭[M]. 吕达，周满声. 当代外国教育改革著名文献(美国卷·第四册)[M]. 北京:人民教育出版社,2004,25页.

校凝聚力的重要手段,也是重要的教育手段,更是学生能力得到快速发展的途径。

基础学校有一个中心任务,就是每一个孩子都有接受高质量教育的权利,必须设立学业的高标准,并且每一个孩子都能通过展示自己特有的能力和兴趣而获得成功。[①] 这里我们也可以关注两个问题:第一是高标准,即学术的高标准。这一点可以说是继承了美国当代教育改革的一个基本特点,就是加强对学术水平的关注。在基础学校之中,即使是小学,也并不意味着我们可以放弃某些标准。在当前很多国际性的教育比较之中,美国人意识到自己的一些学业标准不如东亚的一些国家高,所以他们在强化标准的意识。在基础学校之中,作者也强调要建立这样一种学术的高标准。第二是每一个孩子都有接受教育的权利并且有获得成功的可能。如果说作为权利我们可以接受它,这是法律方面的一个要求;可是在实际的教育活动之中,我们能不能使每个孩子都获得成功,就是一个非常值得关注的问题。我们现在非常流行的一些教育口号,如"为了人人"、"让每个学生都获得成功"等等,正是对这一权利要求的呼应。

北京第二实验小学李烈校长曾提出"以爱育爱"的办学理念,她认为:"'以爱育爱'就是要以真诚之心和执著之情,轻轻拂去蒙在人们心上的灰尘,慢慢融解人心灵的防御之壳,重新唤醒人内心深处爱的本能与品质,让心在'爱'与'被爱'中变得柔软而温暖,倾听并尊重内心真实的声音,让生命也因之鲜活起来。"在她看来,"真正的'爱'除了温暖之外,还有一个最重要的特征:给人以'生长'的力量,包括在面对困境、失败和挫折时顽强生长的力量,也包括在面对顺境、成绩和赞扬声时健康生长的力量"。(李烈:《给生命涂上爱的底色》,高等教育出版社,2005 年版,第299 页。)

在企业管理领域,也有学者提出,需要有"训练有素的文化":一方面,需要人们遵守一贯制度,但另一方面,它给人们制度下的自由和责任。(柯林斯:《从优秀到卓越》,中信出版社,2006 年版,第 155 页。)

在您看来,学校中纪律严明与相互关心的关系是什么? 误区又是什么?

	表现 1	表现 2	表现 3
纪律严明与相互关心的完美结合			
纪律严明与相互关心的相互矛盾			

① E.L. 波伊尔. 基础学校——一个学习化的社区大家庭[M]. 吕达,周满声. 当代外国教育改革著名文献(美国卷·第四册)[M]. 北京:人民教育出版社,2004,20 页.

对照这几点,我们可以对现实的教育实践作许多思考。如:当今我们学校教育改革的目标应该是什么;当今中国学校改革内部的风气如何;学校内部的组织机构建设如何;学校内部的人际关系、干群关系如何等等。

(二)教师的领导者作用

在这样一个学习化的社区大家庭中,教师具有非常重要的领导作用。本书认为教师是办好一所学校的关键。

这里我们可以看到许多教育著作都关注到的一个主题,即教师的作用问题。对于一所学校来说,最关键的、最重要的实践活动,就是以教师为主体每天进行着的教育实践活动。当然我们不能反过来说:教师工作做好了就一定能够推动学校工作,毕竟学校改革主体中除了教师之外,还有其他人员、其他组织。对于管理者来说,他必须建设一支高素质的教师队伍,而且教师能够在自己的实践活动之中开展创造性的研究,开展研究性的改革实践。有了这样一批教师,这所学校的发展就有了重要的力量支持。

波伊尔对教师角色有三点认识:教师是团队成员;教师是师长;教师是学者。

"教师是团队成员",也就是意识到教师并不是一个单打独斗的个体,他处于一个教师团队之中。言下之意依然是教师之间的合作,相互的支持、相互的帮助、相互的促进是非常重要的。当前我国中小学里比较流行的教师集体备课制度、群体研讨制度,就体现着这一思想。在基础学校里,不同年级的老师需要一道工作。作者认为这有利于形成一种新的凝聚力。

"教师是师长",是一个我们比较熟悉的观点。教师应该成为教学的领导者。他们不仅是学生的指路人,也是学生的师长,鼓励学生们主动地去学习,去严谨地、创造性地思考,具体到教学方法,每个老师根据自己的特点,可以具有不同的风格。在基础学校里,一个好教师所应具有的品质至少可归纳成四条:具有很宽的知识面;非常了解孩子们;注重培养学生的能力;做一个坦率、可信赖的人。①

"教师是学者",这一点在美国的教育改革背景下是比较突出的。在当代,研究者们普遍认为教师应该成为一个学者,应该具有渊博的、丰富的知识,有着较强的研究能力。只有这样一种学者型的教师,才能够提高教育的学术水准,才能够培养出高素质的、有着良好的知识素养的学生。将这一点与前面的学术水平的问题结合起来,就能够理解为什么要重视教师作为学者这样一个角色。

而校长是教师的带头人,校长应该用鼓励而不是行政命令的方式工作。这就涉及对校长角色和工作方式的一种新的认识。该书并没有进行理论上的充分展

①　E.L.波伊尔.基础学校——一个学习化的社区大家庭[M].吕达,周满声.当代外国教育改革著名文献(美国卷·第四册)[M].北京:人民教育出版社,2004,32—34页.

开，但是我们在读该书的时候，可以留意这一点。

校长的新角色、新的工作方式研究，是当今世界教育改革研究中非常重要的领域。《领导合作型学校》这本著作就指出校长自身在学校发展之中必须转换自己的角色，要带领老师、组织老师一起进行教育改革，带动学校的发展，他领导的是一个合作型的学校。对于校长来说，用《基础学校——一个学习化的社区大家庭》这本书中的话来说，他的工作方式就是鼓励性的、激励性的、指导性的，而不是行政命令式的。

这里还包含着许多其他的问题，例如校长是否应该是某一个学科的专家，是否应该是一个教育学方面的专家等等。对于这些问题，当今中国的教育改革也有许多不同的认识。有的人认为校长应该借鉴企业管理的方式，校长应该是管理方面的专家而不一定是学科教学方面的专家。但不管如何，校长对教育的理解水平直接影响其学校管理行为，只有熟悉教育，理解教师的工作，他才能更好地鼓励和指导教师去发展，所以从这个意义上来说，校长应该是一位教育学、学校管理学的学者。

（三）家长是合作伙伴

该书非常关注这个问题，在关注到家校合作后，继而进一步具体论述：家长是孩子的启蒙老师；学校与家庭建立起伙伴关系等。无论是家庭，还是学校，都有一个重要的职责，即培养学生。这里强调的是一种伙伴的关系，而不是指导与被指导的关系，也不是谁是顾客谁能主宰的关系。

如果将该书的观点与我们当今的教育改革进行对比，当前中国教育界流行的一种观点是"学校指导家庭教育"。从某种意义上说，它是有道理的，因为学校是一个具有更多专业素养的人汇聚其中的专业组织，在某些时候它确实比家庭教育更加具有发言权。但是这样一种居高临下的方式，往往会造成双方关系的僵化，不利于发挥家庭教育的功能。真正的伙伴关系，不是对家长指手画脚，而是真诚地帮助他们，与他们合作，一起讨论如何教育孩子的问题。学校与家庭相互配合好，会对教育孩子起到事半功倍的推动作用。

再如当前中国基础教育改革中强调的"服务"思想。有人把它理解为家长如同顾客一般，是上帝，而我们学校则如出售商品一般，家长有什么需要，学校都要去满足。站在这样的立场去处理家庭与学校的关系，将带来一系列的新问题。从一定意义上说，这种思想忽视了学校教育的独特性，缺少教育意识。因此，需要保持教育的自觉盲目地将商业、工业中的运作方式照搬到教育中来，是不合适的。

另外，本著作还从时间的角度列举了家长和学校形成合作伙伴关系的可能性。一是入学前的伙伴关系，二是入学时的伙伴关系，三是入学后保持伙伴关系。从时间的角度来说,关系的形成不是某一个时刻的问题,而是需要一个长久的时段。

我国当前的中小学校也兴起一股"家校合作"热,以此为主题的实践研究也是非常多的。请根据您的经历,谈谈当前家校合作中的问题、值得借鉴的经验、可能的改进途径分别有哪些:

问题:_____

_____

经验:_____

_____

可能的改进:_____

_____

三、连贯一致的课程

这一部分具体论述了波伊尔有关课程改革的思想,非常有特点,对于我们认识中国基础教育课程改革问题具有启示性。我们可以对照一下,波伊尔是怎样看课程的? 我们当今的课程改革又是怎样看课程的? 我们的改革之中还存在哪些问题?

波伊尔在这里重点论述的是两个问题:一个是将语言作为学习的核心,也就是作为核心课程,如何建立起这种课程体系,他主要关注的是词汇、数学和艺术;另一个是带共性的基础课。

(一)语言学习

在波伊尔看来,语言的定义是广泛的,不仅包括词汇,而且包括数学和艺术,这三种不同的符号系统有其各自不同的特点,但同时又是紧密相连的。[1] 波伊尔对语言的内涵作了新的理解,他更多是从人认识世界、表达自我的角度来认识语言,所以这里的语言已经不再是我们所说的汉语、英语、外国语之类的语言了。数学、艺术都是语言,都是人认识世界、表达自我、与人沟通的一种手段。

波伊尔进一步论述到词汇学习需要学会阅读、学会写作、学习外语。这三点,尤其是阅读与写作的问题,对于中国来说,可能还没有明显的问题呈现。但是在美国,这是一个重要的问题。在 20 世纪 80 年代的时候,一系列的教育报告、教育调查都显示美国人与东亚人相比,在阅读、写作方面有相当大的差异,甚至不会阅读报纸,不会阅读有关的书籍,写作的表达方面也有很多欠缺。基于这样一个历史背

① E.L.波伊尔.基础学校——一个学习化的社区大家庭[M].吕达,周满声.当代外国教育改革著名文献(美国卷·第四册)[M].北京:人民教育出版社,2004,46 页.

景,波伊尔认为在基础学校之中,词汇学习部分就应该教会学生阅读的能力,引导学生学会阅读,学会通过写作来表达自我。

而加强外语学习,对于美国教育来说,也非常具有独特性的。1958年美国国会通过的《国防教育法》,被认为是美国教育改革史上重要的文献,从维护国家安全的意义上认识教育改革,其中就包括加强外国语教学。

另一方面是数学语言的学习。波伊尔认为基础学校的学生需要学会数学的基本运算方法——加、减、乘、除。[①] 同时,要把数学作为次序和美的语言来学习。[②] 这里作者扩展了传统数学的概念,从语言的角度来认识数学。因此在教学中不仅要关注到数学的基本技能、基本运算,而且要关注到数学的思想,数学作为美的形态而呈现的一种状态。即数学不仅仅是一种工具,它还是能够发展人类自身认识世界、与他人进行沟通和交流的一种手段,而且数学本身包含了许多美的内容。可能数学老师更能认同这种观点。

艺术的问题也是如此,艺术语言的学习应贯穿于基础学校的课程中,并安排更多的课时。能够把艺术作为语言来看待是一种值得注意的思想。作者在书中写到,越来越多的证据表明,人在各个方面的才能——从言语的得到审美艺术的——是相互促进的。[③] 音乐、美术都是人们用来表达自我、表达自己对世界的感受的一种方式。这样来看艺术,我们就会认识到艺术也是教育的一个重要的内容,而不再仅仅是一种娱乐性的课程。

无论是词汇还是数学或者是艺术,都是核心的课程。它们直接涉及人们如何认识、了解和表达自我。

当代中国对待外语的态度与方式,是非常值得关注的,而且在高等教育中,学生极多的精力被用在外语学习上。也同样有人质疑在小学阶段开设外语课的价值。

进一步拓展开来,我们又是如何定位外语学习的价值与目标的呢? 您是如何认识这一问题的?

如果借鉴波伊尔的观点,您认为您已经受到培养的语言能力表现在哪些方面?

① E. L. 波伊尔. 基础学校——一个学习化的社区大家庭[M]. 吕达,周满声. 当代外国教育改革著名文献(美国卷·第四册)[M]. 北京:人民教育出版社,2004,52页.

② E. L. 波伊尔. 基础学校——一个学习化的社区大家庭[M]. 吕达,周满声. 当代外国教育改革著名文献(美国卷·第四册)[M]. 北京:人民教育出版社,2004,53页.

③ E. L. 波伊尔. 基础学校——一个学习化的社区大家庭[M]. 吕达,周满声. 当代外国教育改革著名文献(美国卷·第四册)[M]. 北京:人民教育出版社,2004,53页.

（二）带共性的课程

波伊尔充分论述了他的"带共性的课程"的思想。我们要注意的是这里的课程建设所关注到的是"带共性"的，是每一个人、每一个学习的阶段、每一个教育机构都需要面对的基本问题。《教育——财富蕴藏其中》曾经谈到人的多样性背后有许多相通的东西，是不同但相通的一种关系形态。具体到丰富多彩的生活，每一个人在他的人生全程之中，都会面临许多相似的问题、一些基本的问题，这些问题是个体所必须要去面对的，他无法摆脱，必须直面。因此就需要考虑，能不能在教育之中设置这一类型的课程来给人的发展提供支持。

波伊尔指出，各所小学最迫切需要的是有一套内容连贯的课程，它要超越孤立的课程，还能帮助学生看到事物之间的联系和规律，并把所学知识充分地运用到生活中去。[①] 波伊尔在书中举了一个非常生动形象的例子：当年幼的孩子们第一次迈进学校的大门时，他们总是在不断地问"为什么"，并寻找着各个学科之间内在的联系。但到了四年级的前后，他们就不再问为什么了，而是开始问"考试中有这项内容吗？"[②]这种现象在我们中国的学校里同样存在。要解决这个问题，就需要帮助学生注重真实、综合的问题，而不是仅仅关注孤立的现象。这里他所提出的观点依然是在强调"联系"这个思想，也就是说，通过我们的课程，使学生意识到世界是有机联系的，世界上各种事物之间有着丰富的联系，而且自己与世界的关系也是有机的。自己可以将学会的各种知识运用到生活之中，从而影响生活。这里再一次体现了基础学校一个核心的思想——联系。

波伊尔进一步指出，我们所提的建议并不是在基础学校重新设置一套课程，而是要以一种新的思维方法来考虑所设课程。[③] 他所建议的设立这种带共性的课程，并不是一定要重新设计一套内容、形态，而是用一种新的思维方法来看待学校的课程，来考虑课程的发展、考虑课程的开发。这一点与我们传统的课程思想有非常大的差异。我们以前把课程作为一个个相互存在隔膜的门类，当我们意识到要加强某一方面教育的时候，就会设置那一门课程、编写教材。相比较而言，更重要的是在课程的实践过程中，人们是怎样看待课程的，用什么样的思想来对待这些课

---

① E.L.波伊尔.基础学校——一个学习化的社区大家庭[M].吕达,周满声.当代外国教育改革著名文献(美国卷·第四册)[M].北京:人民教育出版社,2004,58 页.

② E.L.波伊尔.基础学校——一个学习化的社区大家庭[M].吕达,周满声.当代外国教育改革著名文献(美国卷·第四册)[M].北京:人民教育出版社,2004,57 页.

③ E.L.波伊尔.基础学校——一个学习化的社区大家庭[M].吕达,周满声.当代外国教育改革著名文献(美国卷·第四册)[M].北京:人民教育出版社,2004,58 页.

程,不同的思维方法对课程所开发出来的价值也是不一样的。应该以一种联系的、有机的思想去看待课程,即使是提供一套老的教材、一套分科的课程,依然可以引导学生去领会、认识这些课程中的内容与其他学科、与人的社会生活之间的关系等。反之,即使提供了一套综合性的课程,如果依然用一种老的思想方法来对待它,依然进行知识的分解、考评等等,这个课程的价值依然实现不了。相对来说,创设一套具体的课程内容是容易的,而用新的思维方式来开发课程的价值则是烦难的。

具体说来,波伊尔提出了八门带共性的基础课程,包括生命周期;符号标志的使用;群体中的成员;时间和空间概念;审美观;人与大自然;生产与消费;有目的的生活。

这里有两个方面值得我们注意。

一方面,这八大课程是每一个人都会面对的基本问题,正是从这个意义上来说,它们是共同的,它们涉及人类生活的一些基本领域。例如每一个人都要面对生命的问题,面对着符号标志的使用问题,面对着群体问题,面对时空的问题等等。这些课程满足了人在日常生活、在生命全程之中一些最基本的生活需要。

另一方面,这些课程本身是按照人成长的年段设置的,在一定意义上来说是遵从人的生命发展的规律的。最初人所感受到的问题可能是和生命相关的,因此人的生命从出生到成长到衰老到死亡的周期就是人最初会遇到的、会考虑、会感到疑惑的一些问题。而有目的的生活则是需要有了更丰富的人生经历之后,有了成熟感之后才会进一步思考的。到那时就会思考生活的目的、生活的价值、人生的意义等问题。再如时间和空间的概念问题,在小学阶段,学生就开始有这样一种意识了。当然这并不是说我们在教学之中教学生去认识时间,而是学生自己感受到了时间和空间的问题。在三年级时,可能学生就会意识到外界的时间和自己的学习任务之间有差异,有可能会感觉到自己的效率不行,自己的时间不够用,此时就会产生一种时间意识。再比如说空间概念,从小学到初中的转换,学生的空间意识就在不断地变化。学生会特别关注周围的社区、其他家庭、其他地方的特点。到了初中,对国际视野的关注就更加强烈了。

此外还有一个特点,是这些课程本身是综合的,每一个课程都涉及多学科、多领域的关系。比如说生命周期,从人的出生到成长到衰老到死亡,这一个过程事实上包含着非常丰富的内容——生理学的内容、社会学的内容、文化的内容等等,这些内容都是融合在生命周期这样一个主题之下的。因此通过这种课程教学,学生就会知道世界是怎样的,我们的人生是怎么样的。其实这一思想并不在于要设计出一套具体的课程,而是在于启发我们怎样去思考。尤其是这些课程的出发点开始回归到人的生活,从人的生活需要的角度出发来思考课程改革,这一点是非常有价值的。

新世纪我国的高考发生了较大的变化,其中值得关注的一个问题就是增加了综合课程的考试。虽然各地的具体做法各不相同,有文、理小综合,也有除去语数外三门课以外的六门课(政、史、地、物、化、生)的大综合。

结合博尔诺夫"联系"的思想,联系上文解读的"带共性的课程"这部分内容,谈谈您对于这一现象的认识:

_____

_____

对于综合课程的未来发展,您有怎样的建议:

_____

_____

四、良好的学习环境

本领域的讨论,有三点值得我们关注:第一是与目的相符的教学方式;第二是丰富的学习资源;第三是为孩子们提供各种服务。

(一)与目的相符的教学方式

学生在基础学校的发展,很多时候是在具体的教学环境之中实现的,因此为学生提供一种合适的教育方式,就显得非常重要。这本书中针对教育教学方式提出了一些非常具体的改革措施。

第一是调整班级规模,适应教学目的。[1](在基础学校,每班人数最理想的是不超过 17 人,绝对不能超过 20 人)这种人数的控制是为教师更多地关注学生、促进每一个学生的发展提供基础性的条件。现在我们中国的改革也有这样的趋势。上海等大城市中很多学校开展小班化教学,其客观效果显示,小班化所带来的对学生关注程度确实是要高于大班。在基础教育阶段,如果班额超过了一定的量,的确会为教学、为学生发展带来许多不利因素。然而,有的初中里,一个班级竟然会有六十多甚至七十、八十多人。这是学校发展膨胀时的一个极不正常的状态,但是要想进一步提高它的质量,如果不降低班级的规模,可能就会很难。教师的负担很重,维持整个班级的秩序很困难,同时能为每个学生提供的个别化指导相对也会少很多。所以说班级规模的确是提升教育质量的一个基本条件。

上海是小班化教育的实验区,经过摸索与实践,现在已经积累了许多宝贵的经

① E. L. 波伊尔. 基础学校——一个学习化的社区大家庭[M]. 吕达,周满声. 当代外国教育改革著名文献(美国卷·第四册)[M]. 北京:人民教育出版社,2004,77 页.

验。如上海市卢湾区七色花小学、上海市静安区教院附小、四平路小学等学校,都形成了自身的特色,在小班化教育方面取得了可喜的成绩,也将小班化教育的本土化研究引向更高的层次。

在教育管理上,关于小班化实验的长远发展计划、小班教育人员的配置及工作量安排、小班教学的课程设置、小班教育过程的管理等方面的研究取得了丰硕的成果。

在教室文化上注重实用而富有个性化,在形式上做到了因人而宜,因课而宜,因内容而宜,灵活多变,不入俗套,体现着教师的思考:环境布置怎样更合理? 怎样更适宜学生的个性发展?

在教学评价上,更注重学生各方面能力的综合体现,贯穿了将合作能力置于知识教学过程中这样一种先进的教学理念。

在教学方式上,绝不仅仅是班级人数减少一点的问题。小班化教改实际上是反映的是以人为本、全面发展的人文思想。这种教学思想和方式的改变对教师是一种极大的挑战:"小班教育"怎样发挥学生的主观能动性,怎样最大限度使课堂教学走向开放,充分调动每一个学生的积极主动性,让他们大胆表现自己的个性;"探究教学"、"分组教学"、"参与教学"、"分层教学"、"合作教学"等一系列教学新策略在课堂上是怎样具体实施的;根据学生的个体差异,怎样实施因材施教,加强对个别学生的个别指导,怎样实施个别教学的策略,怎样根据学生的具体情况采用不同的方式方法;怎样使学生求知能力、做事能力、共同生活能力、生存和发展能力得到更好的培养。

小班化教育重视学生课外实践的指导,张扬个性。学生的个性发展是在实践活动中培养的,是主体在与环境的相互作用下形成和发展起来的,小班化教育环境下要为学生的个性发展创造良好的外部环境,使学生的个性得到进一步的张扬。小班化教学由于人数较少,学生的课外实践活动容易组织,在课堂教学之余,应当组织好学生从课内走向课外。而在这方面,教师必须争取得到家长的支持与配合,注意整合相关的教育资源,开展丰富多彩的主题教育活动,让每一个学生个性得到充分的发挥,真正地感受到体验和成功的快乐!

小班化教育环境下,对学生的心理教育和行为管理方面,必须更加细致。在尊重激励方面,怎样做到细处,保护好每一个学生的自尊心,使他们的身体和心理素质都得到健康发展,同时班级管理和学生自主管理都是怎么做的,对教师来说都是挑战。

小班化教育环境下,家长参与教育,成为学校办学的合伙人。在小班教学中由于班级人数少,组织班亲会也比较容易,然而家长对教育的认知不同,对教育品质提升有可能是助力,也有可能是阻力。因而规划小班的教学实验也必将家长作为变量考虑进去。怎样使家长形成小班教学的共识,怎样利用家长资源,家长怎样参与教学和班级管理更合适，也是值得研究的一个课题。

　　除了缩小规模，波伊尔还指出应当关注课堂里的布置方式。他认为这也能够给学生传递重要的信息。布置教室的目的是要能够促进学习，鼓励小组交流，让学生感到美和秩序。①

　　第二是重新设定时钟。也就是说教学时间应该体现灵活性，应该根据学生学习的需要来设定时间，而不是根据时间的规律来安排学生的学习。通常情况下，我们学校中的每节课有45分钟，但我们不应该仅仅根据这45分钟来安排教学内容，而是要考虑到某一类课程可能需要更长的时间，可能是80分钟或者90分钟上一节课，也有可能某堂课对于学生来说没法在这么长的时间内进行，那样就可以将它压缩，变成20分钟一节课。这个思想可以引起我们对教学时间安排的重视。

　　在上海一些实验小学，已经能根据教学需要在教学时间的安排上做出了相应的调整，做出了有益的尝试。如把每天上午的第四节课设定为长课，时间为60分钟，可以安排儿童阅读、英语兴趣、美术绘画等需要较长教学时间的课程，使课程的开发和利用有更为广阔的空间。而在低年级，则根据低年级孩子的年龄特点，安排20—25分钟的短课，适应孩子的心理发展，提高教学效率。

　　第三是要根据教学目的编组。从教学的组织形式来看，怎样组织一种适合教学的编组方式，也是非常值得我们关注的空间安排的问题。在我国的学校里，有着各种各样的分班形式，而主要有这样几类：同一学校内部按照年龄分成不同年级；同一年级内部又按照学生的"智力水平"分为不同班级。在波伊尔看来，分班的方式远远不止这些。在基础学校，学生至少按五种不同的方式组合，以切合"孩子学习方法不同，学习速度也不同"的事实：本班式组合，其目的是安排学生和建立家庭观念；混合年龄组合，其目的是进行互教互学；集中组合，其目的是进行强化辅导；按个体组合，其目的是鼓励自主学习；全校组合，其目的是建立社区大家庭。② 这些问题读起来比较轻松，容易理解，但它们的背后其实隐藏着很多重要的理论问题。

　　第四是几代人之间的交流。在波伊尔看来，基础学校应该强调老师与学生之间的交流，建立一种对话的环境、联系的意识。而且在这个过程中文化内容、教育意识等都应该有具体的体现。

　　① E.L.波伊尔.基础学校——一个学习化的社区大家庭[M].吕达,周满声.当代外国教育改革著名文献(美国卷·第四册)[M].北京:人民教育出版社,2004,78页.

　　② E.L.波伊尔.基础学校——一个学习化的社区大家庭[M].吕达,周满声.当代外国教育改革著名文献(美国卷·第四册)[M].北京:人民教育出版社,2004,80页.

（二）丰富的学习资源

波伊尔认为：基础学校为学生提供丰富的学习资源，从积木到图书。附近社区的图书馆、动物园、博物馆和公园也是学习资源。即将跨入新世纪的时候，基础学校应该让所有的学生接触到那些能够把每个教室同广阔的知识网络连接起来的新电子技术。[①] 我们可以注意到这里对学习资源的论述，从学习资源的形态到它的分布，到最新的网络技术都关注到了。波伊尔提出了三类学习资源：书、电子教室以及有利于学习的居住区。

这里尤其值得我们注意的是一种资源意识。学生的发展需要非常丰富的资源，我们为他们提供了这样的资源，他们的发展就会具有更多的可能性。如对网络的利用，我们所接触到的一些学校，在走廊上或者专门的电子阅览室里设置可以上网的电脑，学生愿意的时候可以自己过去使用。这就为学生发展提供多种可能性，他可以通过这种方式获得更多的资源。这种资源意识的进入就促使我们开始思考学校中的环境、学校中的物质设施怎样为学生的发展服务。以这样的思想来重新认识我们自己的学校，就非常有必要去思考一下在我们的学校、我们的班级中，在哪些方面提供了学生发展的资源，有哪些方面限制了学生的学习发展空间，有哪些方面剥夺了他们学习发展的可能性等问题。

请您列举出您小学时代曾经获得的学习资源和原本存在，但是被忽略掉的学习资源；并同时思考：在大学学习中，又有哪些重要的学习资源被忽略或者遗忘了。

	被充分重视的学习资源	被忽略或遗忘的学习资源
我的小学		
我的大学		

---

① E. L. 波伊尔. 基础学校——一个学习化的社区大家庭[M]. 吕达，周满声. 当代外国教育改革著名文献（美国卷·第四册）[M]. 北京：人民教育出版社，2004，85 页.

（三）为孩子们提供各种服务

波伊尔认为，基础学校的宗旨是"为孩子的全面发展服务，承认一个学生在身体上、社会上和情感上的状况也和学习相关。除了坚实的学术计划之外，学校还应向学生提供基本的保健和咨询服务，向家庭提供专业推荐咨询服务，设立新的日历和时间以及提供能够丰富学生的学习和创造力的课外活动和暑期活动。"①

这些具体的构想都是在思考：怎样才能使学生在学校的生活更加丰富，能够为学生多方面的发展提供多方面的支持。如果我们仅仅关注到教学这一种形式的话，就难免一叶障目，就有可能忽视孩子潜在的、多方面发展的可能性。这与我们在前一章中提到的一个观点相关，即教育是一个丰富的系统，在这个系统之内，有着丰富的教育资源，即"教育——财富蕴藏其中"。所以从"财富"的意义上认识教育，我们可以认识到教育有着多方面的可能性、丰富的价值。具体到教育过程之中，我们要考虑的就是怎样通过自己学校的变革为孩子提供各种服务。

五、致力于品格的塑造

这是波伊尔最后论述到的问题，涉及人的品格塑造的问题。波伊尔指出："基础学校关心着孩子们生活中伦理和道德的方面。其目的是，确保每个学生在离开学校的时候，已经建立起一种个人和公民的强烈责任感。在基础学校致力于提高学习和生活质量时，它强调七种基本的美德，包括尊重、同情、坚忍，并以此作为基础学校的指南。"②

波伊尔等教育家已经关注到学校教育中有关道德教育的问题，这是一个世界性的问题，很多学校都面对着这样的问题，尤其是在这样一个复杂的、多变的社会背景之下，学生的道德品质培养是非常重要的。当然，不同的学者，不同环境下的学校对道德教育的关注也是非常不一样的，比如说这里就提出了七种基本美德，这些美德可能对于美国更加适合，而中国进行道德教育改革，可能就要关注我们的孩子需要具备哪些美德。如果把这里的几种美德拿来在我们这里做一个实验是可以的，但是如果要推行，可能就要考虑这其中的美德是不是都是我们最需要的。

波伊尔论述的七种美德包括：诚实；尊重；负责；同情；自律；坚忍；奉献。

如果我们尝试填写下表，也许立刻就能感受到本书在论述人格培养方面所带给我们的启发。

① E.L.波伊尔.基础学校——一个学习化的社区大家庭[M].吕达,周满声.当代外国教育改革著名文献(美国卷·第四册)[M].北京:人民教育出版社,2004,93页.
② E.L.波伊尔.基础学校——一个学习化的社区大家庭[M].吕达,周满声.当代外国教育改革著名文献(美国卷·第四册)[M].北京:人民教育出版社,2004,104页.

当代教育名著选读

	当代社会缺失度	具体内涵	教育应该承担的责任
诚实			
尊重			
负责			
同情			
自律			
坚忍			
奉献			

　　上述七种美德都是非常容易获得认同的基本美德。而所谓基本，就是在历史发展中不断积淀下来，在最基本的人类生活中所不可缺失的内容，如"诚实"、"尊重"等。再如"负责"，在这里是被作者作为一种基本的美德来看待；自律涉及自我的关系问题；同情和奉献涉及了自我与他人的关系问题；坚忍则涉及人在具体的生活环境之中如何能够坚韧不拔地生活下去、发展下去等等。在波伊尔这本书中，我们不断感受到"基础"、"基本"、"共同"的重要性。我们能够从中获得一些启发，如在当代背景之下最基本的美德的重要性包括哪些。并不是说随着社会的发展，我们的道德教育就要永远追求时髦的东西，有些基本的东西仍然是不能放弃的。如"诚实"、"负责"等等，就是我们中国传统中非常值得借鉴、值得保留下来的优良财富。

　　具体到基础学校如何培养学生的美德问题，书中提到了三个方面：通过课程塑造品格；通过环境塑造品格；通过服务塑造品格。书中指出：我们建议，基础学校的每一个学生都应该开始学习为他人服务，从家庭和学校的小事做起，从教堂、清真寺或犹太教堂的具体项目做起，帮助老年人，在日托中心帮助孩子，当然也帮助学校的其他同学。

学校改革的条件保障

　　这里我们要关注的是作者思想背后的东西，由此提出了五个问题：第一，教师作为学者。如何理解学者的重要性？在当今的社会背景下我们也在面对着这样的问题。第二，家长与学校的伙伴关系。如何认识家长与学校的伙伴关系，如何建立两者之间较为和谐理想的相互沟通的途径？第三，带共性的基础课的设计思路。这里关注的是怎样来进行这样的思考，怎样进行这样的课程设计，这种课程的思想是什么,对我们提出了哪些新的要求,为我们的改革提供了哪些新的思路。第四,如何安排教学中的时间?第五,如何根据教学目的编组?第四个和第五个问题涉及在教育中的时间和空间的安排问题。时间和空间安排是教育中摆脱不了、必须面对的问题。一方面是教育存在于时间和空间之中,另一方面是教育之中也存在着时间和空间。如何实现教学时空的最优化?现在有很多研究者开始关注这个问题,尽管这方面的成果还不是特别多,但是非常值得我们进一步去关注。

一、教师作为学者

如何理解基础学校对于教师作为学者的要求呢?书中谈到教师首先是学者,要具有广博的知识,并不断地更新知识。这一点我们可以结合当代教育和社会发展的需要来看。对于教师来说,首先他要具有广博的知识,这是作为一种结果形态;而作为一种过程形态,他同时又要不断地更新知识。

一方面是当今世界、社会迅猛发展,知识社会的程度在不断加深。对知识的新的需要,对知识更新的速度需要不断加快,所以,教师必须不断地去更新知识。另一方面,从教育本身的发展需要来看,课程、教学的迅速变革,学生本身视野的拓展与知识系统的更新,都向教师提出新的挑战,需要教师具有广博的、不断更新着的知识。

结合这本书中所讲到的改革措施,如在基础学校之中要加强带共性的基础课的教学,必须要有具备广博知识的教师,才能承担起这一课程的教学任务。很多课程都是综合形态的,涉及多方面的内容,因此就对教师的知识基础提出了挑战。可以说,不仅是在波伊尔的基础学校之中,在中国的学校改革之中,也越来越体现出教师作为学者的重要性。现在很多学科自身的改革也对学科老师提出了很多要求。如对于语文老师而言,教师自身对语言的领悟力,自身的文学素养,已经成为制约他能否开发语文学科之独特育人价值的核心因素。有的教师具有很深厚的语文素养,他的课就会上得非常有语文的味道,反之就可能很难开发出教材中的价值。此外,除了课堂,教师本身深厚的学识素养所自然散发出的魅力,也会潜移默化地传递给他的学生。再比如说数学,当前人们已经开始强调加强数学学科价值的开发,这里就要关注数学学科在历史发展中的状态,数学学科在人类发展中的重要价值,关注数学学科所包含的思想方法等问题,这些都对教师提出了新的要求。教师必须掌握数学发展史,了解数学与社会的积极互动关系,了解数学思想,这些都超越了对数学学科教师的传统的要求。而且对于教师来说,不仅要具备学科知识,随着这种综合性的课程形态的不断出现,还需要了解其他方面的知识:社会发展的知识,教育学、管理学的知识等等。因此,教师的学者角色越来越受到重视。

可是用这种思想来观察现实,我们会发现现有教师进修的模式存在很多问题。波伊尔在《基础学校》之中提出了一些具体的建议,比如说基础学校可与当地的高等院校建立正规的合作伙伴关系。对于教师的发展来说,确实有多种多样的方式,比如说与高校建立联系,与科研院所的联系,与教育培训机构的联系,学校内部的培训,教研组内的合作,学校教师的自学等等,这些都是非常重要的学习途径和方式。

G小学是上海市闵行区一所公立学校,其前身是一所镇管小学,学生大多来自当地农村。在课程设置上按照上海市统一规定的课程实施。学校于前两年重新择址建校,校园环境、硬件设施有了很大的改善。环境优美,现代化设施引进了课堂,每班都配备有电脑、投影仪器。尽管硬件条件不错,但由于该校教师大多为当地镇上老师,对教育理念的理解和掌握相对比较薄弱。2006年9月虽招进了8名大学生,但新老师缺乏实际教学经验。为此,该校校长于去年与某师范大学教育方面的专家进行科研拜师活动,帮助学校和老师进行课题研究。

在G校,大学—小学合作模式是这样的:先由专家组走进学校,走进课堂实地听课,各个年段、各门学科都听,寻找症结,其次针对学校发展需要和当前症结所在确定具体课题,制定研究的目标,进行理论指导,寻求改革和改进。

校长的想法很好,与大学合作,不仅给老师教学与科研的专业成长搭建了平台,给他们以扶梯、拐杖,降低了难度,同时,教学与科研两手同时抓,对于学校和教师发展都非常有利。而专家组如此安排成员和活动程序,也是理论与实践并重,非常合理。这样的合作真正实现了理论与实践的沟通,理论走向实践、指导实践。

所以作为一个学校和教师,当我们意识到未来的社会发展和教育改革对我们提出的这些新的要求的时候,应该考虑一下:自己可以通过哪些方式成为一名学者? 自己的发展之路应该如何走?

二、家长与学校的伙伴关系

家长与学校之间应该建立的是一种伙伴关系,而不是不平等的、一方凌驾于另一方之上的关系。学校和家长都有一个共同的目标,就是培养好自己的学生,培养好孩子。从这一点来说,学校和家长应是同盟者。在这本书中有很多论述,其中有两点对于我们的教育改革很有启示性:一方面是入学时的伙伴关系,另一方面是保持伙伴关系。

1. 入学时的伙伴关系

在《基础学校》中提到了三种形式:

第一是开学第一天的互动。因为这一天是师生、家长见面的良好机会,在这个时间里,通过多方面的活动能够加强各方的交流,建立起一个良好伙伴关系。现在,很多学校要求教师对新接班的新生进行家访,在这种情况下,这第一次家访对双方能否建立良好关系以及后续的家校合作是非常重要的。当前上海市部分小学非常重视新接班教师的家访工作，还曾做过此方面的专业培训，比如，家访前应先提前打电话预约，家访当天到学生家楼下时最好再通一次电话以示尊重；家访时的着装要注意；第一次家访教师应该做哪些方面的陈述等。

第二是学习契约。这是一个比较有趣的思想，就是说与家长在辅导、教育儿童方面订立一些基本的契约，也就是将家长的角色和承担的职责契约化。这种思想很值得试验，是一种比较制度化的方式。

第三是学生基本情况登记。通过这种方式与家长不断地进行沟通和相互了解。这也是一种比较可行的方式，通过它，可以与家长、家庭保持一种良好的沟通状态。

对于这些基本的形式，还有更多可以开发的地方。比如说学生基本情况登记，其实它不仅是学校与家庭沟通的一种方式，如果用研究的眼光看待它，它可以成为学校改革的一个突破口。我们可以通过对学生基本情况的分析，来考虑教育改革的重心、突破口在哪里。我们学校的一切教育活动要想对学生产生积极的影响，一个重要的条件就是建立在学生现有的发展基础之上，了解学生现有的发展状态，了解他们所面对的具体问题，分析其发展的可能性。在这样的基础之上建立起的教育实践活动，是非常具有针对性的。要实现这一目标，就要去研究学生，因此这些材料完全可以成为我们研究的资源。

2. 保持伙伴关系

这是指学生入学之后，在一个长时段的学习过程之中，学校如何与家长保持密切的关系。这里有一些非常重要的内容值得我们讨论，比如说家长会、家长活动角、家长基本情况登记、家长协调人等等。这些形式我们都有，而在运用这些形式的过程中效果是值得我们关注的。

这里我们重点看一下家长会。

家长会是当前我们的教育中一直在运用的一种教育方式。可以说每个学校每个学期都在开各种各样的家长会，它有着很长的历史。《基础学校》中就指出家长会是保持家长与学校关系的重要手段。

对于我国当前的改革来说，这些传统的形式需要被继承，并且要结合时代发展开发出它在当前现实状况下重要的教育价值。现在有些学校已经对这些问题作了很多探索。比如说家长会该怎么开？比较传统的家长会就是介绍一下情况，进行一些批评和表扬；而有的学校则在要开家长会时，请学生们在黑板上写下一句自己给家长的话，不记名，只写自己对生活、对学习的感受，家长来了以后的第一件事情，就是请家长们猜猜看哪句话是自己的孩子写的。在这样的家长会之下，学生的状态、学生的需要就通过这样一些语言表现出来了。这样的家长会就会提醒家长们要注意孩子有自己独特的需要，家长在家庭教育之中应该考虑到学生的心理状态。还有一种改革方式是采取双向沟通的方式，比如采用交互式座谈会的形式，请家长们也谈一谈自己的感受、家庭教育中的一些好的做法，也包括家长对学校提出的建议等等。此外还有一种方式是三方的沟通，即家长、教师、学生之间的沟通。请家长、学生和教师一起来开家长会，一起来讨论这一段时间学生在发展中所面对的问题，讨论还有哪些可以做的事情，这是更大范围内的一种多向的沟通。

在保持伙伴关系的时候，可以有很多创造。比如说家长委员会，可能很多学校、年级、班级都有家长委员会，您是否考虑过家长委员会由哪些人构成？通常的做法是由一些有一定影响力的、有一定经济能力的人构成的，但是有的学校现在则开始考虑家长委员会的均衡性，不同层面、层次、区域都有一定代表，这样就加强了家长委员会的代表性。还有的比较关注使在教育方面比较有经验的家长成为家长委员会的成员，这样就强化了家长委员会的教育职能。如果说传统的家长会关注的是如何为学校的发展提供一些经济的支援的话，第二种则更加强调平等的、均衡性的构成，第三种则强调教育在家长委员会中的地位。这些具体的创造都是比较有中国特色的教育改革，完全可以与国外的教育改革进行沟通、对话。所以，并不是说国外的一切都是好的，我们要关注的是与他们相同的和不同的地方。

此外不少学校的日常教学活动也逐渐向家长开放，每学期都会有家长开放日，家长来学校了解学校的环境、课程安排等，也可以深入课堂，了解孩子的课堂学习状况，参与教学讨论，提出中肯的意见。这种家校之间的互动是富有成效的，不论是学校，还是家长，这种亲身经历的体验、交流，都缩短了家校的距离，有利于家校之间的配合，也充分地体现了在学生教育方面家长和学校的这种伙伴关系。

然而，家校真正和谐的合作伙伴关系的建立，还需要学校、教师与家长之间真诚、充满信任地、持续不断地沟通与交流。

三、带共性的基础课的设计思路

这里我们关注的问题是那八门带共性的基础课程是如何设计出来的，它体现出的是怎样的思维方式。当前我国基础教育改革中，容易出现的误区是较多地把别人的内容拿过来，恰恰忽略了别的国家在进行课程改革时的思维方式，而恰恰是思维方式，才是一种更加内在的财富。

带共性的基础课的课程目标，就是使学生发现各种事物之间的相互联系。[①]带共性的基础课恰恰是让学生去发现我们的生活之中，自己与他人之间有着如此之多的基础性的相似之处，而这些课程就是帮助我们共同面对这些具体问题的。带共性的基础课，关注的是全人类所共有的普遍经历，是人类生存的基本条件，是

---

① E. L. 波伊尔. 基础学校——一个学习化的社区大家庭[M]. 吕达, 周满声. 当代外国教育改革著名文献(美国卷·第四册)[M]. 北京: 人民教育出版社, 2004, 68 页.

对我们的生活有实际意义的东西。① 这使得整个的课程设计的思路回归,回归到全人类,回归到生活,回归到人的生命历程之中。这里我们可以看到,它已经超越了传统的分科课程,超越了对课程孤立化的认识,而强调它与人的发展之间的关系,强调课程本身的内在有机性。

书上还讲到每一门传统学科都能在这里找到归宿。这本书基本上没有对传统的学科持否定的态度,而是认为,在以一种新的思维来建设这八门带有共性的基础课程的时候,原先的每一门传统学科都能够在这里找到归宿。这里的差异性在于每一门学科不仅找到了它自己独特的位置,而且还找到了自己与其他学科相联系的地方,这是在一个新的空间中的位置而不是传统的、独一无二的某一门学科,这些不同的学科综合在一起,又是一个非常系统的整体性课程。因此对于传统学科不是要否定它们,而是要为它们价值的更大开发提供新的土壤。

另外,八门基础课是根据它们出现在现实生活中的次序而排列的。② 这也是这本书中一个很有特色的课程设计思想。书中有个比较明确的解释,也就是说从第一门非常基础的课程——生命周期开始,到最后的考虑人类生活的意义、生命的目的,这基本上是围绕着人在生命全程之中每一阶段可能会出现的问题而排列的。因此,在一定意义上来说,它在提醒我们要关注在每一个时段、每一个发展的阶段,我们所面对的问题可能是有差异的。在本书作者自己的教学过程中,曾经有大学生提出:每一个人都应该在每一个阶段做他独有的事情,比如说对于儿童来说,游戏、玩耍可能就是这一阶段独有的;而对于一个老年人来说,如果还像孩子那样的方式生活,可能就违背了人生的基本发展规律。相反,如果在小学阶段就把一些成人的压力、成人的生活方式转换到学生的身上,使他们过早地成人化,可能也是有悖于学生的基本发展规律的。在《基础学校》一书中,这一部分的解读,最根本的思想就是要尊重人生发展的基本阶段性,针对每一个阶段设计出相应的课程。

四、安排教学中的时间

我们曾讨论过时间与教育之间的关系,教育、教学存在于时间之中,教育教学之中也包含着对时间的安排。在基础学校,时间应该为学习服务,③这是时间安排的基本前提。书中提出,要根据学习的需要、教学的需要来安排时间。而在现在的学校里,每个教学日被割裂了,已经束缚了学习。这是对现有学校中的时间安排的批判

① E. L. 波伊尔. 基础学校——一个学习化的社区大家庭[M]. 吕达,周满声. 当代外国教育改革著名文献(美国卷·第四册)[M]. 北京:人民教育出版社,2004,58 页.
② E. L. 波伊尔. 基础学校——一个学习化的社区大家庭[M]. 吕达,周满声. 当代外国教育改革著名文献(美国卷·第四册)[M]. 北京:人民教育出版社,2004,58 页.
③ E. L. 波伊尔. 基础学校——一个学习化的社区大家庭[M]. 吕达,周满声. 当代外国教育改革著名文献(美国卷·第四册)[M]. 北京:人民教育出版社,2004,79 页.

性思考,它没有把教学时间作为一个有机的整体,没有考虑时间对于人的发展的价值,而是依照一种科学主义的方式把时间机械地割裂开来,每一天、每一星期都被简单地分为一个个45分钟。他们运用的是一种技术的方法,把有机的时间——与人的生活结合在一起的时间像模块一样给拆分、解构,可是当我们将这些时间再拼起来的时候,它已经不再是有机的时间了。因此学习的单元是按照时间切块硬性安排的。

该书对于这一问题的批判是非常值得我们思考的。我们现在基本上都是依照时间来硬性安排我们的学习、工作、生活,很可能偏离了人生活、发展的需要。《基础学校》就提出使每个课堂里的教师可以自由调整课时,只要求他对教学结果负责,而不是跟着时钟转。可能这种思想实践起来有一定的难度,需要进一步地去研究和探索,但是这个思路是值得我们去关注的。就是说我们的教学活动不是为了完成时间,而是要根据我们的学习和教学任务来安排时间,要让时间为我们的学习服务。所以我们对于时间的安排要多一个意识,不再是要赶时间来完成教学的要求,而是要通过对时间的安排来实现教育目标。

上海市育才中学段力佩校长早在1962年,就提出:"首先,安排好时间。根据全面贯彻党的教育方针的精神,把学校的各项活动都列入'课程表'中,使学生各种课外活动,包括时事形势课、校班会、团队活动、体育锻炼活动、文艺活动、各种学科活动、科技活动等,都能在时间上得到保证,不至于被教学挤掉,以保证学生能在各方面活动中得到补充和提高。此外,根据劳逸结合的精神,确保学生有八到九小时的睡眠时间;布置给学生的课外作业,除了应从教学工作本身去改进解决外,我们还对每天的课外作业量加以控制,这主要由班主任和任课老师协商安排。"

如果说,这时通过时间保障学生的健康、全面发展的话,那么,是否每节课都需要45分钟呢?

在育才中学的改革实验中,"我们学校的课时安排不是45分钟一刀切,而是有长有短,目的在于调节学生的学习生活。"他们形成了不同时间安排的课时安排,形成学校教育时间的再设计。

——《段力佩教育文集——纪念段力佩先生100周年诞辰》,
上海市育才中学编

五、根据教学目的编组

这里涉及教育之中的空间安排,书中提出了五种组合形式,非常值得我们借鉴。

第一种类型是本班式组合,其目的是安排学生和建立家庭观念。这是以一个班级的形态建立、形成学生的群体意识、集体意识。中国学校内的基本组织单位也是班级。班级形式本身具有非常重要的价值,它不仅为教学提供基本的组织保障,

而且其本身就是一个独特的教育领域。

第二种类型是混合年龄组合，其目的是开展互教互学。不同年龄的学生组合在一起，围绕着一个教学任务、教学目标而互教互学。如当前学校的拓展性课程，其中不少课程是不分年龄、年级的，如剪纸艺术、十字绣、合唱、绘本阅读等拓展性课程，在学校以兴趣小组的形式开展，以兴趣的浓厚来分班教学，实行走班教学的形式。这种编排有助于小组间的合作交流，有利于学生兴趣的培养，也使学校的教学形式更加多样化。

第三种类型是集中组合，其目的是进行强化辅导。这种组合方式将接受能力和兴趣爱好相似的学生集中在一起进行强化训练。学生组成小组集中解决一个特别的任务、学习一种技能，或做一个项目，这种做法可以在一个班里采用，也可以跨年级采用。[①] 这种组合方式在我国一些学校中已经有所体现，我们所熟悉的学生社团就是其中的一个代表。

第四种类型是按个体组合，其目的是鼓励自主学习。对于这种形式我们也比较熟悉，即自习。然而值得我们注意的是：这里的自习不是机械地完成作业，而是充分利用这段时间培养学生的自学能力，让他们能够在自己的教室里或在学校的学习资料中心独立收集资料，完成各种任务。

第五种类型是全校组合，其目的是建立社区大家庭。全校组合也就是为全校学生提供一个从事共同事情的机会。这种组合经常出现于学校的各种大型活动中，学生可以以年级为单位向全校师生展示他们的才华。

这是五个不同层面的组合方式，而这些组合方式的目的都是非常清楚的，那就是为了学习，为了建立一个社区大家庭。因此，这里的空间安排依然是为了实现最基本的教学目标的。从中国的实践来看，在时间和空间的具体安排上也有很多创造。比如说班级内部在教学之中，也有非常多的组合形式，例如同桌，这是一种空间组合，同桌之间开展互教互学，开展交流讨论，是非常有意义的组合方式。再如小组，四、五个人一个小组，进行合作与讨论。再比如说更大范围的小队，这又是一种组合。

【启迪与思考】

一、对教育工作者的精神激励

在读本书时，我们能够不断感受到作者对教育，尤其是对基础教育事业的热

---

① E.L.波伊尔.基础学校——一个学习化的社区大家庭[M].吕达，周满声.当代外国教育改革著名文献(美国卷·第四册)[M].北京：人民教育出版社，2004，81页.

爱,作者对它充满了感情,将它作为自己一生的追求,将它作为自己的力量、潜能发挥的方式。这使我们感受到教育工作者是具有精神的生命体。

回到我们曾经讨论过的一个观点:在教育中,我们需要将学生当成一个完整的生命体来看待,他们不仅仅有认知的需要,而且有精神的需要。可是我们往往忽略了教育工作者本身也是一个有精神需要的生命体。

在教育之中,这种精神的存在是一种重要的力量,教育工作是需要精神力量的支持的,作为教师需要有这样一种感觉,感受到这个工作是需要"我"去做的,做这件事情能够体现出"我"的价值,"我"能够从中感受到很多快乐,能够得到很多发展,能够感受到生命存在的意义。

教师精神力量的焕发,将带来教育中的巨大创造。在这本书的序言之中,译者也关注到了这一点。波伊尔对于基础教育、对于儿童的一种深厚的情感,是非常值得我们细细体会的。

二、对我国中小学改革的启示

这本书对于我国的中小学改革实践具有非常多的启示。

一是对形成学校改革的整体意识的启示。从现在我们能够感受到的学校改革状态来看,许多学校都在做改革。可如果我们进一步考察这些学校改革的构成状态,就会发现相当多的学校改革缺乏整体意识,停留在点状,比较多的依然是分领域的、分割的、纵向的研究,比如说对某一个学科作的改革,对德育方面或者是文化方面作的改革,信息技术设施的更新等等。而一所新型的学校应该是包含着很多方面的关系的,应该是多方面领域的有机构成。某一方面的改革并不能够替代一个学校改革的整体。

基础学校的核心因素是联系,基础学校是一个有机的整体。在当今的教育改革背景之下,越来越需要教育工作者加强整体意识。无论是作为教师还是作为校长,都要清楚学校的整体状态是怎样的,学校的哪些方面还存在问题,哪些方面有特色,学校今后的整体发展状态是怎样的,由此对学校发展做出一个整体的规划。

二是对提升学校课程改革质量的启示。无论是从具体的课程设计还是从具体的课程思想的变革来看,它都是非常具有先导性的。将该书的思想与当代中国正在开展的课程改革作比较,就会促进我们思考课程改革之目的、思路、构成、方式等一系列的问题。

三是对学校德育改革的启示。该书不仅提出了一些基本的美德,而且对于教育的方式也作了一些论述,这对于我们思考当今中小学的德育改革,是具有启示价值的。当前我国基础教育改革中的道德教育,迫切需要作系统的反思与研究,需要结合时代的发展需要,形成清晰的德育改革思路。

就您对该著作的阅读,您觉得对我国基础教育改革具有启发性的内容还有哪些?

_____

_____

_____

以下是一位研究生的总结材料:

我记得我读的第一本跟教育学沾边的书是《家庭教育在美国》,虽然这本书实在算不上是什么教育理论书籍,可是当时读得特别兴奋。一方面觉得自己与以前不一样了,总算开始接触教育了,另一方面也被里面的观点吸引着、启发着。那时候我突然发现原来自己曾经经历过的中国基础教育居然存在这么多问题,那么多被我默认、接受的教育方式、观点,换个角度来看居然是那么荒谬。感觉自己对教育的兴趣从那个时候一下子被激发出来了,我也开始尝试反思身边的教育现象,开始有了自己的思考,当然这还是很初步的。

到了大二,我看了第一本比较具有理论性的教育著作——诺丁斯的《学会关心》。那是我看得特别投入的一本书,很兴奋。那时候开始跟老师有了比较多的接触,还参加了南海中学的义教活动,我的思维一直处于很活跃的状态,经常会将老师的话、自己的实践经历和作者的思想结合在一起,思考了很多问题,还写了长长的读书笔记。虽然那个时候的观点依然是不成熟的,但现在看来那是一种很好的学习状态。我希望一直拥有。

说到读书的方式,我觉得自己一直处于摸索中。最开始读书时我总希望能够记住什么,可是最后发现自己几乎什么也没记住,尤其是那些翻译过来的书,有些话实在太拗口了,靠死记硬背怎么可能记住呢?! 彷徨了一段时间后,有一次跟老师吃饭,他突然问我们是怎么读书的,我听到有同学说先看作者简介、目录、前言、后记,然后再开始看内容,顿时有种恍然大悟的感觉,自己原来抓到一本书就开始从正文第一个字开始看起,没有对全书有一个整体的把握,对作者的思想没有整体性的认识,读到的只能是只言片语、一些零散的东西。也差不多是在那个时候,老师第一次提醒我读书要学会"联系",并且讲了自己读硕士时候的读书感受。我开始尝试将整本书的前后章节、观点进行整合。

后来老师又问过一系列类似的问题:"你真的喜欢叶澜老师的思想吗? 你读过她的书吗?""你说喜欢莫兰,你读过他的几本书? 能列举一些他的观点吗?"……我开始意识到读书中的"联系"要将作者所有的思想联系起来,将他在各种文章、著作中表达的观点联系起来,这样我们看到的才是一个丰富的、立体的思想体系。

再后来老师又问我们:"能不能讲讲莫兰的思想、富兰的思想、博尔诺夫的思想

当代教育名著选读

之间有什么区别和联系?"这让我对读书的"联系"的认识又进了一步,将不同学者的观点联系在一起进行比较,这样自己的认识就又加深了一点。

最近一段复习考博士研究生的时间里,老师曾经三次提醒我在复习的时候,读书要学会"联系",既要了解不同学者的观点,也要有自己的思考,如果能对他们的观点进行批判就更好了。这让我对"联系"的认识又进了一步,也是迄今为止我所能够理解、体会到的读书的最高层次。

虽然有不断深入的认识,但是要将方法落实到实际行动中去并不是那么容易,直到现在我依然会有困惑,很清楚自己离老师所说的那种读书状态还差得很远,但我想只要一直尝试,总会越来越好的。

——材料选自华东师范大学公共管理学院研究生邓睿的月末小结材料,2008年3月。

读完上述材料,您最受触动的内容是:＿＿＿＿＿＿＿＿＿＿＿
＿＿＿＿＿＿＿＿＿＿＿＿＿＿＿＿＿＿＿＿＿＿＿＿＿＿＿
＿＿＿＿＿＿＿＿＿＿＿＿＿＿＿＿＿＿＿＿＿＿＿＿＿＿＿

仔细想想,学校教育中可能有的各种联系可以包括:
＿＿＿＿＿＿＿＿＿＿＿＿＿＿＿＿＿＿＿＿＿＿＿＿＿＿＿
＿＿＿＿＿＿＿＿＿＿＿＿＿＿＿＿＿＿＿＿＿＿＿＿＿＿＿
＿＿＿＿＿＿＿＿＿＿＿＿＿＿＿＿＿＿＿＿＿＿＿＿＿＿＿
＿＿＿＿＿＿＿＿＿＿＿＿＿＿＿＿＿＿＿＿＿＿＿＿＿＿＿

【推荐阅读】

1. 李烈:《为生命涂上爱的底色》,高等教育出版社,2005年版。
2. [美]特林·芬瑟:《学校是一段旅程》,人民文学出版社,2006年版。
3. 薛瑞萍:《心平气和的一年级》,长春出版社,2005年版。
4. 朱小蔓:《教育的问题与挑战》,南京师范大学出版社,1999年版。
5. 李家成:《关怀生命:当代中国学校教育价值取向探》,教育科学出版社,2006年版。

【拓展性活动】

1. 以您的同学为对象,访问您的同学,分析他们所曾学习过的小学、初中、高中如何建立与家长的联系,自主分析其状态、问题。参考下表方式,自主设计调查表,并作出汇总分析。

姓名_____	学校与家庭间联系方式	联系次数	家长反馈信息
小学			
初中			
高中			

2. 以下材料是上海市闵行区实验小学尤兆蕾老师班级中的岗位建设材料,请评析在此类工作中,具有哪些促进学生道德品质形成与完善的资源?

班级固定小岗位一览表

岗位名称	岗 位 职 责	竞 聘 要 求
1. 语文课代表	1. 收发语文作业本 2. 语文课前领读	1. 语文成绩优秀 2. 有责任心,做事主动、认真、踏实 3. 说话态度大方、口齿清楚、声音响亮,能有感情地朗读
2. 数学课代表	1. 收发数学作业本 2. 数学课前领读	1. 数学成绩优秀 2. 有责任心,做事主动、认真、踏实 3. 说话态度大方、口齿清楚、声音响亮
3. 英语课代表	1. 收发英语作业本 2. 英语课前领读	1. 英语成绩优秀 2. 有责任心,做事主动、认真、踏实 3. 说话态度大方、口齿清楚、声音响亮、语气语调好
4. 体育课代表	1. 早上带队领操 2. 体育课前带队、喊口令 3. 协助老师组织体育比赛中各项工作	1. 站姿挺拔、动作有力到位 2. 声音响亮、口齿清楚、会喊口令 3. 有责任心,做事主动、认真、踏实
5. 图书管理员	1. 班级小书库的图书征集和整理 2. 图书借阅和归还工作,并做好记录	1. 有责任心,愿意为大家服务 2. 做事主动、认真、仔细、有条理
6. 早读管理员	1. 每天早晨进校后带领大家早读 2. 管理好早读期间的教室纪律	1. 能每天 7:30 前到校 2. 朗读声音响亮有感情 3. 会操作录音机 4. 能动脑筋想办法管好大家
7. 电教管理员	1. 每天早晨到校打开教室电脑 2. 中午及放学前关闭电脑 3. 维护电教设备的整洁	1. 有较强的电脑操作能力 2. 有责任心,做事主动、认真、仔细

岗位名称	岗位职责	竞聘要求
8. 白鸽小卫士	1. 检查茶杯、手帕、手指甲,并做好记录 2. 检查教室卫生	1. 有良好的卫生习惯 2. 有责任心,做事主动、认真、踏实
9. 午餐管理员	1. 每天中午饭前同学拿饭盒时维持秩序 2. 午饭后整理饭盒及其他餐具	1. 用餐速度快、不挑食 2. 动手能力强,有责任心,做事主动、认真、仔细
10. 报刊管理员	定期把报刊杂志发到同学手中	1. 头脑清晰,做事有条理 2. 动手能力强,有责任心

流动小岗位（每周轮换）

1.	眼操小卫士	2 人
2.	室内操领操员	2 人
3.	早读领读员	2 人
4.	门窗小卫士(开关门窗、擦窗台)	1 人
5.	节电小卫士	1 人
6.	黑板小卫士(擦黑板、清理粉笔槽)	2 人
7.	讲台清洁员	1 人
8.	饮水机清洁员	1 人
9.	综合厨管理员(擦综合厨、倒垃圾)	2 人
10.	地面清洁小卫士	4 人
11.	走廊小卫士(擦走廊墙面)	2 人
12.	包干区打扫	2 人

3. 以下是上海市七色花小学网站上的材料(http://www.qsh.lwedu.sh.cn/info/index.asp? info_class_id＝200＆height＝768＆width＝1024)。该校建校于1994 年 9 月,是一所由上海市卢湾区教育局领导的公立学校。请您评论其对学校办学思想的认识,并与您曾经就读的小学作比较,提出您对于小学教育的特殊性的认识。

"七色花"是一首诗,吟诵着孩子们生命的童真;

"七色花"是一支歌,抒发着孩子们对美好未来的向往;

"七色花"是一幅画,描绘着孩子们多彩的梦想;

"七色花"是一曲乐,弹奏着孩子们如此美妙的生活的旋律;

‥‥‥‥

愿每一个"七色花"的孩子尽情享受童年时代的欢乐，

愿所有"七色花"的教师在孩子们的成长过程中充分感受教育的成功和自豪！

选读之五 《变革的力量
——透视教育改革》

【学习目标】

通过本章学习,了解作者富兰在本书中所提出的促进学校变革的主要观点,深入理解作者关于学校变革中思维方式更新问题的论述,能够结合学习,分析当前我国学校变革中的思维方式问题和学校改革策略问题,并积极更新自己的思维方式,能够为学校改革的具体推进提供有价值的思路。

在回忆中重生

我的母校只是一所极其普通的完全中学,在我们学校的前面赫然排列着两所省重点、两所市重点,学校的处境尴尬而窘迫。

为了改变这种糟糕的状况,学校采取了一系列措施,比如在 1999 年创办了英语特色班,希望借此与其他普通高中相抗衡,以吸引更多优秀的生源。学校还承诺对入学成绩名列前茅的新生给予一定金额的奖学金。我就是这个班的第一届学生。

......

对于学校的领导我并不陌生,每周一的国旗下讲话,都会有一位领导发表一番慷慨陈辞。但纵观这几十次的发言,总不外乎是一些套话空话,就像在讲话的结尾,我总能听到"为了××中学的明天而努力奋斗"之类的话语。明天? 明天是什么? 明天是什么样子? 总是有人要我们为明天而奋斗,可是却没有一个人告诉我们明天到底是怎样的。

缺乏一个具体的奋斗目标,成了学校盲目发展的直接原因。在我高中三年里,除了创办了英语特色班外,就再没有采取任何有效措施来促进学校教育质量的改变。这导致了全校师生工作、学习热情锐减,也造成了学校的停滞不前。就在别的学校轰轰烈烈地争创省重点、市重点的时候,我们却还不知所措地在那晕头转向。

学校领导在学生管理和教师管理方面的问题也不少。我们觉得当时的领导们似乎更热衷于运动会、文体节这种轰轰烈烈的全校运动,因为可以向教委领导展示宏大的场面,而对于抓学习却不够用心。这也难怪,让学生唱个歌、跳个舞那是立竿见影的事情,可是搞学习却没有那么容易,对于讲求政绩的领导们来说,孰轻孰重自然清楚。

学校在教师管理上也是措施不当,漏洞百出。且不说吸引外校优秀教师,单就是本校教师都难以挽留。而教师评价工作也是徒有虚名,根本没有对那些品行不端的教师采取任何措施。所以不管学生有多大意见,教师有多么恶劣,校方都只是睁一只眼闭一只眼,得过且过。

——材料选自李家成、陈彦、邓睿主编:《回首高中:大学生的高中记忆及教育学评点》,天津教育出版社,2006 年版。

阅读完上文,再回到我们自己,我们的高中生活中,也处于学校变革的具体背景中,尤其是改革开放以来的中国学校教育,处于快速、多样的变革之中。但是,变革的质量如何? 变革的主体是谁? 变革的方向是否清晰、合理? 变革的成效如何? 这些问题是值得一问的。

尝试填写下表,就能描述出您就读高中的变革状态:

	非常符合	比较符合	说不清	不太符合	很不符合
学生很了解学校的发展目标、每一年的工作目标					
学生认同学校所希望培养的人的素质要求					
教师很努力于自己的工作,并且与学校的发展目标、培养目标一致					
学校经常得到校外的人力、财力、物力等方面的帮助					
学生能够直接与校长接触、沟通,或直接提出建议、要求					

将您所做的选项汇总一下,您会看到您曾就读的高中是否有明晰的发展目标,是否充分关注到学校变革中的各类主体、各种变革力量,是否注意到变革中的有机联系等思想方法。

当代教育名著选读

教育变革的独特

一、教育变革领域的凸显

《变革的力量——透视教育改革》"是一部研究深层次教育改革各要素之关系的力作。它探讨了教育改革在社会各个层面上的非线性的和无序的本质,表明为什么我们需要以一种新的思维方式来与变革的动态和持续的实际复杂现象作斗争。"这是该书封底的一段介绍。

作者关注的直接对象是教育变革,探讨了教育变革的复杂性和丰富性。这本书极大的价值在于,它对教育变革中的思维方式问题作了集中研究,对教育变革的诸多问题作了系统而整体的阐述。事实上,一旦思维方式发生变化,我们对教育的认识及实践行为就会发生非常大的变化。近年来,中国教育研究中有关教育改革中的思维方式问题的讨论,也日益增多。

"在朝向我们的生活的和行为的方式的根本变革而前进的过程中,在其最广泛的意义上的教育起着一个决定性的作用。……我们要接受的一个最困难的挑战将是改变我们的思维方式,使之能够面对形成我们世界的特点的日益增长的复杂性、变化的迅速性和不可预见性。"[1]

"19世纪的教育是设计用来培养通过循规蹈矩以促进经济发展的工人和公民的。20世纪的教育必须以决定性的不同议程为基础,它必须以衔接、内聚、共享的和相互创造的意义、相互关系以及人类自身的体验为其坚实的基础。为了认识这一愿景,21世纪的教育领导者必须重新发现他们自己和他们的学校。我们必须变革我们关于学校和学习的简化思维,我们必须变革我们相互发生作用的方式。我们的挑战是重构围绕学习的问题和挑战的议程,而不是仅仅围绕着学校和培训。我们必须把学校思考为人类生活的组成部分,而不是仅仅为了课堂而保存的东西,我们必须把所有的情境思考为潜在的学习机会。"[2]

校长思维方式转变的内容,应变封闭性思维为开放性思维,变滞后性思维为超前性思维,变单一性思维为系统性思维,变常规性思维为创造性思维。[3]

---

① [法]莫兰著,陈一壮译:《复杂性理论与教育问题》,4页,北京,北京大学出版社,2004.
② 转引自[美]威廉·G.坎宁安、保拉·A.科沃代罗,赵中建主译.教育管理:基于问题的方法[M].南京,江苏教育出版社,2002,25页.
③ 段宝霞.论校长思维方式的变革[J].现代中小学教育,1999(1).

当代校长思维方式的更新,需要培养以下思维方式:一是主体介入性思维:在主体与世界的关系中定位自我;二是动态生成性思维:在现实与可能的对话中开展改革;三是整体综合性思维:在部分与整体的有机互动中思考问题。①

迈克·富兰是原加拿大多伦多大学安大略教育学院院长,多年从事教育改革的理论与实践研究。他所著的《变革的力量》一书包括以下内容:"第一章　存在的问题与变革的潜力"、"第二章　道德的目标和变革的动力"、"第三章　变革过程的复杂性"、"第四章　作为学习机构的学校"、"第五章　学习机构及其周围环境"、"第六章　师范教学——社会错过的机会"、"第七章　个人与学习社会"。其续集《变革的力量:续集》包括"前言"、"第一章　道德目标和复杂性"、"第二章　复杂性和变革过程"、"第三章　加强组织内部合作的深远意义"、"第四章　组织外部合作的深层意义"、"第五章　传播的复杂性"、"第六章　智力、政治和精神力量的融合"等内容。我们研读的是这两本书的合集。

该书的研究主题,是教育变革问题。在教育发展史上,各种类型的教育变革丰富多彩,在历史中不断延续与更新。对"教育变革"本身进行研究,也渐渐受到了研究人员的关注。通过研究,教育变革之"事理"也得以不断清晰,能够为更自觉、更富内涵的教育变革提供思想的指导、理论的保障。

二、教育变革实践的当代性

在社会问题、教育问题相对集中出现,或出现重大转变的时候,教育变革也就应运而生。当代教育改革出现了诸多的新现象,不仅涉及教育变革的目标、内容、主体,而且还需要研究"变革"本身。

其一,世界范围的教育变革的开展与推进,需要探讨教育变革内在的规定性。无论是欧美国家,还是亚洲等国家,伴随着国际化、信息化的发展,伴随着各国教育发展的现实状态、国际教育交流的增多与国际教育问题的逐步呈现,世界范围内持续开展着教育变革活动。在此背景下,如何认识这些教育改革内部的一些基本特征? 如何更好地推进这些改革? 如何认识教育变革的策划、组织、方式? 如何认识教育改革的内在规定性? 一系列的问题被提出来,教育研究也进入对教育变革本身进行"元研究"的新阶段。

其二,宏观整体改革与微观的局部改革的逐步推进。在各国的教育变革中,由于教育系统自身的复杂性,从国家层面,到省市,再到更为微观的学校、班级、教师层面,都在积极地开展改革,当代教育变革已经呈现出丰富、立体、动态发展的状态。面对于此,可以从利益博弈的视角开展研究,可以从政治体制、文化传统的角

① 李家成.学校变革中校长思维方式的更新[J].人民教育,2008(3—4).

度进行研究,还可以从教育变革的方法论角度进行研究。

其三,作为变革者的校长、教师的新角色开始凸显。我们需要不断地重新认识变革者的新角色。我们也曾经接触到一些这样的观点,如对教师新角色的认识,对校长新角色的认识。这些研究很可能还是零零散散的,然而在当今这个变革的背景之下,非常需要一个系统的研究,需要研究作为变革者的校长、教师的当代新角色、新素养、新的工作方式、新的生存方式。

其四,教育改革进程会遇到的各类新问题,迫切需要研究如何通过变革本身合理性的提升来应对各类新问题。大规模的世界性教育改革出现了各种各样的问题,在这些问题中,有哪些是新现象? 有哪些是相对稳定的影响因素? 改革的具体进程受制于哪些因素、机制和原理? 如何帮助推进当前的教育改革? 一系列的问题,伴随着改革的进程而出现,迫切需要作出理论的回答。

作为当代教育者,我们正身处一个波澜壮阔的变革时代,社会、政治、经济、文化等各个层面都在发生着深刻而广泛的变革,这是我们当代教育者无法忽视的。

作为学生,也许您本身就经历过相关的学校变革,如取消小学升初中考试,小学与初中就近入学,如薄弱学校改造,如"高考"改革,尤其是高校自主招生制度的建立,如学校内部以教师、校长为领导者开展的教学改革、德育改革、校园文化建设活动等。

请对您周围来自不同省市的同学做一个调查,然后概括一下当代中国教育变革对学生成长带来的影响。在设计与实施过程中,您可以考虑以下几个角度:"我的调查内容设计"、"我的调查对象选择"、"我的调查方式设想"、"我的初步研究结论"等。

多方面的因素、多方面实践改革共同为这一本著作提供了实践改革的背景。我们也能够在这本书中看出,作者正是在对这些改革的思考之中发展了自己的思想。而这也可能启发我们:在对自己的教育改革实践反思之中,可以提高对教育与自我的认识。

三、复杂性理论的发展

本书讨论到很多教育变革中思维方式变革的内容,也列出了很多相关的书目。复杂性理论是《变革的力量》中提得比较多的内容之一。

这门新的学科从根本上表明事物之间的因果联系是难以追溯的,变化的呈现是非线性的,矛盾、冲突大量存在,而创造性的解决方法恰恰来自各种不确定性、多样性和不稳定性等因素的相互作用之中。[①] 所以,如同《教育人类学》中对"非连续

---

① 迈克·富兰.变革的力量——透视教育改革[M].北京:教育科学出版社,2000,201 页.

性"这个因素的分析一样,在博尔诺夫看来,"非连续性"是人发展的本质性的内涵之一。同样,在观察学科、人类社会、历史、自然的发展变化之中,怎样看待各种矛盾冲突,如何看待各种不确定性？如何认识真实的人类发展过程？是以机械的方式还是以辩证的方式去理解,是以静止的眼光还是以动态发展的眼光思考,都会呈现出思维方式的特殊性。

复杂性理论尊重了世界本身发展的丰富性、变动性、过程性,各种问题都可以以"复杂性"来体现、来说明。在整个人类社会发展之中,我们应该认识这种复杂性,以复杂性的方式来实现人在社会、在历史变动之中的个体生存,来实现人类社会的发展。这些理论是这本书非常重要的理论背景。

复杂性理论研究者认为,当前人类的思想界、人类的社会生活应该从一种简化的范式转换到一种复杂的范式。这里我们以莫兰在《复杂的科学:自觉的思想》这本书中的论述为个案来分析这种思想的一些基本特征。

在复杂性理论看来,原先的简化范式主要体现在以下方面:

1. 普遍性的原则。

2. 消除时间上的不可逆性。

3. 把对总体或系统的认识还原为对组成它们的简单部分或基本单元的认识。

4. 把对组织的认识化归为对组织固有的有序性原则(规律、不变性、稳恒性等等)的认识。

5. 处于对象之上和之外的线性因果性的原则。

6. 有序性作为绝对的解释的最高原则,这意味着普遍的和完美无缺的决定论的统治。

7. 使对象孤立/脱离于它的环境。

8. 对象与知觉/认识他的主体之间的绝对分离的原则。

9. 在科学认识中可以消除任何有关主体的问题。

10. 通过量化和形式化消除具体的存在物和存在活动。

11. 自主性是不可理解的。

12. 形式逻辑作为理论的内在的真理标准的绝对可靠性的原则。

13. 人们进行思想是把清晰和明确的概念在单值逻辑的推理中加以连接。

莫兰关于经典科学三个支柱之一"有序"的认识

"有序"占统治地位的观念是从决定论的和机械论的世界观中导出的。过去任何明显的无序性都被看作是我们暂时的无知的结果,人们认为在这表面的无序性后面隐藏着有待发现的有序性。关于一个普遍的有序性的观念首先是被热力学所动摇,因为热力学发现了热现象是由无序的分子动荡所形成的。这个观念以后又依次被微观物理学、天文物理学和当今的混沌物理学所动摇。有序和无序的概念

当代教育名著选读

应该停止彼此绝对地相互排斥,因为一个有组织的有序性可能产生于邻近于涡流的条件下,另一方面许多无序的过程从决定论的初始状态而发生。复杂性的思维方式并不是用无序的概念来代替有序的概念,而是致力于实现有序、无序和组织三个概念之间的对话。

——引自埃德加·莫兰:《"复杂性方法"国际研讨会交流稿》

(http://philosophyol.com/bbs/dispbbs.asp? boardid=24&id=12608)

复杂范式则与简单范式不同,我们可以从以下这些方面来进一步认识它。

1. 普遍性的原则是有效的,但是是不够的。增加从局部性和特殊性出发的"补充的"和"不可分离的"理解原则。

我们要意识到不同事物之间存在着某种共通性,这种共通性是必要的但却不是全部。我们还需要进一步去研究某一个具体的事物,认识它的独特性。当我们以这种思维方式来看人与人之间的关系,看学校与学校之间的关系,看国与国之间的关系的时候,我们就会获得一种新的理解,不再是用一种非此即彼的眼光来看待,而能够看到一种"不同"与"相通"的关系。

2. 承认和融入时间的不可逆性的原则,包括在物理学中、在生物学中和在任何组织的问题中。使历史和时间参与到任何说明和解释中去的不可回避的必然性。

我们要意识到时间在人的生存和发展中有着重要作用,且时间具有不可逆性。因此,对任何事物的认识、理解和实践,都要考虑到时间的存在,考虑到它在历史中的特殊性。这就要求把时间的不可逆性融入到我们的思考与实践之中。当以这种思维方式来思考人生、思考教育时,我们就会意识到教育本身是和人的成长结合起来的,且人生、教育是一个不可逆的过程,每一个人都只有这一次生命过程,因此,无论是作为教师、作为学生,这一生命的历程、参与教育的过程都是极其珍贵的。

3. 认识到把物理世界基础中简单的基本单元加以孤立的不可能性。把对元素或部分的认识与把它们组成的总体或系统的认识连接起来的必要性。

要意识到事物本身存在要素的可能性,但同时更要意识到这些要素与整体之间的关系。当我们努力分析诸多教育问题时,不能只看到教育内容、课程建设,还需要看到教育内容与教育目标、与教育评价、与整个学校教育之间的关系。

4. 组织问题的不可回避性的原则。对于某些物理存在、生物存在和人类—社会存在来说,自组织的问题也是不可避免的。

一个组织、一个整体形态的发展有着它内部的运作机制,是一种自组织的结果。各个要素、各个影响因素之间的相互作用促使其自身不断改变,这种改变又促使它的整体形态不断地改变。自组织的概念是复杂性理论中的一个核心的概念。而如果认为通过某些要素的拼加就能构成一种新的组织形态,那就是一种简单的范式。自组织的范式会关注到它内部各因素之间的关系,关注到它们之间互相的积极影响和不断的相互改变。

自组织的概念

冯·诺依曼在他的关于自我组织的自动机的理论中提出了有关人工机器和"生物机器"之间的区别的问题。他抓住这个悖论:人工机器的元件是被精心制作的、极其完善的,但是从机器一开始运转起它们就开始退化。相反,生命机器有很不可靠的元件,如不断退化的蛋白质组成,但这种机器拥有通过用新的分子替换蜕化的分子、用新的细胞替换死去的细胞,而自我再生、自我繁殖、自我发展的奇异性能。人工机器不能修复它本身和自我组织、自我发展,而生物机器从其细胞的死亡出发不断地再生,遵循着古希腊哲学家赫拉克利特的格言:"由于死亡而生,由于存在而死。"

冯·弗尔斯特的贡献在于发现了"由噪声产生有序"(order from noise)的原理。其例为:一些在相对的两面被磁化的立方体本来被散乱地放置在一个盒子中,在胡乱振动所提供的能量的作用下,通过磁力引起的自动对按组织成一个有序的整体。人们因此观看到从无序出发生成了有序。阿特朗因而构思了他的关于"起组织作用的偶然性"的理论。人们在宇宙从热动荡(无序)中产生的现象中又发现了有序/无序/组织之间的两重性逻辑的关系,在那里有序的因素在某些特殊的无序的条件下(偶然的相遇),可能形成原子核、原子、星球和星系。人们又在生命通过大分子的相遇在某种自我产生的圆环中涌现出来的现象中发现了这个两重性逻辑,这个自我产生的圆环最终变成自我组织的生物体。有序、无序和组织之间的两重性逻辑的关系,通过无数的相互作用和反馈作用,以极其多样的形式不断地在物理的、生物的和人类的世界中起作用。

普利高津通过他的不可逆过程的热力学,以另一种方式引入了由无序产生组织的观念。在贝纳德对流的例子中,人们看到怎样从动荡的一定阈值开始和在另一定阈值之下,在可以说是增长的无序的条件下,和谐的结构自我形成和自我维持,当然这些组织需要被供给能量,它们消费、耗散能量以维持自己。在生物界,生物具有很大的能动性从其环境中吸取能量,甚至从环境中提取信息和整合组织。我叫它们为"自我的—依环境的—组织。"

——引自埃德加·莫兰:《"复杂性方法"国际研讨会交流稿》

5. 复杂因果性的原则。

这是相对于简单的因果性来说的。我们在对事物的因果进行分析的时候要能够看到有多种因素在制约它、多种因素在影响它。一因多果、多因一果、多因多果、因果首尾相连而相互转换等多种形态都是可能存在的。

6. 根据下属各项的两重性逻辑的关系来考察各种现象。

也就是说各种现象之间的关系不是一种单向的控制关系,而是一种相互影响、相互反馈的关系,是一个通过反馈不断地调整自己的过程。这是一种新的两重性的逻辑关系,而不是一种单向的逻辑关系。

7. 区分对象与其环境但不分离的原则。

这个原则中的后几个字——"但不分离"是非常重要的。我们说简化范式是把对象与环境完全割裂开来,而复杂范式也并不是说不要分离。分离的确是需要的,而且分离本身又是存在着的。根据复杂范式,应该是"区分,但不分离"。我们要意识到对象与它所处的环境之间的不同,但同时更要意识到它们之间的那种相互影响性。所以,相互的影响、相互的作用、相互的联系是复杂性思想中非常核心的内容。

"复合"这个词起源于拉丁语。为了有助于更好地理解"复合思维"这个概念,我给大家举个例子,比如说一块挂毯,它是由很多的丝线编织而成的。如果你只是看一根根的丝线,你得不出什么画面;只有把这些丝线编织起来,才能得到一幅完整的画面。"复合思维"指的就是这个意思,讲的是局部和整体的关系。看任何事物都不能脱开其背景。还有一个例子,比如说大猩猩,做试验的时候,经常把它们关在笼子里,这是不对的。应该把它们放在它们自然生存的环境里,观察它们的特征和在自己群体中的生活习性和相互关系。再如,当今的阿富汗战争,必须联系其历史背景、国际环境和近期发生的所有战争,这样才能理解冲突本质所在。还有伊拉克战争、9·11事件等都是这样。"复合思维"就是说,看待事物、认识事物的时候,必须把背景和周围环境考虑在内。[①]

8. 观察者/认识者与被观察/被认识的对象之间相关联的原则。

当我们去判断、认识周围的世界的时候,一定要同时反思自己:"我"为什么会如此去看。当我们进行这种自我反思的时候,就会意识到自己的行为、认识和观点都是与自己相关的。由此我们可以看到,人类自身的一切局限性都会制约他对事物的认识、理解以及实践。这样,我们既不会把他人的认识和实践神圣化,也不会把自己的认识和实践神圣化,而是通过不断地反思自己,通过完善自己,通过自己问题的解决,使得自己对问题的认识、理解和判断更加合理。

9. 一个关于主体的科学理论的可能性和必要性。

这里涉及对人的主动性的认识,对人的主动性的关注和理解。在前面章节中,我们曾介绍过复杂性理论研究中的"主体"观,这里不再展开。

---

① http://www2.qglt.com.cn/wsrmlt/jbft/2001/12/wca/121001.htm.

10. 从自我产生和自我组织的理论出发,在物理学中和生物学中(更不用说在人类学中)引进和确认存在物和存在活动的范畴的可能性。

以前人们认识生物、认识社会是一种外在的组织方式。例如历史上的神学思想在思考"人是怎样发展起来的"这个问题时给出的答案是:上帝造物的产物。而现在我们则需要从人类自身出发寻找原因,寻找人类不断发展的原因。整个人类社会的发展状态就是人类不断自我发展、自我组织的状态。所以,要关注自我,关注自我产生和自我组织。

11. 从自我产生和自我组织的理论出发,科学地确认自主概念的必要性。

就是说要强调人自身的可能性、人自身的主动性。这与我们在前几章中一直倡导的一个观念——"人可以成为自己命运的主人,可以影响自己的成长过程",是非常一致的思想。

12. 形式逻辑学的限度的问题。事物的存在与发展还有着超越形式逻辑学的内在规定性,有着多样的存在形态与复杂的运作机制。

13. 应该以两重性逻辑的方式和通过宏大概念进行思考,以互补的方式把可能是对立的概念连接起来。

您是否还阅读过相关的阐述复杂性理论的文章或书籍? 如果有,请摘录几句对您触动最大的话:

① _____

② _____

③ _____

④ _____

⑤ _____

教育变革的范例

一、存在的问题与变革的潜力

富兰在该书中对当前世界教育改革的一些基本问题进行了系统的梳理。因作者关注的不是具体的改革项目,而是教育变革中思维方式的变革,所以他没有过多地去介绍各种改革的具体实施和操作。该书主要提到了三个方面的问题:第一,20世纪 60 年代大规模学校改革计划的结果令人失望;第二,20 世纪 70 年代学校"求实"的运动积累的初步经验;第三,20 世纪 80 年代以来大规模的政府改革教育行动。

欧美国家在 20 世纪 60 年代开展了一次大规模的课程改革,可是改革并没有取得预期的效果。在 70 年代,人们对教育的信心就受到很大的打击。在这种背景之下,学校"求实"的运动积累了初步的经验,这重新激起了人们对教育的信心。20世纪 80 年代以来,欧美很多国家如美国、英国、德国、法国等,很多政府又在开展大规模的改革教育行动。这些具体的改革在不同国家中有各不相同的具体体现。

通过对当前国际教育变革的梳理,富兰提出了一个中心思想:"我认为我们正在进行这一场最终毫无结果的艰难的战斗。出路并不是爬上山头把更多的革新和改革引进教育系统。我们需要一张不同的处方,以便抓住问题的核心,或者说到达另一个山头。一句话,我们对教育变革需要有一个新的思维方式。"①

富兰的这段话,是他整个思维方式的起点性说明,即为什么会关注到思维方式的问题。

在他看来,传统的教育变革的方式仅仅是进行一个个行动,出台一个个改革方案,可是这些具体的改革方式、改革手段、改革的内容并没有真正达到目标。之所以会出现这个问题,很可能是因为背后的思维方式依然没有转换。因此,富兰认为应该转换方式,要研究教育变革中的思维方式。这将是一张新的处方,将能够抓住问题的核心。在解读《基础学校》时,我们也曾遇到过类似的问题,如课程改革,无论内容设计和教材编写怎样变革,如果我们课程设计与实施的基本观点、思维方式不发生改变,那么课程改革难以取得好结果。思维方式的变革将促使人们更合理地去利用各种改革手段、内容和方式,所以,具体的改革并不是不重要,然而仅仅有这些改革是不够的,还需要考虑更深层次的思维方式的问题。

二、新的变革范例的八项基本启示

在这一部分中我们要思考的核心问题是:一种新的变革需要怎样的思维方式?我们应该怎样来认识教育变革?书中关于这一部分的论述涉及非常多的思维方式的内容,这对于读者来说存在着理解上的困难。但是它对于我们改变思考问题的方式有很大的启发。

新的变革范例的提出有三个具体的背景:第一,教育变革的过程充满复杂性:干扰、自反馈、不可预测等;第二,认识这种复杂性,需要新的语言;第三,掌握了这些新的语言,就能更有效地利用变革的力量。

富兰提出一种新的思维方式的前提,是承认教育变革的复杂性。反之,如果我们视教育变革为一个线性的过程,那就不会认同他这一系列的观点了。因此,我们事先需要进行选择:我们是要面对想象中的教育改革还是真实的教育变革?一旦回到真实的教育变革之中,我们就会发现,无论是国家层面的改革、学校层面的改

---

① 迈克·富兰.变革的力量——透视教育改革[M].北京:教育科学出版社,2000,10 页.

革还是教师个体层面的改革,都充满着复杂性,都不是想当然的,在这个过程中充满了各种干扰因素。例如学校的变革会受到教师人员调动、教师素养的制约,会受到意外事件的干扰,会受到行政机构的影响,会受到经费的影响等等。从结果形态来看,它也具有不可预测性。我们并不能够在起点就预测到终点会怎么样,而只能说我们期望达到某种终点,很可能我们会远远超越这一终点,也很可能我们根本达不到这一终点。总之,这个过程在真实的生活之中是不可预测的。

自反馈原则强调我们在现阶段所作的任何行为都会影响到下一阶段的工作、下一阶段的实践改革,结果将重新成为一个影响因素而影响后一阶段事物的存在与发展。在此过程中,变革不是一个线性的过程,而是一个不断发展、不断调整、不断变化的过程,有很多因素综合作用、相互生成的过程。一个真实的教育变革过程就是这样的。

所以认识一种新的教育变革范例,首先就必须承认在真实的生活之中,教育变革是充满复杂性的,而认识这种复杂性,就需要新的语言。我们一旦掌握了这一新的语言,就能更有效地利用变革的力量,教育变革的过程就会更为合理。比如说干扰性、自反馈性,当我们没有意识到它们的价值的时候,它们就给我们的变革添乱;可当我们认识到它们是不可排斥的内容的时候,合理地利用它们,它们就会很好地推动我们学校的发展和变革过程的推进。因此,正视现实,认识它、利用它、把握它,将是我们取得教育变革成功的一个重要的保障。

1. 启示一:你不能强制决定什么是重要的(变革越复杂,你能迫使它做的越少)①

这一启示主要是针对变革实施中的指导者或推进方式的。以前我们较习惯于一种强制推行的教育变革,通常是上级的一个计划、一个命令或一个文件发布,我们就开始根据要求进行变革。事实上,越是复杂的变革,我们能够强迫别人去做的事情就越少。在一些最基本、最简单的教育变革之中,我们可以规定一些具体的方法、具体的程序、具体的手段,可是一个真正的教育变革是需要调动变革者的积极性的。在变革过程中,有许多问题是不能强制的,没有人能够决定我们应该做什么、什么是重要的,而必须交由变革者自己去决定、自己去感受、自己去发现和判断。所以,在这样的学校变革过程中,就应该由以往的强制性推行转化为依靠内部的力量、让学校自身不断地去发展,不断地自我丰富。

2. 启示二:变革是一项旅程,而非一张蓝图(变革是非直线的,充满着不确定性,有时还违反常理)②

这里主要是针对如何认识教育变革过程的问题。富兰指出教育变革并不是直

① 迈克·富兰.变革的力量——透视教育改革[M].北京:教育科学出版社,2000,32页.
② 迈克·富兰.变革的力量——透视教育改革[M].北京:教育科学出版社,2000,35页.

当代教育名著选读

线式的,它并不是一张蓝图。蓝图意味着事先规定好了路线、过程、问题,就像一张旅游图一样,按照这张旅行图,根据上面的路线走就可以找到景点。而教育变革是非线性的,它是一项旅程。当我们开始一项教育变革的时候就像是踏上一段新的旅程,在刚出门的那一刹那,我们并没有办法预料会在路上遇到什么,会在旅程中发现什么,会遇到什么样的人,看到什么预料之外的东西等等。而正是这样的过程,使得我们的旅程充满着可能性、充满着丰富性。如果我们能够很好地利用它们,就会觉得这个旅程是非常有意义的,而不会觉得是被别人牵着鼻子往前走。教育变革也是如此。所以当我们开始某一项变革的时候,可能就需要有种意识:一方面,我们必须保持高度的警惕,要时刻想着未来可能会怎样,在这个过程中会遇到哪些问题;另一方面,如果出现了问题、意外、新的遭遇,我们必须意识到这是正常的,而且要想办法去解决、利用这些不确定因素,使这个旅程更加丰富、更加多彩。

3. 启示三:问题是我们的朋友(问题不可避免要出现,但是好的一面是如果没有问题,你就学不到东西,也不能成功)[①]

"问题是不可避免要出现的,但是好的一面是如果没有问题,你就学不到东西,也不能成功。"[②]这是作者对这一标题所做的进一步解释。在整个教育变革的过程之中,我们随时都会在某一个环节、某一个过程遇到问题。人们一般的认识是:问题都是坏的,是需要避免的,必须想尽一切办法解决掉。可富兰提出:问题并不是我们避之不及的敌人,其实我们应当正视问题,首先要承认问题肯定是存在的,出现问题是正常的。作者认为在面对出现的问题时,我们不应该把它作为敌人,而是要把它作为我们发展中的朋友,所以要正视问题的出现,要面对问题、解决问题,而在这个过程中我们可以得到许多能力、意识等的培养与发展。而通过问题的解决,我们也使自己的改革不断地推进、不断地发展。这个过程是非常有特色的。

华东师范大学叶澜教授也曾提出过这样的观点:发现问题就是发现发展空间。她关注到了问题另一方面的价值:问题本身就意味着这个地方是可以进一步改革的,而一旦改革就意味着原先的改革扩展到了一个新的空间。所以现在的一系列改革,特别强调教师首先要做的工作是分析自己的班级、了解学生的状态,找出学生中存在的问题,然后面对这些问题再去寻找解决的办法。解决这些问题的过程就是一个教育的过程。如何理解"问题",是非常值得我们去细细体味的。

在管理学领域,也有学者指出:"活着就意味着要解决问题,而成长则意味着你能够解决更大的问题。管理、领导、作父母,或统治国家的目的恰恰是:解决今日的问题,为处理明日的问题做好准备。因为存在变革,所以才需要如此。如果不存在

① 迈克·富兰.变革的力量——透视教育改革[M].北京:教育科学出版社,2000,37页.
② 迈克·富兰.变革的力量——透视教育改革[M].北京:教育科学出版社,2000,37页.

问题,也就不需要管理。但是只有在我们死的时候才不会有问题。管理就是活着,活着就意味着要经历伴随着各种问题的变革。"①

4. 启示四:见解和战略规划稍后形成(不成熟的见解和规划可能是盲目的)②

这主要是针对发展过程中的见解和规划而言的。传统的做法是在开始之前就必须将教育变革的基本认识和战略规划准备完备,继而在具体的改革过程之中执行战略规划。而富兰则认为真正的见解和战略规划要在改革过程中不断形成、完善。因此,不但不需要在开始就形成一个详细的、具体的战略发展规划,而且要避免被原先的见解、规划和设计制约,避免它们限制过程发展的丰富性。富兰举了一些具体的例子,如他们参与的一些改革项目,具体的规划都是在实施过程中不断形成、完善的。当然每个改革项目开始并不是不需要见解、规划,而是需要一种基本的设想。我们所要注意的是不要将这种设想绝对化,不要将它作为必须要完成的、按部就班去实现的任务,如果那样就可能走向机械。因此,我们一方面要看到富兰这里的建议是有道理的,而另一方面也不能忽视在起点阶段见解和战略规划的重要性。

5. 启示五:个人主义和集体主义必然有同等的力量(对于孤独性和小集团思想,没有单方面的解决办法)③

这里要处理的是变革过程中的个体、集体、团体合作的问题。在富兰看来,有两种方式不适合教育变革的推进:一个是孤独的个人主义,持这种思想的人往往想独自一人去实现某种教育改革;另外一个是小集团思想,即认为只需依靠一个小集团,而不去依靠对外开放、团结更多的力量进行教育改革。无论是对于孤独的个体还是小集团,都存在同样的问题,即不开放,不善于加强内部合作,也不善于建立外部合作。事实上,任何一种教育变革都需要依靠个人主动性的发挥以及他人的帮助与合作,所以这里作者指出个人主义与集体主义必然有同等的力量,也就意味着在这样一个教育变革的过程之中,必须同时关注到个体力量的发挥和团体、群体力量的凝聚。

这一点在我们的教育变革之中有很多具体的体现。只要愿意,我们每个人都可以进行一些适当的改革,我们必须清醒地意识到一旦一个真正的教育变革开始了,不仅自己必须投入,同时还必须取得其他人的支持和配合。任何一个改革都是在某个环境之中进行的,因此我们必须要借助其他人的力量,借助于环境共同的力量。作为一个有意识的改革,就需要既要加强内部的团结协作,调动每一个人的积极性,也要不断地向外界借取力量。所以从这个意义上来说,个人主义与集体主义

---

① 〔美〕伊查克·爱迪思著,赵睿等译. 把握变革[M]. 华夏出版社,2002,7 页.
② 迈克·富兰. 变革的力量——透视教育改革[M]. 北京:教育科学出版社,2000,39 页.
③ 迈克·富兰. 变革的力量——透视教育改革[M]. 北京:教育科学出版社,2000,45 页.

当代教育名著选读

172

有着同等的力量。

6. 启示六：集权和分权都行不通（自上而下和自下而上的策略是必要的）①

这里指的是对教育变革的领导方式。一种是完全的集权，是指在教育变革中不给下属一些必要的权力，完全由上一级进行控制、调控，下级只是执行者的角色，而完全没有主动权，没有自己对问题的分析和判断，没有提出自己的思路的可能性，这样的管理方式就是集权。另一种是分权，分权是彻底地将权力下放。即作为上层来说，他们不需要承担任何的责任，完全是放任的。这两种方式对教育变革都是不利的，因为教育变革是一个系统工程。

启示五所涉及的个人主义与集体主义的问题，可以被理解为是在一个平面上的关系处理问题，个体之间是需要合作的，同时要发挥个体的主动性。而这里的集权和分权则更多是从层级的角度，纵向地来考察教育变革问题。

例如，一所学校的变革需要教育局层面来给它提供支持，如果是大规模的学校变革，就更需要教育局来进行统筹、组织和指导。如果完全由教育局来集权，学校的变革可能就会缺乏内在的动力；而如果教育局完全不管不问，每个学校都做自己的（我们现在想象中的分权可能就是这样子的），那种状态也是不利于学校变革的。因为变革需要各个层面之间不断地协调，形成一种新的平衡，不存在一种单独的集权或者是单纯的分权。因此，这里就提出了学校变革内外部之间的新的关系。

7. 启示七：与更广泛的环境相联系是十分重要的（最好的机构从外部学习也从内部学习）②

这里涉及变革的机构，与它的内部环境以及外部环境改造之间的关系。在之前的论述中曾多次提到，无论是作为个体还是一个变革的单位，都存在于一个具体的环境之中。因此，变革不是独立的，是不可以从环境之中割裂出来的，必须借助于环境，依赖于环境，并且同时要促进环境的变革。在学校变革之中，与广泛的环境的联系是十分重要的。也由此而提出，一个机构既要善于从外部学习，也要善于从内部学习，同时还要加强自己内部的环境建设，并且加强与外部环境的沟通与互动。这也是我们如何处理变革单位内外关系的一种思维方式。

8. 启示八：每个人都是变革的动力（变革太重要了，不能把变革只交给专家，个人的思维模式和熟练掌握是最后的保障）③

这是从变革主体出发提出的一种思维方式。在变革的过程中，每一个人都要承担责任，每一个人都可能成为变革的重要动力。针对现在的一些教育变革只由

① 迈克·富兰.变革的力量——透视教育改革[M].北京:教育科学出版社,2000,50 页.
② 迈克·富兰.变革的力量——透视教育改革[M].北京:教育科学出版社,2000,51 页.
③ 迈克·富兰.变革的力量——透视教育改革[M].北京:教育科学出版社,2000,53 页.

行政机构或者只由某些专家去实施的现状,富兰提出变革非常重要,不能只交给专家去搞,应该让我们所有的变革者都参与。那么,把教育变革交给自己人——校长、教师去完成,就不需要其他人的参与了吗? 这样的做法是否合理? 富兰的用意可能也不在此。在变革的过程中,我们的确需要借助专家的力量,可以采用专家负责的方式,但万万不可全权交由专家来完成。这里富兰关注的是作为一个具体的变革过程是需要唤醒变革中的教师、校长、管理者自身意识的,应该努力使他们都能够成为变革的动力。

从上述观点出发,我们可以尝试从多角度认识我们曾经经历的学校变革活动,评价其变革的质量。请尝试列举出您曾经经历过的中学生活中,有关学校变革的诸多误区、认识的偏差、观念的错误等,并可与同学相互交流。

教育变革观中的误区、偏差、错误之认识	应该形成的新认识

三、变革范例的再发展

在这本书的续集之中,作者根据最近几年的理论和实践发展,又提出了新的思路。对原先的八项范例进行了修正。他指出:"最近几年理论和实践的发展,又为理解复杂的变革过程、并在其中采取有效行动提供了更加深刻和一致的基础。"[1]

这里,作者修正自己的理论的过程也恰恰说明复杂思维在起作用。如果作者认为他原先所提出的八项措施不需要修正,可以一直使用下去,那么这还是一种传统的思维方式。作者自己提倡的是在整个事物的发展过程中不断修正、不断完善,而修正自己原有的理论、原有的观点恰恰是复杂思维的体现。

由此,我们看到这种复杂思维方式不仅仅适用于教育实践,也适用于自己的认识、学习和生活。从书中我们可以看到以下几点:

---

① 迈克·富兰.变革的力量——透视教育改革[M].北京:教育科学出版社,2000,218页.

1. 启示一:道德目标是复杂的和充满问题的[①]

这里主要针对的是教育变革具体的目标,涉及的道德目标更是与教育的价值、教育的目标、教师和校长、从事教育行业的动机等相关的。作者提示我们:在整个教育变革之中,道德目标是复杂的,而且是充满问题的,很可能有很多目标和动机是需要反思的。这些都是作为一种状态,自然而然地存在于教育变革过程之中的,所以我们必须直面这种具体的过程、具体的状态。

2. 启示二:变革的理论和教育的理论相互需要[②]

在教育变革之中,同时涉及对变革的认识和对教育自身的认识。这也是在提醒我们,不能片面地以某一种理论替代其他理论。这里所涉及的依然是有差异的几个因素之间的关系。联系到我们现在的教育变革,我们通常会犯这个毛病,简单地把其他行业的变革理论直接拿到教育领域来用,并没有考虑到这种变革理论适不适应教育的理论、适不适应教育实践。所以现在蜂拥而起的各种借鉴企业管理的理论、方式和手段到教育中来的做法,没有考虑到变革的理论和教育的理论之间的关系,缺少对教育的认识,缺少教育的眼光。这样的做法就相当于把教育的逻辑完全等同于工业生产的逻辑,这显然是不合适的。

3. 启示三:冲突和多样化是我们的朋友[③]

在《变革的力量》中作者曾经讲到"问题是我们的朋友"。在续集中,这个"朋友"则变成了"冲突和多样化"。冲突可以说是更加严重的一种"问题",是我们必须去面对的问题,是可能会带来很大危险的现象。多样化则是过程之中体现出的多种可能性,多样的主体、多样的过程、多样的结果、多样的策略。我们应该认识到,这些冲突与多样的可能性都有可能有助于我们推进改革,有助于我们发展。在这个意义上来说,作者这里的论述继承了前面的一些观点。

4. 启示四:理解处在混沌边沿的意义[④]

这涉及对复杂科学的认识。《复杂》一书中提到:一个事物的发展、演化、变化,必须处在一个混沌的边缘。只有事物处于完全的秩序化和完全混乱的边缘时,它才是最有变革意义的,最能够推陈出新的。所以既不要完全的刻板,也不要完全的混乱,而是要处于二者之间,在混沌的边缘,这个时候它对于教育变革来说才具有非常深刻的意义。例如,在教育变革之中,我们既不能把学校教师管得死死的,一切都规定好;同时作为学校来说又不能放任自流,不能完全地以一种自由化的思想来进行变革。我们可以探讨一种可能性,即既有学校层面的宏观的指导、调控,指

---

① 迈克·富兰. 变革的力量——透视教育改革[M]. 北京:教育科学出版社,2000,219 页.
② 迈克·富兰. 变革的力量——透视教育改革[M]. 北京:教育科学出版社,2000,220 页.
③ 迈克·富兰. 变革的力量——透视教育改革[M]. 北京:教育科学出版社,2000,222 页.
④ 迈克·富兰. 变革的力量——透视教育改革[M]. 北京:教育科学出版社,2000,224 页.

引着大方向，与此同时每一个人在这个过程之中又有其自己的独立性和自主性，能够做一些力所能及的探索。这样的学校状态可能就是处于一种混沌的边缘，每位老师、每个组织都可能有所创造，而这些创造又会影响其他人。因此，整个学校就会出现一种不断改革、不断变化的状态。这种变化的状态不会完全地崩溃、不会完全地混乱、不会变得乱七八糟，而是将有意识地、有意义地推动学校变革向更高层次发展。这就是混沌边缘的内涵。

5. 启示五：情感因素既能引发焦虑，又能控制焦虑①

这里所面对的是焦虑的问题。因为我们已经意识到这样一个丰富的、复杂的、多样化的教育变革过程很容易引发人的焦虑。而在作者看来焦虑既是有价值的，但又不能过度。我们可以从启示六中的概念——"混沌"的意义上来理解焦虑，也就是说当人有焦虑的时候，就意味着他不是刻板的，他不是依照原有的方式刻板地去行事。产生焦虑的时候，人首先想到的是改变，他能够感受到变化的可能性，但焦虑一旦过度就会完全走向混乱。所以合适的、合理的焦虑度是处于混沌的边缘的状态，那是非常具有创造性的状态。可是要想做到既要引发焦虑，又能够控制焦虑的合理度，就需要强调情感因素。教师对教育改革的感情、对教育的理解、对自己的认知等等，都是既能引发焦虑又能控制焦虑的重要因素。

如何看待当代教师工作中的焦虑感？

随着当代教育变革的大规模展开与深入推进，对教师生活、尤其是精神生活的关注度越来越高，也有研究人员、教师开始研究教师的职业倦怠、职业压力、幸福感等一系列问题。有教师认为，当代社会给教师增加了一系列过重的负担、不合理的要求、超越教师能力的期望，由此造成当前教师极大的精神压力，进而形成教师的职业倦怠。

您如何看待这样的现象？您如何认识我国不同地区教师职业生活的压力问题？

6. 启示六：合作文化就是既能引发焦虑，又能控制焦虑的②

这里强调的是在教育变革的内外之间加强合作的文化建设。因为通过合作，通过多方面的积极影响，可以引发每一个介入者的某种焦虑，而这些焦虑又可以通过共同合作来解决。"合作文化是具有革新精神的，不仅在于相互之间提供支持，

---

① 迈克·富兰. 变革的力量——透视教育改革[M]. 北京：教育科学出版社，2000，225页.
② 迈克·富兰. 变革的力量——透视教育改革[M]. 北京：教育科学出版社，2000，227页.

而且在于他们承认存在于组织内外的分歧的价值。"①所以,从焦虑的角度出发,就可以看出合作文化是非常重要的。

7. 启示七:解决分散、不一致的问题——关联性和知识创新是关键②

因为教育变革涉及多个因素、多个层面,而不同的影响者、不同的影响源都会带来教育变革的多样性,所以会出现不一致的问题、分散的问题。书上指出要解决这一问题,"关联性"是非常重要的,要以一种联系的思想看到事物的各种方面、层面、影响因素之间的关系。这样才能把一个教育改革项目作为一个整体来看待。而在这个过程之中,不断的知识创新则是推进教育变革的进程的关键所在。

8. 启示八:没有单一的解决方法——做一个有评判能力的消费者,精心建构自己的理论和行为方式③

这里又落实到变革的主体。我们反复强调学校变革的过程是非常复杂的,因此,一个刻板的人不可能面对这种现象。而作为参与其中的教育变革者,他就必须像一个即将踏入旅程的人一样,保持着对多种可能性的高度敏感或期待,能够接受在变革过程中出现的各种各样的问题,能够面对各种影响因素,面对自己的焦虑,面对自己的问题,能够做出自己的判断。他应该是一个有意识的变革者。这样,在变革过程中,我们就可以精心地建构自己的理论和行为方式。我们如何认识教育,如何认识变革,如何进行变革等,都是在这样一个过程中实现的。因此,要想真正成为一个变革者,只能参与到变革过程之中。在变革中才能真正感受到变革本身的丰富性、复杂性,而通过参与诸如此类复杂的变革过程,可以使自己具有良好的复杂的思维方式。

成功的教育变革背后,一定有诸多值得关注的变革思维、策略、方式。您可自主阅读《过去的中学》所记录的相关学校变革的信息,可以追寻张伯苓建设南开的历史轨迹,也可以选取上海市育才中学、建平中学、七宝中学、北京市第二实验小学、人大附中、浙江省杭州高级中学、杭州二中等若干学校,思考其教育变革中所蕴含的道理。

学校成为学习机构

如何使学校成为一个学习化组织? 不同学者的思路也各不相同,有的仅仅是

① 迈克·富兰.变革的力量——透视教育改革[M].北京:教育科学出版社,2000,228页.
② 迈克·富兰.变革的力量——透视教育改革[M].北京:教育科学出版社,2000,228页.
③ 迈克·富兰.变革的力量——透视教育改革[M].北京:教育科学出版社,2000,230页.

因为工商界、企业界作了很多关于学习型组织的研究和实践,所以认为学校也要去照着做。尤其是彼得·圣吉的《第五项修炼——学习型组织的艺术与实务》在我国出版后,更是引发了一股借鉴之热潮。将这种思维方式应用于学校变革是值得反思的,因为它忽略了学校自身的一种特殊性。另外一种思维方式则是从学校自身改革的需要、发展的需要出发来看待学习问题。从这个角度来看,学习才是教育变革中最内在的概念。我们在进行教育变革的过程中,要有自己的独立认识与思考,而不能靠搬用圣吉的理论来显示自己的素养。事实上,学习本来就是与学校最为相关的,学校应该是最有资格、最有能力谈论学习问题的。从学校自身的发展需要出发完全可以理解为什么学校需要加强学习。在这里,富兰总结了各种教育改革项目的教训:第一,完成一项根本的改革不那么容易,即使有大量的资源和各种承诺;第二,难打开的内核是学习的内核——教学实践的变革和教学精神的变革,即在学生、教师和其他可能的合作伙伴之间更大范围的协作关系。

在这里,作者回到了对教育自身问题的分析:一方面,改革本身是非常复杂的;另一方面,教育改革中最难的是教学实践的变革。而这些问题恰恰是教育变革的特殊性。所以,针对教育自身的这些问题和特征,我们就可以具体地研究如何使学校成为一个学习型组织。而这种研究又将带来对教师、校长等一系列人员的新的角色定位。

一、校长的新工作

在促进学校学习型组织的过程中,校长居于非常重要的位置。作者提出了以下八点实际建议:①

1. 认识学校的文化。要对自己学校的文化特征、现状作一个细致的调查和研究,将学校变革工作建立在尊重、了解、融入原有学校文化的基础之上,在积极地融入、合理地转化、富有策略地开展文化变革中,促进学校的发展。而在现实的教育改革中,尤其是新任校长面对学校改革问题时,有可能会出现忽视原有学校文化、形成激烈的文化对抗的现象。这提醒我们:学校变革的过程,有着内在的文化力量。

2. 重视你的教师,促进他们的业务成长。这一点是非常关键的。教育的内核是教育实践活动,而一天天进行着的、面向具体学生的教育实践,必须要依靠教师。所以校长就必须要关注教师自身的发展问题,不仅要向教师们提出一些新的要求,对他们的素质提出新的见解,还要努力促进他们在业务上的成长。从这个意义上说,促进教师学习的过程,也就是改进学校管理工作的一个过程。因此,该书也为我们提供了一个比较普遍的教育管理的新趋势——为教师的发展提供新条件,促

① 迈克·富兰. 变革的力量——透视教育改革[M]. 北京:教育科学出版社,2000,90 页.

当代教育名著选读

进教师的专业成长,促进教师队伍的质量提升。

3. 扩展你所重视的东西。校长面对一所学校,总会有一种追求。校长应该把他的追求,也就是校长所重视的这些东西加以扩展,帮助学校形成办学特色。在学校里,校长就是要把自己的办学思想、办学的远期目标和近期目标转化为群体的行动,就是将校长个体所重视的东西扩展成师生员工群体的共同认识。

4. 表达你所重视的东西。这里就涉及校长对整个学校发展、学校工作的领导。他可以把自己重视的东西通过各种各样的方式传递给教师,并且使他们认同它。通过这种表达,也可以使得自己对它们的认识更加清晰。

5. 促进协作,而不是接管。这一点也涉及校长新的管理方式。校长不是按照以前那种传统的方式进行安排、调度,事实上他要做的工作是促进教师协作,促进合作文化的形成。合作文化的重要性在前面的章节已经论述过。校长必须促进同事之间,促进教师与其他影响者之间的协作关系,因为这种协作,既能够引发焦虑,又能够控制焦虑,将是一个促使学校变革的良好的管理方式。

6. 提供菜单,不是下命令。也就是说要给教师的发展、给学校的发展、给被管理者提供更多的可能性,让教师在诸多可能中根据自己工作所面临的实际情况作出适当的选择,而不是简单地以行政命令的方式规定教师该做什么。

7. 运用断然的措施来促进,而不是限制。在这里依然是涉及校长整体管理方式的变革。不是以更多的"不能"、"不许"的方式来管理学校,而是以更多的赞扬、鼓励、促进的方式来推进学校的发展。这样才能保证学校的发展方式不是限制性的而是引导性的。通过学校层面提倡、鼓励、促进的东西来引领学校的发展,会带来两种不同的学校发展的状态。

8. 与更大的环境连接起来。这一点是校长必须要关注到的。与社区的联系、与教育行政部门的联系、与家庭的联系等,都是校长作为一个学校的负责人所需要关注的具体问题。通过这种多方面的联系,就可以使得学校的发展与周围社区、时代的发展结合在一起。

回归到复杂而真实的学校变革实践中,当代中小学校长角色理想之重建的核心,在于形成"主动的、学校变革负责人"角色。主动,强调的是校长的工作状态、工作方式、个体与工作之间关系的性质,学校变革负责人,则是其需要、并且可能承担的责任、工作的层面与目的指向。

基于促进学校转型的价值追求,依据学校变革的基本环节,"主动的、学校变革负责人"这一角色理想包含着以下内容:

首先,校长是学校变革的综合策划者。

这乃是任何有意识变革的第一步,而对于当代中国校长而言,更需要强化其"学校"立场和"综合"意识,依据自己学校的当前状态,判断其所在的具体情境,针对学校发展中的问题、优势与可能空间,综合筹划内外各种变革条件与变革力量,策划学校变革的走向、内容、方式、策略等。因此,就角色行为而言,至少包括"研究自己"、"形成办学指导思想和具体目标"、"对学校变革的时空与实践进行具体策划"、"执行中的不断调整"等内容。①

其次,校长是学校变革过程的动态组织者。

作为学校变革的组织者,需要在变革之始就始终关注各种、各类变革力量的相互关系,并综合这些变革力量,使之成为学校发展的重要力量。

作为学校变革的组织者,需要及时捕捉、判断学校变革过程中的各种信息的价值,并实现其价值。在我们真实参与的学校变革过程中,学校校长需要不断判断学校内部制度建设、文化建设、教学改革、学生发展工作等各领域工作的独特性、问题、进展,需要不断判断教师、学生、中层干部的工作状态及其相互关系,需要不断判断来自高校科研人员、教育行政人员、地方教育研究人员、社区与家长对学校变革的反映。可以说,校长身处于复杂的信息流之中。不仅如此,校长在判断各类信息的基础上,需要综合推进,促成有价值的信息在多元变革主体之间的交换,通过信息来推动学校变革的深化与拓展。于是,校长在与外部的信息传递中,需要为学校变革营造良好的变革空间,也需要通过外部世界来认识学校变革的质量;在对学校内部变革的调控中,通过激励、倡导、批评等具体方式,不断实现动态调整,以此不断实现学校的社会价值,并调整学校与外部世界的多维关系。

因此,校长的工作充满了智慧:不仅仅是调解各方变革力量,更重要的是综合利用各种力量,综合推动学校变革这一动态的过程。

再次,校长是学校变革的反思者与重建者。

反思,在一定意义上说,是对自身的实践行为保持的有意识状态。在法国思想家莫兰看来,"意识"一词的含义之一是智慧上的,"它涉及自我反思的能力,这种能力构成意识的关键性质。"②为此,在有意识的变革进行一段时间之后,校长个体自身进行反思,并且组织学校成员一起反思本校变革状态,就成为学校变革中重要的工作。

任何个体成长、学校变革的自觉实现,都必须经历高质量的重建阶段。校长需要自觉地承担重建者的角色。这一重建不同于教师之处在于:重建层面的不同。任何教师都无法代替校长在学校层面进行重建。也正是在这一重建中,学校的变革呈现出层层推进的状态,学校自身的发展也具有了不断更新的内在条件。

——吴遵民、李家成:《学校转型中的管理变革》,

教育科学出版社,2007年版。

① 李家成.论学校发展规划在学校变革中的价值实现[J].当代教育科学.2004(16).
② [法]莫兰著,陈一壮译.复杂思想:自觉的科学[M].北京:北京大学出版社,2001,8页.

二、教师的新工作

在富兰的这本书中,他提出至少有七项互相关联的工作需要做:①

1. 未来的教师将作出道德目标的承诺:使学生的一生发生变化,更加卓越、更加积极、更显而易见、更多地提问题。这里涉及教师应该如何看待自己从事教师职业的价值,要实现怎样的目标的问题。

2. 教师必须大量地增加他们教育学方面的知识。这一点是非常具有现实意义的,对于我国的教育改革也是如此。长久以来,我国中小学教师和教育研究人员较多地关注了教师的学科素养,如语文教师的语文素养、数学教师的数学素养。但作为教师来说,并不是仅仅具有了学科知识就可以了,他是在从事一个具体的教育实践活动,而教育实践活动还包含了大量的教育学的知识、智慧。这对于我们当前的教师发展、教师培训都是非常具有启发性的。

3. 普通教师必须认识到,在学校范围的道德目标与比较大的教育政策问题和社会发展之间是有联系的。也就是说不要把自己的行为孤立化,而要意识到自己的行为、自己要实现的目标是与整个社会的发展问题、与教育改革问题结合在一起的。

4. 从目标和观念上除了作为他们自己的人以外,教师的工作必须高度互动和协作。这个建议再一次说明独立化的个体工作并不适应于教育的需要,要想促进教育的发展和变革就需要加强教师之间的相互影响。"互动"可以理解为一种积极的相互影响、相互改变,这也是"合作文化"这一概念的一种体现形式。所以我们可以看到,不论是教师还是学生,都需要进行合作。学会合作是当前社会发展对人的素质所提出的一个新的要求。合作能够使人在工作和实践活动过程之中获得更多的力量积聚,从而能够更好地推进改革。

5. 教师将在新的结构条件下工作:这种结构把学生集中在一起,把教师组成小队,提供共同作计划的时间,与家长和社区建立起联系,争取到更大的学习网络中去。这里涉及的是教师所处的工作结构的变革,与学生的联系、与教师的联系、与家长的联系以及与社区的联系等等,这对于我们的实践工作来说也是具有启发性的。

6. 教师(个别地或集体地)必须逐步形成不断探索和学习的习惯和技能,经常在他们自己的圈子内或圈子外寻求新的思想。对于一个不断学习的教师来说,这是一个自然而然的素质。我们曾经学习过《学会生存》中的一些思想,如果用《学会生存》的思想来看这一点,还是很容易理解的,即教师需要不断地学习,不断去接触更多新的知识。

7. 教师在变革过程中必须深入到同行中,深入到变革过程复杂多变的各种事

---

① 迈克·富兰.变革的力量——透视教育改革[M].北京:教育科学出版社,2000,99—101 页.

务中。只有这样积极地介入,教师才能够真正去影响教育改革的进程,同时提高自身的素养。

我们在学习生活中都曾经历过不同类型、不同状态教师的教育工作。回顾您所经历过的教师类型,自然会有直觉性的喜欢程度、亲近程度的差异。结合该著作,您所非常欣赏或非常不欣赏的,都是怎样的教师?而您本人又期待自己成为怎样的教师呢?

	具 体 内 容	人 物 原 型
我所欣赏的 教师特征		
我所反感的 教师特征		
我希望成为 怎样的教师		

三、组织内外的合作

在前面几个问题中,我们也一直提到合作的问题,如学生之间的合作、教师之间的合作以及教师与学生的合作等等,这里则是从教育变革组织的角度来谈组织内部合作文化的建立以及组织内外合作的建立问题。

(一)组织内的合作

这涉及一个变革单位的内部如何形成组织文化。在这里,富兰提出复杂时代合作文化的五个基本特征:[1]

---

[1] 迈克·富兰. 变革的力量——透视教育改革[M]. 北京:教育科学出版社,2000,239—240 页.

1. 在相互信任的基础上扶持多元化

这里指允许和提倡更多的见解、更多的不同做法、更多的创造涌现出来。要想实现这一点，就必须给予这种多元化以扶持、信任和尊重。否则会导致整个组织内部失去自己的风格，没有多样化，所有人都是一样的。而当一个组织内部没有不同的存在时，也就失去了合作的可能性，合作根本无从谈起。因此，在相互信任的基础之上来扶持多元化是加强合作的一个非常重要的前提。

2. 激发焦虑并控制焦虑

在众多情绪、情感因素中，焦虑是其中应引起高度注意的一种。大多学校管理者多关注焦虑对教师发展的消极影响，并由此把焦虑视作需要克服、消除的对象。其实，焦虑作为一种多维的情绪变量，具有正反两种性质的作用：一方面，焦虑在某种条件下可能具有驱力作用，激发、维持、加强智力活动的进行。如果焦虑被管理阶层牢牢地压抑了，虽然压力的程度降低了，但与此同时，解决复杂问题的意愿和能力也就随之降低了；另一方面，教师群体过度的焦虑如果不能得到适当的控制，会发展成为教师职业倦怠，从而可能产生妨碍作用，妨碍、中断、削弱教师们智力活动的进行。教师焦虑的这种双重性要求我们在建设学校组织文化时，一方面要激发焦虑，另一方面又要控制焦虑。

譬如在学校组织内倡导教师合作，鼓励一定程度的差异的存在，强调多元化、开放化的批判性互动。教师合作会给教师带来不同的观点的碰撞，这种碰撞会给教师带来"冲突"和"问题"，因而会给教师带来某种"焦虑"，但是也正是这种"冲突"、"问题"、"焦虑"使得教师认识到学习和发展的必要性，产生学习的意愿。特别是当不同的观点发生碰撞时，便会产生思想的火花。在一个良好的组织中，这种火花就是创造的源泉。而另一方面，教师合作能够控制焦虑，同事关系可以强化教师的道德视野和价值观，来自同事的支持会减轻教师的压力和倦怠。

3. 重视知识创新（隐性到显性，显性到显性）

在教师参与变革的过程中，教师群体内部包含了许多的观念，而这些观念可能就是隐性知识。这说明教师并不是没有观念、没有意识的，事实上他在做很多事情的时候，都具有一种隐性的知识。而作为一个组织变革，就需要把这些隐性知识显性化，让教师自己和他人意识到"我"存在着这些观念，这些观念也许是值得反思的，也许是值得提倡的。这个显性化过程就把知识变成了一种对个人及他人都有影响、有促进作用的力量。同理，显性知识到显性知识也是如此，强调的是大家共同提倡的知识之间的互动、互相影响。这种知识创新将非常有助于加强组织内的合作和推进教育改革。

4. 把关联性和开放性有机结合起来

这也是强调内部的关系形态。作为合作学校，不仅需要重视新计划和新方案的开发，更应当重视把这些改革的设想与现实的工作有机地关联起来，否则容易导致没有得到充分实施的、互不相连的改革计划越来越多,但是却没有产生实际的价值。同时,合作学校还需要注重组织的开放性,要不断地寻求和评价外部的思想和观点,这样才能应对快速变革的外部环境,应对新的威胁和机遇的涌入。

5. 融合道德、政治和智慧三方面的因素

就是既要把我们对教育的理解、目标、价值观作为重要的因素,也要借助于外界行政的、政治的力量,同时还要开发我们自己的智慧,以我们的创造性来推进变革的进程。这三者都是必要的因素,都是重要的力量,依靠其中的某一点是无法实现复杂时代的变革的,必须把这三方面结合起来。

(二)组织内外的合作

这里主要是涉及一个变革组织与更大的环境之间的相互关系,其中也包含了许多思维方式的作用。富兰同样提出复杂时代内外合作的五个特点:[①]

1. 互惠性——双行车道

这里用一个"双行车道"的关系来说明上下、左右之间的关系不是单向的,而是双向的,也就是说是互惠互利的。"互惠性——双行车道"是一个非常形象的说法,我们在与外界组织的合作过程之中所实现的是双赢,而它内在的机制就是一种相互的作用,是双方的互相影响。

2. 平衡性——在太多和太少的限制之间

这很类似于前面讲到的"集权"与"分权"的关系问题。一味地企图控制外部环境,或者一味地被外部环境控制,这些都将导致组织变革的失败,因此,组织需要努力与外部建立多元的、持续的相互关系。如果说前面的"互惠性"代表着方向,那么这里的"平衡性"便是一种手段。

3. 深化智力基础

组织在一个急剧变化的环境中,对新知识的连续不断的加工和吸收是其成长与进步的基本要素。特别是对于处在科学技术飞速进步的今天,学校必须要在与外部广泛的知识环境的结合中,不断采用新的教育理论和方法。学校也只有与多元化的外部环境建立密切而广泛的联系,才能立足并不断深化自己的智力基础。

4. 深化政治作用

学校的变革需要道德力量的支持,但是仅靠这样的支持在克服组织变革的内外障碍时,可能会遇到困难。因此,必须要深化政治的作用,政治的作用在于能够联合环境中的各方力量,以便形成改革的决心、目标,并落实为具体的行动。

5. 深化精神力量

学校的变革离不开政治的作用,但也必须要深化精神的力量,也就是说政治与

① 迈克·富兰. 变革的力量——透视教育改革[M]. 北京:教育科学出版社,2000,264页.

道德两者是缺一不可的。特别是学校与外部环境的联系越广泛,这种道德的精神力量就愈加重要。学校通过扩大与外部不同合作者的联合,不仅能够理解教育改革的道德意义,而且还能使得这样的道德意义不断传播和扩大。

通过这些方式,我们就可以分别建立起组织内部的联系、内部的合作以及组织内外的合作,并以此形成了一个组织变革的整体形态。在这个过程之中,内部有创造性,会不断涌现出新的做法;而内部之间的相互合作也会推进改革的进程;同时外部会借助各种力量积极地影响着变革,我们可以从外部获得很多支持。因此,通过这种合作文化就可以实现对教育改革基本的保障。

变革力量的再清晰

变革的成功,有赖于多方面的条件,我们可以进一步关注富兰所强调的部分变革力量的内涵,以进一步说明该书的核心思想。

一、重视“道德的目标”

道德的目标是富兰在这本书中特别论述的一个问题,这里他所用的这个概念与我们通常所理解的道德目标有一定的差异。我们可以从教育的价值、目标、从事教育职业的动机等角度来理解富兰所提出的“道德的目标”。他认为教育的目标应该是道德性的,应该是符合人类社会发展需要的,在这里我们可以关注这样几个方面:

1. 道德的目标直接影响学校变革的方向

这里涉及的问题是:“我们想把教育变成什么样子”,“我们为什么这样从事教育”,“我们的教育有何种价值”,这些问题将直接影响变革的方向。人们的价值观念、人们的目标将直接渗透到人的行为实践之中。

2. 建设的重点应该是教师个人的道德目标

这是把对一些具体目标的讨论从空泛的理论转换到具体的个人。教育中最内核的就是教师的教育实践活动,而对教育实践活动起着直接影响的也是教师,所以必须关注到教师个体,关注教师自身的道德目标建设问题。无论是从变革的角度,还是从学校发展的角度,都需要关注到教师自身是如何认识道德的目标这一问题的。

3. 许多教师都是想在学校中作出贡献的

富兰考察了一些师范生的入学申请,从他们的书面文字中分析他们“为什么要当老师”。富兰发现,虽然来自不同群体的人们有着形形色色的想当教师的动机,但是他们都有着一个共同的思想内核,那就是想在学校的教育工作中做出成绩,作出他们的贡献的。

4. 教师是教育变革和社会进步的动力

通过一些调查和访谈,富兰指出许多教师都是渴望在学校中作出贡献的。他们是有一种强烈的动机的,愿意从事这一行业的工作,愿意在这个实践活动中贡献自己的力量。因此我们要意识到教师是教育变革和社会进步的动力。

这几个方面对我们的启发就是,第一,要理解富兰提出的道德目标对于教育变革的重要影响。第二,如何认识教师的道德目标。一方面教师的道德目标是非常重要的;另一方面每一个教师都有他自己的道德目标,而且在一定意义上来说,很多教师是愿意作出自己的贡献的。这对于我们理解学校发展中的目标问题以及目标在教师工作中的具体体现问题,都是很有帮助的。

二、形成变革所需的四项核心能力

书上具体论述了变革所需要的四项核心能力,包括个人见解的形成、探索能力、控制能力和协作能力。协作能力在讨论"合作文化"的时候已经比较多地涉及了,因此,这一部分只具体研究前三个方面的能力。

1. 个人见解的形成①

作为一个教育变革中的个体,如何形成对变革、对教育实践整体的认识,而且使它不断地变得合理起来。书上提出了这样几个议题:

第一,个人的目标和见解是开始的议题。因为它与道德目标联系紧密,而道德目标与变革的力量相抗衡。也就是说任何一个教育改革都是建立在教师原先的个人的认识与理解、个人的发展目标基础之上的。

第二,个人的见解往往是含蓄的、内在的,它往往通过负面来表达(人们想摆脱什么,或者不想看见发生什么)或者狭义地用某种方式来表达(时间多一些、班级规模小一些)。这就是说,个体自身的观点、内在的意识、目标、见解往往不是显性的,如前面的章节中所提到的,它们是一种"隐性的知识",最开始可能是含蓄的、内在的,但是它往往起着强大的作用。

第三,事情一旦开始,个人的目标就不是像所说的私人的事。因为变革将涉及更多人的参与,每个人都要在这个共同的事业之中调整自己、展现自己。

第四,个人在教学中的目标应该不断推进,直至与社会的改善联系在一起。也就是说作为教师,应该意识到个体的发展目标、教育目标是与更大范围内的时代、环境的变革结合在一起。

第五,认识到个人在教学中的目标是一个变革的题目。现在我们该认识到教师在社会上首先是道德变革的动力——这是一种必须明确并努力追求的角色。这

① 迈克·富兰. 变革的力量——透视教育改革[M]. 北京:教育科学出版社,2000,22—23 页.

当代教育名著选读

是需要我们进一步深入研究的。

最后，个人的目标是导致机构变革的通道。也就是说个体自身的观念、价值的转换可以推进教育变革，因此教师是教育变革的代言人。

2. 探索能力[1]

个人目标的形成和确定不是一个静止的现象，而是一个持续不断的过程。个人目标的形成不是一蹴而就的，而是需要在一个过程中不断形成、不断修正、不断完善的，不存在一个目标是永远不变化的。这本书的作者富兰就是一个很好的例子，从《变革的力量——透视教育改革》到《变革的力量：续集》再到《变革的力量——深度变革》，他自身对变革范例的认识也经过了一个不断变化的过程。因此书上就引用了帕斯卡的一段话："保持我们的范例常新的基本活动是持续不断地提出疑问，我要用探索一词，探索是活力和自我更新的发动机。"只有使自己保持一种反思的状态，保持自己的开放，不断去尝试，不断去接触，才能够在这个过程之中形成自己的探索能力。

3. 控制的能力[2]

人们必须按照他们行动的方式找到新的思想和方法，不是仅仅用思考的方式获得思想和方法。新的思维方式产生于新的控制，反过来也是这样，而控制与见解和探索的关系也极为密切。为了使变革有效，控制是非常重要的，涉及特定的个性项目和作为个人的习惯都是如此。新的能力和新的知识对更好地认识和判断新事物是需要的，也是更有效率的途径。这一点对于参与实践的改革者来说是非常具有启发性的。

三、认识合作的意义

我们已经从不同的角度提出对合作价值的认识，例如从生物族群发展的角度，从力量的角度，从道德素养的角度，我们将它们进一步归纳后可以提出这样四点：

1. 合作是社会生活的必然需要

因为每一个人都存在于社会生活之中，而任何一个教育活动及其变革都是在一个群体环境之中出现的，在这个过程之中必然涉及个体与其他人、其他组织之间的关系问题。而合作就是一个基本的关系状态。

2. 合作是力量增生的基本前提

从一个事物改变、发展的角度来看，它是需要力量的推动的。而合作能够推动力量的积聚和发展，1+1是可以大于2的。因此，从这个意义上来说，合作可以积聚起更强大的力量来实现变革的目标。这不仅仅是系统论所提倡的，而且也是复

---

[1] 迈克·富兰. 变革的力量——透视教育改革[M]. 北京:教育科学出版社,2000,24 页.

[2] 迈克·富兰. 变革的力量——透视教育改革[M]. 北京:教育科学出版社,2000,24—27 页.

杂性理论所特别关注的生成与发展问题。

3. 合作是形成群体的基本保障

因为只有通过合作才能形成一个紧密结合的，有着共同目标，同时又能在内部保持基本的差异性的群体。这样的群体是人类社会生活的基本组织结构。

4. 合作是人必须的基本素养

这一点对当代教育、当代生活中的人来说是非常重要的。任何存在于社会中的人都不可能保持绝对的独立，不论从事何种社会工作，都必然与其他人产生联系。只有正确地认识并合理地调节个体与他人之间的关系，才能够最大限度地发挥每个个体的作用，并进而确保个人在社会生活中的地位。现在无论是学校教育还是企业文化中都非常强调合作精神的培养，可见它已经成为现代人立足于社会生活所必需的素养之一。

四、重视智力的、政治的和精神的力量有机融合

这是在《变革的力量》的续篇中特别强调的一点。书上指出："新的和更好的知识与思想的流动犹如为不断的改进注入新鲜血液。"[①]这是对知识、智力、思想价值的认识，我们的改革不是按部就班的，也不是自动实现的，它需要我们每一个参与者开发自己的潜能，以自己的智慧，自己的思想来思考如何进行。因此，教育变革是需要思想、需要知识、需要智慧的。这是对于指导我们教育改革非常有价值的一个思想。在推进教育改革的过程之中，作为校长，应该关心到的问题也许不是对教师提出各种各样具体的要求，而是激发教师去开发自己的智慧，去做一个智慧型的教师。同样，作为其他行政部门的领导者，他们所进行的教育改革也应该是如此推进的，整个改革的推进是需要我们用智慧加以保障的。

"通过政治调动一切力量，使事情真正有所进展。"[②]这一点体现出了富兰的思维方式中的现实主义的特点。他并不排斥外界政治力量的参与，事实上，他看到了政治非常有价值的一个方面，即它能够调动更多的力量，也能够使事情有所进展。因为在真实的教育变革过程之中，教育变革的存在需要借助于外在的政治环境，所以，政治就将成为一个重要的力量。

而精神的力量乃是内在、持久的力量。人的信仰、人的精神追求、人的价值观等等都是一种非常重要的内在力量。在前面的解读中曾经提到"精神力量"的问题，在这里"精神力量"则被富兰视为教育改革中一股重要的支持力量。富兰引用戴夫特和兰格的观点对此进行了一个总结："当融合真正实现的时候，它将会产生

① 迈克·富兰. 变革的力量——透视教育改革[M]. 北京:教育科学出版社,2000,287 页.
② 迈克·富兰. 变革的力量——透视教育改革[M]. 北京:教育科学出版社,2000,288 页.

五倍的能量。融合就是结合、聚集和建立新的联系。"①这里体现出的就是一种新的思维方式,他不再是把三个方面简单地加起来,1+1+1=3,而是将它们融合在一起,新的融合产生之后将会产生积聚性的力量,这个力量将会五倍、十倍于原先单纯相加所产生的力量。

他还用这样的话来进一步阐明自己的观点:"没有道德目的的思想和观点一毛钱一打——多的是,而没有思想或观点的道德目的虽华丽却不中用。没有思想或道德目的的力量是僵死的力量;而没有力量的道德目的或思想则意味着火车永远无法驶出站台。"②这段话对于我们理解三者之间的融合是很有价值的。我们不仅仅要意识到这三点的存在,而且要意识到融合所产生的一种新的力量。

【启迪与思考】

读完该书,不仅感慨于作者的理论探索,而且对其实践意义也深有体会。

首先,该书丰富了我们对教育变革丰富性的认识。

教育变革是受到多种因素综合影响的。如智力的因素、道德的因素、价值的因素、政治的因素,都会对教育实践产生影响。除此之外,从人员的角度来说,教师、学生、校长、行政官员、社区人员,也会影响到我们的教育实践。因此,我们必须清醒地意识到,并不是说关起教室的门,我们的教育实践就是独立的了。事实上我们仍然受到了多方面因素的影响,必须正确认识教育实践的综合性和丰富性。

教育实践渗透着历史、文化的影响。每一个国家、每一个地域、每一个时段的教育实践,都体现着它自己独特的历史文化特征。这就提醒我们不应把我们的教育实践隔离起来,不能将它们与历史、文化相隔离。

当代中国的教育变革,就是在具体的时代背景下展开,有着文化、历史的内在影响,有着独特的使命和独特的问题。虽然我们已经处于全球化的生境之中,但是,我们不可能仅仅依靠国外的理论来解决我们的问题,而必须投入到教育实践改革之中,去认识、发现教育变革的独特性,去创造教育变革的中国经验。

无论是研究者还是教师,都需要尊重教育实践本身的丰富性。以高中教育改革为例,非常普遍的认识是:当前中国的高考制度不改,高中教育难以改变。而我们如果介入到高中教育改革之中,就会发现,不同地域、不同发展状态的高中,在不同的班级、年级和教师的教育实践中,在不同的校长办学中,有着太多的丰富性,绝不是一种单一的形态。很多学校尤其是自身基础较好的学校,已经开始探索在追求升学率的同时提升学生的素养,开始将眼光从集中在高考的升学率上,扩展到学

① 迈克·富兰.变革的力量——透视教育改革[M].北京:教育科学出版社,2000,283 页.
② 迈克·富兰.变革的力量——透视教育改革[M].北京:教育科学出版社,2000,289 页.

生更为长远的发展可能性上。

而正是这种内在的丰富性,彰显出改革的诸多可能。为此,尊重教育变革本身的独特性与丰富性,努力发现其多样的可能性,不断实现可能性与现实性的相互转换,这是当代中国教育变革需要我们努力做到的。

教育实践包含着许多值得研究的内容,可以为理论发展提供无限的资源。无论是教师还是其他的变革者,都有自己的独特见解,而这种见解其实就是一种理论的雏形状态。因此,理论和实践有着一种积极的、互动的、互相不能够剥离的关系,而我们对于教育变革实践的认识将极大地丰富我们教育变革理论的发展。

更为重要的是,对理论的兴趣与需要,绝不仅仅是对于高校理论研究者而言,而且也是对于所有的教育工作者而言的。无论是教师还是校长,事实上都有着自己对教育的认识与理解,都在依照自己的认识与理解从事着教育实践活动。而保持对自己教育认识、思想、理念的自觉反思与不断重建,是教育变革高质量推进、教师实现专业成长的内在动力。

其次,该书极大地启发了我们对教育变革中思维方式的关注。

在哲学中有很多对思维方式的具体研究,自然科学中对思维方式的研究也开始多起来。而在这本书里,作者则是从教育学的角度对思维方式进行研究,这种研究给了我们非常多的启示。与此类似的,如华东师大叶澜教授的《教育研究方法论初探》、杨小微教授的《全球化进程中的学校变革:一种方法论视角》等著作,都是国内教育学研究者对教育实践与研究中思维方式问题的思考与研究的代表作。

再次,该书对学校变革的推进提出了许多建设性的意见。

其中最重要的是变革思维方式。变革思维方式是推进学校教育变革的内在保障力量。该书花了很多篇幅来讨论思维方式的问题,就是希望通过思维方式的变革,使我们意识到它是推进自身变革、更新实践的一种重要的保障力量。同时作者还提示我们要注意重视变革中的价值取向与动力问题,重视学校变革中的研究性的呈现问题,例如学习型组织的建立、加强学校内外的合作、开发教育资源等。

学校变革中校长思维方式的更新

● "思维方式"是个体在具体认识世界、认识自我以及行为处事中,决定着个体思维的方向、路径的内在制约性,它是个体内在精神世界的核心构成之一。

● 在不同的思维方式指导下,校长的学校变革战略、策略与过程会有相当大的差异。有的校长会整体、综合地策划学校变革的战略,会迅速把握住学校变革中出现的各种机遇,对学校变革过程保持开放的状态;而有的校长则相当被动地生活在学校变革的整体环境中,支离破碎地开展着工作。

● 同样,学校变革中校长的价值取向、精神状态、行为状态,都受到思维方式的制约。与此同时,不同的认识、情感、能力发展、价值取向状态,也会同时"反馈"

到学校变革者的思维方式中,以强化、弱化等不同的方式改变着校长的思维方式。

校长要破除"无为论",主动寻找学校变革新空间。这是就学校与外部世界的关系、学校管理变革中"人"与"事"的关系而言,需要形成变革主体新的"自主"意识,在"自主——依靠——对话"的关系中,实现自身思维方式的转型。

这首先意味着要正视可能,从积极的角度思考学校转型和管理变革的可能空间。

其次,要意识到学校转型与管理变革中,条件需要主动地争取和利用,并通过自己的力量去创造新的条件。

这种思维方式,还是一种信任"自我"的力量,并在改革实践中增强"自我"力量的思维方式。

● 校长要有一种"在路上"的动态生成意识。这是就学校管理变革的动态过程而言,需要变革主体形成动态生成的思维方式。

这首先意味着要将时间意识融入到学校管理者的思维之中,将学校转型与管理变革视为一个发展性的过程。

其次,当我们视学校转型及管理变革为一具体过程时,我们需要直面其发展、变化性,正视偶然、意外、危机在学校转型及管理变革中的独特性。

再次,我们需要形成学校管理变革不断自我创生的发展意识,可能性不断转化为现实性,并生成新的可能性。

● 校长要具有宏观性、整体性思维方式。

这首先意味着,要能够在具体的背景、环境条件下认识具体问题。

其次,它意味着要在整体与部分的联系中,认识相互之间的关系。

再次,在整体综合思维的指导下,学校管理者还需要意识到"整体大于部分之和"、"整体小于部分之和"等新思路,尊重整体的独特性和部分的独特性。

——参阅李家成:《学校变革中校长思维方式的更新》,

《人民教育》,2008 年第 3—4 期。

【推荐阅读】

1. [法]莫兰著,陈一壮译:《复杂思想:自觉的科学》,北京大学出版社,2001年版。

2. [法]莫兰著,陈一壮译:《复杂性理论与教育问题》,北京大学出版社,2007年版。

3. [比]普利高津著,湛敏译:《确定性的终结》,上海科技教育出版社,1998年版。

4. [美]霍兰著,周晓牧、韩晖译:《隐秩序》,上海科技出版社,2000年版。

5. [美]沃尔德罗普著,陈玲译:《复杂》,生活·读书·新知三联书店,1997年版。

6. [英]彼德·柯文尼、罗杰·海菲尔德著,江涛等译:《时间之箭》,湖南科技出版社,1995年版。

【拓展性活动】

1. 在您所曾就读的高中或初中、小学,一定进行过一些学校变革,请选择一个您印象深刻、感触丰富的学校变革作为案例,总结其在学校变革中的经验、教训,结合《变革的力量》一书的内容作出分析。

2. 对于未来可能的教师职业生活,相信您曾经设计过、思考过。在您看来,您理想的学校形象是怎样的? 请首先形成您的认识角度或思维结构(如从主体的角度,从变革力量的角度,从具体之事的角度等),再据此列举出您的理解与思考,并与周围同学的观点作出比较,分析其差异背后的思想、思维方式的独特。

我的认识角度	我理想的学校形象	周围同学的理想学校形象	我对差异的理解

当代教育名著选读

附录：学生读书笔记四则

你的，我的，他的

华东师范大学电子系 05 级本科生　　刘　楚

平一平心跳，开始在笔记里找寻声音的影子——

一、《学会生存》：理性的严峻

对于人类生存，学习无疑具有极其重要的意义。从广义到狭义，从古时代到现时期，就算是"无师自通"也仍是学习的一种形式。可是在 21 世纪，我们究竟遭遇了什么样的"危机"预示，以至于联合国教科文组织呼吁"学会生存"？ 这不能不归结到理性的严峻。

1. "社会拒绝使用学校毕业生"

这是很多同学讲演时提到的一句话。我们不妨从主观和客观两方面来分析。

教育的必需性有二："一作为生物学上所必需，二作为社会上所必需。"在与自然环境作斗争中，为求生存，必有进化过程；教育形式必然包括其中。譬如吃饭与跑步，不是天生就有的，是最早期的教育形式，前者为了获得能量，后者为了躲避危险。而在社会发展的一切阶段中，教育传播着人类最高尚的情感。说得更现实些，优秀的教育能让我们在社会上生存得更好。而现实的教育以学校教育为主。如果我们以苛刻的眼光来看待现在的学校教育，不难发现存在着形形色色的弊病：教学大纲中存在时代错误和遗漏，然而基本上所有的老师却都信奉这一大纲，备课，上课，小考，大考。举个例子，我们小学都学过自然数相乘，也肯定都做过诸如 3245×43 这种对现今似乎并无多大意义的题目。对于中国数学史乃至世界数学史，我们的学生知之又少。光会解题不能体现一个人的数学素养。过时的课程计划，事实上许多学校的教学大纲都不能为人们提供有关真实世界的知识。就拿现在的我来说，我是学电子的，事实上产品更新速度最快的就是电子类。我们学的 PC 机系统是最早的 8086，模拟电路中学的都是分立元件，就是用电阻电容三极管等最简单的器件搭电路。而市场上集成芯片（包括古典的和新兴开发的）使用更广。当然学知识还是要从基础学起，但我想多与潮流技术接轨，也是生存的要求啊。很多学的知识到工作上是用不到的，因为很多古老的芯片根本就停产了。学校宽口径却难以严把关，以至于毕业生一踏上社会即遭遇严峻的挑战。

反观下我们的大学生，所谓的"天之骄子"，大学四年我们到底在做些什么，学到什么？女生把电脑当影碟机，男生把电脑当游戏机。恋爱的，每日小两口卿卿我我；打工的，逡巡于各类兼职工作间，看到眼前的小利忽视了学生最主要的任务。专业，及格就够了；各类证书，越多越好。可是，我们是否听到这样的疾呼呢？大学里不要再简单的混日子，"60 分万岁"恐怕也只能成为我们在大学里潇洒的资本，等到毕业那天眼前也许就会一片茫然。我到底能做什么呢？众多的单位企业又有哪一家会给我面子呢？无数次的碰壁之后我还能够勇敢地面对挫折吗？而毕业生给企业的印象多是负面词汇：骄傲，自以为是，浮夸，经不起批评，缺乏团队合作精神……

再一次理性地解剖自我，我们又该如何在"社会拒绝使用毕业生"的阴影里找到自信呢？

2."终身教育，人的一生是无止境的完善过程和学习过程"

人是一个未完成人。这个观点不仅老师给予肯定，基本上每个人都是这么认为。在我自己的演讲稿中，我曾回答了生存的含义：首先，生存意味着"活着"，这是最基本的；其次，生存意味着认识世界，自我改善，提升生活的质量；在更高层次上，追求个性发展和自我价值的体现。

用信息化来形容现在这个社会真的一点不为过。近的看我们的图书馆，本来就已经是浩如烟海的书群，间隔一段时间还有各类新书不断涌入。而网络将地球变成了地球村，随时随地可以阅读大量的信息。古语说"学然后知困，教然后知不足。"确实。现在学校的教育改革搞得很火爆，就我了解的而言，浙江省新课程标准中高中学生将开始大量学习数学史知识，而不仅仅是解题。这个出发点很好，但却苦煞了一大批老师。他们本身在学习的时候并没有非常注意数学史的学习，现在又谈何教学生？只有学习，自学，到大学培训，各类进修，以弥补匮乏的知识。这学期我在吴泾中学见习，跟着一个高一的数学老师听课。他知道我是电子系的，学过C 语言之后，就请我帮他讲解高二教材中"算法"这一章节。这在早期数学系估计是没有开吧。正是由于人的未完成性，人就有机会在一生中不断提高自己，也就是说，停止了主动学习，并不意味着没有任何收获，只是意味着，获得的有益于提高自己能力的机会被主动放弃了。

二、《教育人类学》：哲性的领悟

"教育的成功与否往往取决于生活环境中一定的内部气氛和教育者与受教育者一定的情感态度。我只是一般地称之为教育气氛，并把它理解为情感、情绪状态及对教育抱有好感或厌恶等关系的总和。"博尔诺夫从人类学的方法论角度告诉我们，"教育之爱"是最核心也是最重要的问题。

印象很深的是上课时有一位同学展示的很多照片。课堂不是一般的填鸭式教授，学生们大都畅所欲言，非常积极；教室被任意布置，只要学生自己喜欢；课外活动丰富多彩，每个同学都能投身其中；更有刺激的远游，走出城市，到大草原到小山村体味别样的生活。这难道不是一种和谐、令人向往的教育气氛吗？

当然，对于大部分学生来说毕竟这是一种憧憬，能上得起学就已经不错了，哪里还期待外出体验呢？但是，爱，信任，耐心却是任何课堂、任何老师都应该要营造的教育气氛。

华师大家教在上海可谓人人皆知。前几日家教部搞了一个星级家教风采展示，通知我写几句家教感言。我很快写了两句话：多一份期待，多一份赏识，多一份关怀。是师生，更是朋友。这种感情是毫不掩饰的，是很自然的流露。在我近3年的家教老师生涯中，学生大多是学习有困难才请的老师，这中间他们最需要的是鼓励，是给予他们战胜困难的信心。如果面对一个总是对自己摇头叹息的老师，试问家教还有什么意义呢？上课时是一个好老师，下课时还能做一个好朋友，学生乐意把她的开心和烦恼与你分享，这需要倾注多少爱的关怀啊！我向来秉承以心交流，也许这就是为什么我能被评上四星级家教老师的原因吧。只有融入一个充满爱、信任、耐心的教育气氛中，我们的学习才会是愉快的。

三、《孩子们，你们好》：感性的思考

这是一本充满了童真童趣的书——虽然我没有读过，但听着大家的发言，我想我以后肯定会去亲自读一读。

"孩子们，你们好！"当你用心去说出这句话时，发现这是多么的亲切啊。确实，一年级的孩子，他们的眼里天总是蓝的，云总是白的，人们总是面带微笑的。无忧无虑的孩子们把老师当成了孩子王，而不是成人眼里的园丁，红烛。看到稚气的小脸蛋们，我们怎能不去全心全意地爱他们呢？

让孩子感受到：生活的幸福，认识的幸福，焦急的幸福，成长的幸福。有人这样呼吁着。记得有一个同学在做讲演《笑声》时，陈柳竹就站起来说："换成现在，要我们回想自己曾经做过可笑的事情，我们不会像一年级的孩子一样，整个教室盈满笑声……确切地说，我们觉得已经没有什么可笑的事情了……"

在儿童的眼里，世界是纯真的，他们不知道战争是什么，生和死又有什么区别。

他们的人生观世界观还有待教师们去引导，去塑造。所以有人说，其实幼教是最重要的工作，很多思想从小就要培养，比如爱国精神，比如对人类持久的爱的力量。我们不需要让一个五六岁的孩子会认识多少多少汉字，会说多少多少英语单词，钢琴几级，国画几级。我们要的是他们健康的身体，积极的心态，有爱心，有好奇心，有责任心。爱用爱唤醒，我们的教育才不会黯淡，而是虎虎有生机。

　　课程的结束并不意味着学习的结束。相反，也许这将带我步入新的阅读层面：你的，我的，他的，感性的，理性的，哲性的。教育是社会进步、人类文明发展的基础，这是无论如何都变不了的基调。真心希望我们中国的教育能在反思与改革中更上一层！

我的，你的，他的

——我的学习观

华东师范大学数学系 06 级本科生　游　陆

课程马上就要结束了，很恋恋不舍，同学各抒己见的发言，李老师睿智深刻的解读，都给我的思维带来震撼，脑海中不断地在打破一些旧的落伍的思想，并重新建立起新的观念。在这里我想就我感触最深的"学习"来谈一些心得。

一、学习的可能

这里我借用了李老师的标题，这是他第一节课后给每位同学都发的一份邮件，邮件中他写到这样一句："从与这些同学的接触中，我能学到什么？"这句话出自老师的口吻，而且可以看得出并不是形式上的语言，而是内心思想的自然流露，第一感觉就让人觉得亲切，再仔细想想其实这是一种境界，时刻都怀着一颗谦虚的心去寻找学习的可能，生活中，又有几个人能真正的做到这一点呢？

"学习，无时无刻不存在于我们的生活之中。"上课，看书，这是学习；一次讲座，一次谈话，一次外出，这也是学习，但这往往却被我们所忽略。每个人所拥有的知识都是有限的，在人类知识的海洋中所占的比例少之又少，只有通过不断的学习才能逐步完善自己。生活中我们应该做一个有心人，时刻都去寻找学习的机会，寻找学习的可能，让学习成为一种习惯。当然，一个会学习的人一定是一个谦虚的人，如果一个人自以为是，成天夸自己为天才，那么他就没有更多的学习空间，久而久之只能一步步走向末路。我们应该学会自我反省，及时认识到自己的不足，然后去学习、去改正。

二、终身学习

《学会生存》中一个很重要的观点就是人的"未完成性"："人永远不会变成一个成人，他的生存是一个无止境的完善过程和学习过程。他必须从他的环境中不断地学习那些自然和本能所没有赋予他的生存技术，为了求生存和求发展，他不得不继续学习。"

学习，贯穿人的一生。纵向来讲，从出生到死亡，人经历的各个阶段，都充满了无限的学习的可能；横向来讲，家庭，工作，社会每一个不同的场所也都提供了我们学习的机会。教育应被视为一种人类的进程，在这一进程中人通过各种经验学会如何表现他自己，如何和别人进行交流，如何探索世界，而且学会如何持续不断地、自始至终地完善他自己。

那些抱着一劳永逸的态度去学习的人出发点就是错误的，没有什么是可以一劳永逸的，在这样一个知识经济发展如此迅速的时代，知识无时无刻不在更新与补充。作为大学生的我们更不能认为大学文凭就是我们找工作的敲门砖，只要大学读完就万事大吉，我们要学的其实还很多很多……

为什么学校培养的大学生社会就不愿接受呢？仅仅学习课本的知识是不够的。还记得老师在讲微积分的时候语重心长地告诉我们，你们现在学的都是十八世纪的数学，最最基础的数学，而对于现代数学，你们还一点都不懂。

是啊，在这样一个学习型的社会，我们要学的很多，我们需要培养自己的学习能力，并且让学习伴随我们一生。

三、自主学习

说到自主学习，这在老师的上课中就体现了出来，应该说我们都比较喜欢，这不是以往填鸭式的教学，而是充分发挥我们的主动性，主动地读书，主动地思考，主动地发言，主动地从他人的发言中学习……这样的效果真的挺好，我不知道其他同学是怎样的感受，至少我觉得自己学会了很多东西，受到了很大的启发。

但不可否认，其实一开始我还是有一点抵触心理的，毕竟这么多年的学习好像一直都是老师在上面讲，学生在下面听，听得烦了就看闲书、听歌、说话、睡觉……似乎老师讲得东西与自己没有太大的关系。自然这样的上课效果、听课效果就不是很好。

从更深层次讲，这样的教育是不民主的。《学会生存》中说："只有学习者从学习对象变成了学习主体，教育的民主化才是可能的。"这一点西方国家比我们做得好，他们崇尚自由，课堂的气氛也比较活跃，更多的是自主的学习，自主的研究，这恐怕是西方人创造力比我们好的一个原因吧。当然，在我们国家要改变现在的教学状况有一定难度，但希望总是有的。

创建这样民主的教育，老师似乎占主体地位，但是作为学生我们也不能忽视自己的责任，只有老师与学生双方努力才能达到理想的效果。这是从教育本身讲。对于学生个人，学会自主的学习，他在社会中会占有相当的优势。学校中自主学习会增加我们的学习效率，同样四年的生活，懂得自主学习的人会学到许多东西，而一个只是被动接受的人恐怕也只能学习一些书本上粗浅的知识，仅此而已。在社会中，差距就会更加明显，社会中没有人主动教给我们什么，只有自己努力去学，努力去争取。会学习的人在自己的工作岗位上不断进步，充分发挥自己的才能，而不会学习的人只能停步不前。

所以你们应该学会做自己的主人，做自己人生的信天翁，主动去学，在社会中找到自己的定位，并努力去实现自我价值。

后记：

  以上是我关于"学习"的一些想法。在这短短的六周里，新旧思维不断地碰撞，我也在注意自己的改变，以前对于不太感兴趣的课我不大愿意去听，即使听了也是左耳朵进右耳朵出，不当回事。可是现在，不论是什么课，我都更加主动地去听，主动地去思考。有学习的机会，为什么不去积极把握呢？

  还有，我在有意识地拓宽自己的知识面，仅仅具有专业的知识是不够的，课外，我开始主动去听一些其他专业的讲座，开始去思考一些社会问题并上网或从其他途径去寻找答案……兴趣爱好似乎也广泛起来，网球，羽毛球，台球等，有空就去玩玩，锻炼身体，并且可以结识更多的朋友，互相聊聊天，这大概也可以称作一种学习吧。

  总而言之，就是感觉状态比较好，我是在主动地做事，主动地生活……

  谢谢老师，谢谢同学，谢谢！

我 的 教 育 观

华东师范大学英语系 06 级本科生　钦白兰

以前，也没有认真思考过教育究竟是什么，教育应该怎么做，教育包含些什么，教育的目的是什么，小孩子应该怎么教育，中学生、大学生又应该怎么教育等问题。刚开始选课时，《当代教育名著选读》的名字吸引了我，当时并不知道课上老师会讲些什么，课上的内容是什么，会怎么上，不去思考，也不关心。但六节课下来，正如李老师在第一节课上所说的："希望在大家共同对话、探讨、研究下给我们些启示和收获。"真的是如此，感谢李老师给我一次思想转变、一次成长的机会。有人说："观念这东西有个层次问题，一般可分宏观、中观和微观三个层次，本文所提到的教育观念主要处于中观层次（有的处于中观和宏观的交界面上，有的处于中观和微观的交界面上），遗漏在所难免。之所以回避宏观和微观两个层次，主要出于以下考虑：一是过大过小的事物难于把握和驾驭，二是过大难免笼统、空洞，过细则又容易流于琐碎。"也许这几张纸上还不是什么教育观，但至少它见证了我在《当代教育名著选读》这门课上的收获，并且在我脑子里也的确深深印下了各种各样对《学会生存》、《教育人类学》、《孩子们，你们好！》的感悟，自己也接受了那样的教育观点，并且在我的生活、学习中产生了作用。下面我就将我自己的笔记、体会、老师的讲解和点拨，以及各位同学的发言做一个总结。

一、如果我做了老师，我会教学生学会生存

首先，"学会生存"就要把学习当作一种生活方式，树立终身学习的观念。终身学习，是指人的一生都要学习，从幼年、少年、青年、中年直至老年，学习伴随人的整个生命历程。在教育的过程中，我会铭记终身教育的理念：学校不应再是唯一的教育机构，尽管它将依然是核心的教育机构。教育渗透在人们的社会、政治、经济等各项活动之中。教育的出发点是学习者本人，应该使教育成为学习者自己的教育。所以，在教育学生的时候，应该授之以渔，而不是知识的填塞，使学生被动的学习；应该强化孩子们的自我学习、自我成长的意识。"早年一劳永逸的终身益处"、"学习就是为了考上大学"的观点应该从未来的孩子们的身上逐渐消失。学生们应该有的意识是："停下学习的时刻是准备被淘汰的时刻"、"人永远不会变成一个成人，人是未完成的人，我需要终身学习"。教育正在跃出历史悠久的传统教育所规定的世界，学习的主体是未来学校里的学生，是一个个未完成的人。教育应该在学习化的社会这个大背景下，应该面对着一个个未完成的人进行教育。教育的时空界限在转变，教育主体应该在教育过程中达到本性的感悟。

另外,本身就来自西部大开发地区的我,如果做了老师,我会意识到教师也是一个具体的人,是一个完整的人,是一个未完成的人,会怀着"教育先于经济的发展"、"知识引领经济"、"教育制度化"、"教育多元化"的心去看待我所处的教育环境,这是中西部地区新文化倡导的观念。我所在的学校教育出来的学生,应该是多元化的人才,而不是制度化的产物,这种教育追求的是人性的解放,尊重孩子们的好奇心,鼓励孩子们的创新,旧"杰出人才"观应该受到批判,在以后教育圈里,不是只有考试成绩好的同学是人才,是老师关注、喜爱的对象。对待每一个学生要想想,在你的教育过程中是否"成就了一批孩子,却毁灭了一大批孩子。"我们面对每一个孩子都是具体的个人,都有自己的喜怒哀乐,自己的爱好、兴趣,老师应该注重发现他们的亮点,给予提醒、点拨、指引,学生不是塑造出来的,是靠细心、爱护培养出来的。

再者,现在存在的一个对学生、对社会都不利的矛盾:"社会拒绝使用学校的毕业生,是因为教育成果与社会需要之间产生了矛盾。"在未来的教育里,学生从学习的对象过渡到学习的主体,据前面所说的,学校不应再是唯一的教育机构。学习可以随时随地,真正该学习的时候,引导学生去学习,自主学习,不仅仅是思想上的学习,知识上的学习,还有行动上的学习,教学生做中学、用中学。

最后,学会生存,学会生存的未完成的人,必须认识这个物质世界,在生存的过程中不断追求个性的发展,活出自己。在教育中的人,要清醒地认识到,这些都是综合的人、丰富的人、在发展的人。他们在教师的指导下,广泛涉猎,学习人类智慧,人类技巧,寻找自己的兴趣、爱好,不断完善自己,终身学习,形成和谐的人类关系。作为老师,应该看到未完成的人,在民主的教育环境下,帮助他们发挥潜能,激发创造力,促进学生的发展,实现学生的自我实现。那样,未来的毕业生就不会是生活在教育和生活两条轨道上的人,他们拥有文化,他们学会了生存。

二、如果我做了老师,我会积极创造良好的教育气氛、愉快的心境,给学生爱和信心,耐心对待每一个学生

首先,家庭、学校和社会是学生学习和生活的地方,人的初始状态都是拥有安全感的,当安全感被打破就产生了需要。在学校里,作为老师,一定要尽自己所能为学生创造良好的教育气氛,这是对学生、对人的情感需求的关怀,并且,我们明白这种需要不仅是老师个人的责任,也不是老师一个人能给孩子们创造的,有如文化、制度、政策,都很重要,以后在这些政策下工作的老师们,还会对那些生龙活虎地孩子们重复这样("要好好学习,考大学就是你的唯一出路,考不上大学你就会……")的警告么?在我的班级里,我会积极为学生创造良好的教育气氛,用爱、

信任、耐心让他们有愉快的心境，拥有信心。

其次，学校是一个拥有集体意识和人文情怀的地方，学生在这里不仅仅是学知识，还应该享受那种个人潜力完全释放出来的状态。教育理论不应是被架空的东西，它将为教师、为学校、为社会好好利用。积极学习，应用教育理论到教学中去，在教育中给予学生所需要的人的关怀，从伏尔泰的话来看是：我不同意你的观点，但我誓死捍卫你的权利。

再次，面对危机，教育可以做些什么，作为老师又可以做些什么？如果我是老师，教育人类学的观点提醒了我，学生心里应该需要的是对世界，对人际关系，对社会，至少对老师的信任。人难免会遇到挫折，人难免会遭受打击，人难免会碰到突如其来的灾难，面对这样的危机，学生心理会有怎样的变化？这时在教育中老师怎样帮助学生站起来，继续学习，继续发现自我，完善自我，认识社会，认识世界。当危机来临时，教师的责任、教育的责任是为学生提供帮助和支持，老师要回到纯粹的状态中去，关怀、爱护、理解、激励学生，这一段灰暗的路过后，老师所面对的将是一个更加健康、成熟、向上的学生。也就是说，学生经历危机后，会有重新生活的感受，这种感受是被唤醒的感受，我相信也是人生必要并且是不可避免的经历。教育是非连续性的教育，回味自己的生活这一点就更为清晰了，这是对教育本质的再认识，上述情况也是我们对于一个非正常情况下教育的看法。面对一次又一次的偶然，教育中，我们还要考虑谋求教育过程中非连续和连续的综合。

最后，教育中的人性观是具体的，可以发展的。人只有通过教育才能成为真正的人，孩子大部分时间是在学校，在学校接受最主要的教育，他们是可以教育的，是要在教育中发展的。人本身需要向前和向上发展。作为教师，认识到这一点，就要积极地把孩子向上推，向前推，培养孩子充满希望，而不是使他们生存发展的空间被压缩，失去人本真的生活。越是对这个社会充满信任，越是体现了人的本质。老师应该做到引导学生去体验，在其体验的过程中，老师还要对其进行告诫，孩子们要通过体验才能体会到真知灼见，应当亲身体验全部的丰富生活，饱尝生活中的酸甜苦辣，一些体验需要老师来给他们创造机会，一些经历过后形成的观点需要老师的指点、引导和告诫。

三、如果我是老师，我会蹲下来做教育，知道我所教的是孩子，而不是洋娃娃，我会重视生活教育

首先，儿童不同于成人的个性、情感、需求特点，要求教师要进行教育活动就必须先去理解儿童。教师也只有站在儿童的立场上，在洞察了儿童的内心，理解了儿童的行为举止的基础上，才能取得儿童的信任，才能有效地开展教学活动从而使儿童自愿地接受教育，快乐地学习。孩子是天真烂漫的，我们应该顺从他们的本性，

给他们空间用笑声表达自己的欢乐,表达自己的感受。对老师来说,应该明白笑声是一个重要的教育资源,与小孩子站在同一高度,体会他们那种无邪天真的状态,平等地对待孩子们,保持他们乐观的、爱笑的、纯洁的生存方式和精神状态。只有把自己当作儿童,才能帮助儿童成为成人,让孩子感受到生活和学习的幸福。儿童最幸福的权利是成为一个幸福和快乐的人的权利。教小孩子的老师,应该保障他们的权利,保持他们积极的、乐观的态度。从这一点上看,老师也应该和家长沟通,让他们也明白,这种权利的保障更是青年父母对孩子的责任。青年父母对孩子的言传身教是极其重要的。作为一个小朋友的老师,我需要蹲下来做教育,让我所教的孩子们愿意信任教师、跟随教师的脚步,并在这一过程中感受着学习给自己带来的快乐。

其次,学会这个观点:"真正的小学教育学,真正充满着对儿童之爱的教育和教学方法,应该建立在人道原则的基础上,不能从强权的、强制的、专横跋扈的立场出发。"认识到这些小朋友不是没有智慧,没有思想的。作为小学教师,明白了儿童期待着幸福降临,他们是一些没有耐心的人。他们想在今天、现在就得到幸福,想在今天、现在就应该是幸福的人。在与老师的交往的每一秒钟里,要使他们得到快乐和幸福,使他们成为快乐和幸福的人,老师要给他们的是"爱"和"理解"。强调儿童的笑也就很有意义了。并且在此过程中,教师"使儿童自觉自愿地、乐意地接受我们以他们的全面发展为宗旨的教育意图,使他们成为我们在对他们施行教育中的同盟者和战友;帮助他们养成对知识的酷爱和对独立的学习——认识活动——的迷恋。"

最后,老师应该看到,在与儿童的交往中要考虑他们的实际生活经验,包括他们各方面的生活,关心他们的生活,成为儿童生活的同情者、参加者。不仅在课外,在课上也要这样做。"只有把自己当作儿童,才能帮助儿童成为成人,只有把儿童的生活看作是自己童年的重现,才能使自己日益完善起来;最后,应当全心全意地关怀儿童的生活,才能使自己成为一个人道的教师。"儿童进入学校接受教育是为了他们的明天,为了他们的成人阶段做好准备,如果我是老师,就要杜绝孩子成为"准成人"、"小大人",他们应该是我们所认定的那样无忧无虑,充满童趣和快乐,不应该在他们的稚嫩的身上肩负太多成人赋予他们的任务和期望,以致不得不为了分数而拼搏、战斗,不得不按照成人的指示行动、思考。也许,我做小学老师的那天,我也会请家长来给孩子们上课,让他们得到真正的全面发展;我也会在期末给家长写信和贺卡,让他们受到感恩教育;我也会第一节课就强调"男孩子们,要记住,你们是男子汉!"教给他们男子汉的礼仪。

你的、我的、他的

——我的学习观

华东师范大学中文系 07 级本科生　王一多

也许时间是世界上最神奇的魔术师，人们感慨时光荏苒，稍纵即逝，人们哀怨韶华易逝，人无千日好。正如朱自清所说，当我们躺在床上的时候，当我们吃饭的时候，当我们从盆中舀水洗手的时候，时光已经悄悄溜走。还记得第一节课上，李老师讲说我们这门课的特点便是短少，当我们刚刚彼此相熟识，找到自己喜欢的学习状态时，我们的课程却也已经要向大家说再见了。第二次上课结束，就意味着课程三分之一的完结；第三次课，我们又挥别了一半的课程；第四次、第五次课，则将我们带到本门课程的尾声。每一次上课，都代表一段学习历程的逝去，既渗透着小小的感伤，也投入了无比的珍惜之情。在这种每一节都弥足宝贵的课程中，我的知识充实了，视野拓宽了，心胸开阔了，人生也丰富了。正因为人的可丰富性，我试图在有限的时间中，尽量无限地延伸自己生命的宽度，不断追求个人人格的完善。当然，这样一种努力的结果是可感可知的，一定是未完成的人。从课堂学习的不断深入，到自我知识体系的不断扩充，再到人格的不断完善，都体现出学习的无限性和学习动力的永久性。如《浮士德》中所宣扬的浮士德精神，代表了一种源源不断的、永葆青春的向上的力量，这也是人性中最闪光和最值得肯定的方面之一。

劝君莫惜金缕衣，劝君惜取少年时。时间线是不可逆的，当时间的沙粒从我们指缝间不经意地飞流而下，我们此生势必难以重新回到过去，再把握住年少轻狂而荒废掉的时间。对时间的态度，决定了一个人对学习的态度，同样也决定了他对待人生的态度。整日坐视大把大把时间从身边滑过而无动于衷的人，在学习上必然是做一天和尚撞一天钟，得过且过。这样的人，在生活上一定就是个懒散、疏狂之辈。每一个基本的具体的人，总是处在一定的时间和空间之中的，一个人无论如何，总是要依托于时空而存在。善于处理人与时间的关系，是人的一大生存技能。因此，我的学习观也就从我的时间观念说起，我自身也在一种对时间的把握中获得了一步步的发展。

如何在更短的时间内，做完更多更好的事情，是我一直在思考的问题。当我们的人生效率提高时，生命的意义自然而然也就丰富了许多。关于我们这样一门教育名著选读课，最基本的学习途径有两条。一是课外的自由阅读。在这段时间里，我们的思绪是零散的、不成熟的，也是最具有张力的。任意的一个短句甚至一个字眼，都有可能激发我们的学习兴趣、人生思考，这类当机的感悟是终生难以忘怀的。清楚地记得一位同学说："这个信息化社会，要在有限的岁月游遍浩瀚如苍穹的书海,几乎是不可能的事。但有些书你得读,也许人的一生会因为某个词,某句话而转角。"二是上课时候的交流与分享。课堂上,我多次听到有同学引用萧伯纳的话:"两个人交换一个苹果,还是一个苹果;两个人交换一种思想,便是两种思想。"听取他人的成熟意见,既是对自己想法的补充,也是新的灵感的源泉。我以为,这两种并列的学习途径,后一种更能凸显其意义和功用,因此更加重要。不单单是有个人的构想就足够了,还得学会听,学会想,学会说,让自己的思维成果形诸于你和他的口中,获得旁人的认同或评判。

分享是一种态度,也是一种方法。在本门课的修读过程中,一以贯之的便是此种分享的学习方法。没有分享,恐怕我只能谈谈变革的力量,而与学习型社会、终身教育、未完成的人、非连续性、教育氛围等极具吸引力的重要名词无缘了。

在分享的过程中,首先获得的是对他人的了解和逐渐熟悉,认识到别人的优点,拥有一段友情。在聆听他人观点的时候,就有很多同学给我留下了深刻印象。有的同学谈到了自己学习弹钢琴的经历,还有同学提到了考导游证、去中国政法大学做交换生、当家教、学工学农,也有同学和我们一起回顾了曾经的求学经历和温馨时刻,使课堂变得更加丰盈充实,也使我得到了一次次充满新鲜感的体验。更可贵的是,还结识了一些好朋友,朋友之间互相交换意见,侃侃而谈。比如我和鲍洪昌同学,既是在一起上课的同学,也一同配合学长学姐做采访和课题,后来又在校团校的面试中遇见彼此,真是喜不自胜。同学的发言,大多深中肯綮,鞭辟入里。有的长于思辨,有的长于情感的表达,有的诙谐幽默,有的风度翩翩。既让我见识到具体的人和种种丰富的个性,也使我意识到自己强烈的可塑性和未完成性。

生命存在着是美丽的,世界将因生命的存在而生机勃勃,风采无限。青少年是世界的未来,学会生存尤为重要。《学会生存》是上世纪七十年代国际教育发展委员会向联合国教科文组织提交的一份报告,分析了当时的教育形势和国际背景下的教育发展,提出了走学习型社会的道路。什么是生存,是我必须思考的问题。生存类似于活着,是人的存在状态。有人把生存理解为低于生命的一种存在方式,是人之所以能活下去的基本构成。有人把生存放在当代经济背景和教育背景下,认为生存是要摆脱羁绊,克服障碍,赢得理想化的美满幸福。那么,"学会生存"至少应该有以下三层含义:第一,学会自我保护,以保持正常的生存状态;第二,学会劳动、学会竞争、学会应变,以增强生存能力;第三,学会审美,以提高生存质量。这是因为,人生的追求,不仅仅是"活下去",还应该"活得好"。我喜欢看关于生存训练方面的书和电视,比如野外求生,三组队员比较生火、剥蛇皮的速度,或辨别有毒植物,或尝试以昆虫充饥等。又比如几位大学生不带一分钱,不依靠他人援助,在一座大都市里过活一个礼拜。又比如横渡大西洋等等。这些都是底线意义上的生存技能。在计划赶不上变化的当代社会,仅凭借简单的谋生手段还是难以维生的,我们必须审时度势,料机于先。美国故事大王斯宾塞·约翰逊所著《谁动了我的奶酪》一书,通过一个简单的故事,说明了这个深刻的道理。事实上,大多数人在生活安定平稳时都不希望变化的到来,逐渐形成的习惯亦往往使人斗志消退。在学习中学会生存,是一个重要的论断。记得几日前,曾与一位大四的师兄一同聊天。我当时很适应于那样一个温和的学习氛围。师兄最后说,大学四年可别光顾着玩了,多找点活干,多学点技术,长点本事。我自是欣然受教。在我来上大学之前,有两句话对我影响十分重大。其中一句是一位上海白领说的,他说别以为到了大城市就是有了身价,去过南京路,上过东方明珠,充其量不过是茶余饭后的谈资,根本算不上是什么经历。不管在哪里,始终记得要艰苦奋斗,自己要学到实实在在的东西。

在我看来,读好一本书,总有千千万万种方法,不能一一试过,但不妨尝试多种方法。正如我读《学会生存》,既有老师的先期指导和纲领性概要,又有同学的发言和交流,还有自己的阅读、思考和积累。听、说、想、写,凡此种种。倾听是沟通的开始,是交流的精华,说则是自身胆量和能力的锻炼,说出的话要保证旁人听得懂,想是思维火花迸发的一瞬间,写是培养思绪流淌于笔尖的绝妙方法,课堂笔记成为我思我想的外化。

教育是非连续性的,往往有很多偶然的、突发的事件出现。存在主义认为,只有当人们在遭遇时即处于危机中时,人才是存在的。这也不仅教会我们如何去应对突发事件,积极处理生活中的危机,还要求我们学会在触发中找到自我,在一种被激发的状态中更好地学习。在一次课上,有一位耐心细致的女生试图去寻找"塑造"、"培养"与"发掘"、"探究"这两类词语的细微差别。很明显,从动作表征上来看,前者是自外而内的,后者是自内而外的。当时我便想起了宋代朱熹与陆九渊的一场论争,所谓道问学与尊德性的辩论。朱熹说儒生要读圣贤书才能树立自我意识,即道问学;而陆九渊则认为为人要先明心,懂得自己的心意,知道自己想要的是什么,求得心静如水,开启心智,此后方可读书,即尊德性。一种是用书本来塑造人性,另一是澄明心性,发掘内在的本真状态。

很喜欢《变革的力量》中对于"内心的学习"和"外在的学习"的阐述,读了三遍。内心被我们每个人赋予最最神圣的使命,富兰也将内心的变化看作是变革过程的开始,当外界的篱笆困住了我们的形体,我们就必须学会竞争和成长,学会使用内心的力量。我们常称一个有原则的人为内心强大,实际上,内心强大意味着果决坚毅甚至忍辱负重。甘于孤独的能力是情感成熟的一个伟大标志,孤独成为个人意图和创造力的源泉,一种有定力、不轻信外部事物的心灵力量就表现为孤独。对任何现象,我们都要在内心有所判定,不能善恶不分、黑白不辨,擅于在世俗中修养孤清之气,不为外惑,不为所动。外在的学习更多地体现为一种组织机构之间、人与人之间的交往,是一种复杂的联系。全球化了的我们,必须依靠一己之力,也必须互相仰仗、互相沟通。正如《变革的力量》中指出的,一个优秀的校长,除了要扩展思想交流和接触的圈子,还应能够与周围比较大的环境建立联系。

在我看来,最适宜的学习状态是学生在学校、家庭、社会三方面都获得积极的影响,并与三者都处于一种恰当的和谐关系之中。同时个人身心的愉悦能得到理性范围内的最大满足,通过各种各样的激发和推动,使具体的人拥有当下的幸福感以及未来无限发展的趋势。因其多样性和复杂性,我作为学习的主体,只能在与各方面如教育政策、社会舆论、家庭情感等的冲突激荡之中寻求内心的圆通,享受每分每秒的学习体验。

当找到属于自己的学习状态时,我们就能够游刃有余地完成教育进程中预设的一系列困难,并能够从容不迫地面对生活中的危机。此时,学习状态已经升华为人的信念的力量,甚至是一种人生哲学。教育的普遍性,决定了学习已不单单是学校中的课业任务。回顾我自己的教育历程,有几件事情印象颇深。我识字早,打小母亲就教我背诗词、说绕口令、朗诵文章。家中有客来,客人总是要我背一首《沁园春·雪》,而我刚上小学时就随母亲学英文单词,出门遇见熟人也不免表演一番。教育已不再是一个学生的作业乃或是一个家庭内部的管束,而是一种社会性全民性的大事件。每至高考中考,一场考试便成为全社会的关注焦点。同时,无论白领、金领还是农民工,都将自身的发展寄望于教育,所谓"知识改变命运,教育成就未来",实在不是一句空话。既然学习和训练主要是通过周围环境的影响,通过亲身经验改变人们的行为、人生观、知识构架,那么连续性的教育就必须渗透到我们生活的点滴中来,伴随我们从摇篮到坟墓的经历一个充分发展的过程。教育,尤其是终身教育,已经成为关乎社会进步、历史进程和人类进化的重大论题。

作为应对未来社会发展的一项重要的战略措施,一个以全民学习、终身学习为特征的学习型社会的建立已经成为当今世界教育改革和发展的共同趋势。美国在1976年通过了《终身学习法》,并在《2000年教育战略》中提出,学习是为了创造生活。原文是这样讲述的:"今天,一个人如果想在美国生活得好,仅有工作技能是不够的,还必须不断学习,以成为更好的家长、邻居、公民和朋友。学习不仅是为了谋生,而且是为了创造生活。"在我国,上海是最早提出建立"学习型城市"并努力达到这一目标的一座城市,在这里,社会将为每一个人提供一种更开放、更有效的学习方法和学习机会,逐渐形成终身教育体系及其运行机制。上海市闸北区则建立了社区教育网络,这里的成人学校和职业学校全部都向社区开放,大部分中小学则是在早晚和双休日向社区开放。创建学习型社会的过程,要求教育体系更加开放,彻底打破"封闭的、僵硬的"现行教育状况。

观念的形成与成熟是一个漫长的过程,需要经过理论与实践的反复敲打锤炼。我在本次课程的学习中,逐渐意识到学习的丰富性和人的未完成性。《学会生存》曾引用一位心理学家的话,人类生来就是早熟的。这里的早熟体现为我们浑身上下一大堆潜能,等待着世俗的激发和诱导,而我们的个性又是积极可塑的,像一块木头,也许被制成根雕工艺品,也许被扔进火炉中当柴烧掉。不管是我所接触的物理学课程还是经济学课程,基本上都要求宏观与微观两个不同视角,而在文艺作品的创作中,宏观场面的渲染和细节情景的刻画使作品拥有独特的魅力。我们平时常讲"见微知著"、"防微杜渐"一类的话,很多生活中的小细节都有大学问。"处处留心皆学问"是师长教导我的一句话,要求我在学习中养成细致的心性,善于发现问题和独立思考。细致既是一种品格,也是做人处世的态度。同时,当我读《万历十五年》时,震撼于美籍华人历史学家黄仁宇的大历史观,能够在足够长的时间线上来重现一段微小的历史。粗笔勾勒出大致的历史轮廓,再对某一点精雕细刻,既有磅礴大气的史家之风,又有谨慎细致的学术态度,展示出黄仁宇异于常人的慧眼卓识。在学习的过程中,假若能够拥有这样一种既大大方方又小心翼翼的态度,岂非妙哉? 我们也可以说:"人生何处不学习?"

我想说的是,时间的确神奇,我们在无情的时间流中积淀、成长,不断趋于无法达到的完成状态。这一次的课程,既是学习体验的丰富,也是人生感悟的增长。我相信我们的学习与发展是未完成的,我们将坚持不懈地努力下去。

后　记

　　本教材的编写，在整体设计、具体内容、写作方式等方面，都是一次自主的尝试。长期接触高等师范院校的学生和中小学教师，深切感受到阅读经典教育著作对于大学生与中小学教师的内在而不可缺失的价值。这本教材尽管以选读五本教育名著为显性内容，而内在的意图，还在于提供课程教学的必要资源，为有兴趣阅读教育名著的同学和教师提供对话的资源，为学生的自主学习提供必要的提醒和帮助，并帮助打开一扇自主阅读教育名著的学习之门。

　　这些经典教育名著是值得我们不断地去阅读、去品味的，也还有更多的中外教育名著、名篇值得我们去关注、去品读、去享受、去对话。读书的过程是可以成为一个丰富自己的过程、发展自己的过程，可以成为我们生活的一种构成。

　　本教材由华东师范大学邓睿、北京大学陈彦、华东师范大学梁晓、华东师范大学李家成合作完成。最初的形态，是由邓睿与李家成共同构思而成；经过陈彦的修改，整体书稿已经出现较大的变化；再经过我们共同的合作，几经修改，已经难以区分具体的分工了。这一写作的过程，何尝不是一个"学会共同生活"的过程？何尝不是一个"学会生存"的过程？

　　我们尽力将我们的阅读体会呈现出来，尽力考虑相关资源的拓展和思路的整理，但也肯定有一系列的问题，无论是表达上，还是内容的准确性、清晰性上。好在这是我们的一次尝试，我们还正在开发相关的系列课程，也会在具体的教学过程中不断修改、完善，期待您对我们提出批评和建议，期待我们能够不段完善本教材，更希望与当代中国教育变革中的教师、同学一起，关注、研究、介入到富有魅力、充满复杂性的教育变革之中。

　　感谢华东师范大学教师教育推进委员会提供的支持，感谢华东师范大学出版社吴海红编辑的多方面帮助，感谢在参与我们课程建设中提供诸多学习资源的本科同学与中小学老师们！

祝愿您的未来发展有更多好书相伴；祝愿您的生活拥有更多智慧与创造；也祝愿我们的人生都能丰富多彩。

邓睿、陈彦、梁晓、李家成
2008 年 8 月

图书在版编目(CIP)数据

当代教育名著选读/李家成主编.—上海:华东师范大学出
版社,2008
(教师教育精品教材拓展系列)
ISBN 978 - 7 - 5617 - 6445 - 9

Ⅰ.当…　Ⅱ.李…　Ⅲ.教育学－著作－简介－世界
Ⅳ.G40

中国版本图书馆 CIP 数据核字(2008)第 157974 号

教师教育精品教材·拓展系列

当代教育名著选读

主　　编　李家成
策　　划　王　焰　曹利群
责任编辑　吴海红
审读编辑　李小娜
责任校对　王丽平
装帧设计　卢晓红

出版发行　华东师范大学出版社
社　　址　上海市中山北路 3663 号　邮编 200062
电话总机　021-62450163 转各部门　行政传真 021-62572105
客服电话　021-62865537(兼传真)
门市(邮购)电话　021-62869887
门市地址　上海市中山北路 3663 号华东师范大学校内先锋路口
网　　址　www.ecnupress.com.cn

印 刷 者　常熟市文化印刷有限公司
开　　本　787×1092　16 开
印　　张　13.75
字　　数　265 千字
版　　次　2009 年 2 月第 1 版
印　　次　2020 年 8 月第 9 次
印　　数　16 801-17 900
书　　号　ISBN 978-7-5617-6445-9/G·3746
定　　价　30.00 元

出 版 人　王　焰

(如发现本版图书有印订质量问题,请寄回本社客服中心调换或电话 021-62865537 联系)